左部彦次郎の生涯

足尾銅山鉱毒被害民に寄り添って

Satori Hikojiro

安在邦夫

随想舎

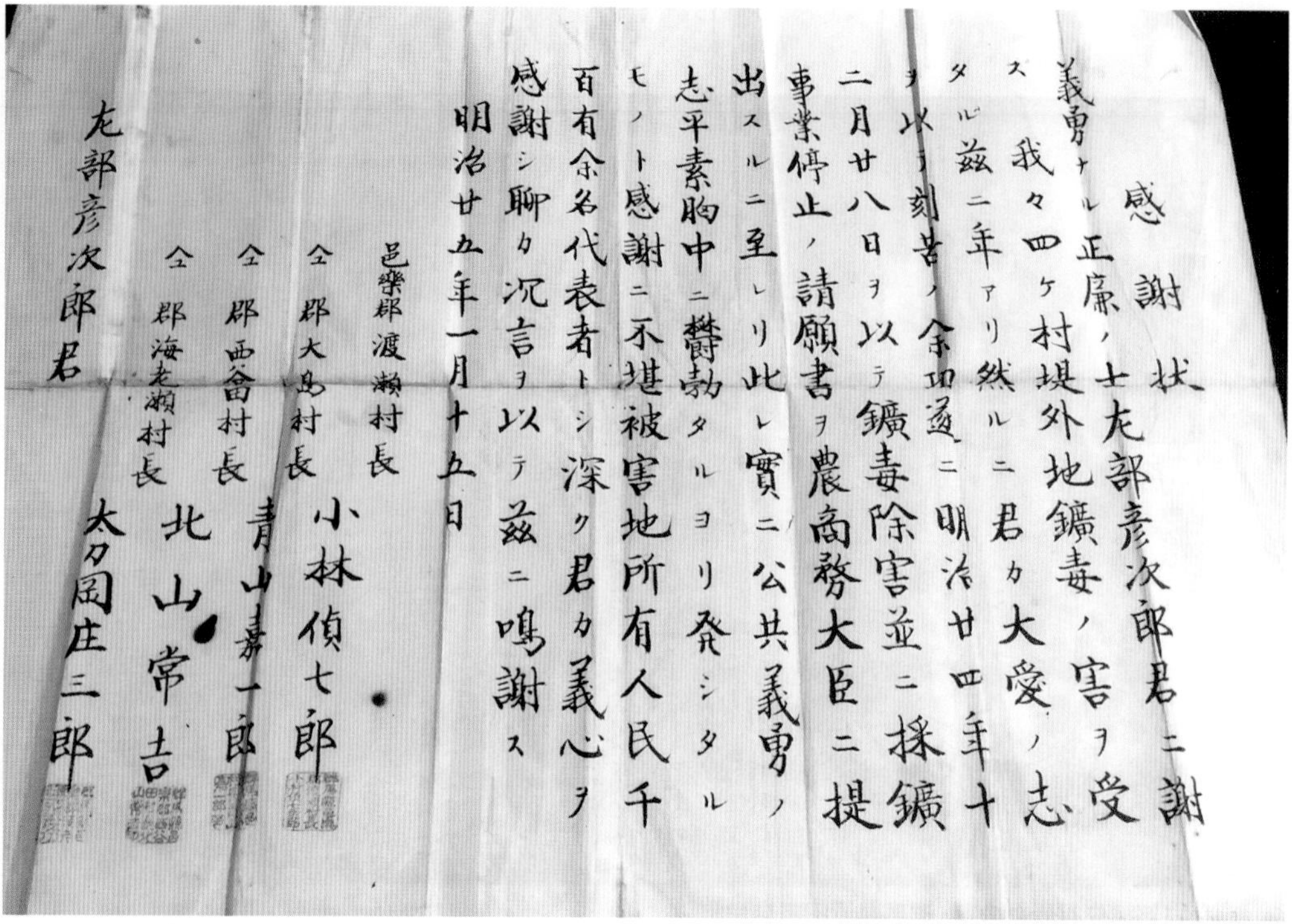

感謝状

義勇ナル正廉ノ士左部彦次郎君ニ謝ス我々四ケ村堤外地鑛毒ノ害ヲ受クル茲二年アリ然ルニ君カ大愛ノ志ヲ以テ刻苦ノ余功遂ニ明治廿四年十二月廿八日ヲ以テ鑛毒除害並ニ採鑛事業停止ノ請願書ヲ農商務大臣ニ提出スルニ至レリ此レ實ニ公共義勇ノ志平素胸中ニ鬱勃タルヨリ発シタルモノト感謝ニ不堪被害地所有人民千百有余名代表者トシ深ク君カ義心ヲ感謝シ聊カ沉言ヲ以テ茲ニ鳴謝ス

明治廿五年一月十五日

邑楽郡渡瀬村長 小林偵七郎

仝郡大島村長 青山嘉一郎

仝郡西谷田村長 北山常吉

仝郡海老瀬村長 太田庄三郎

左部彦次郎君

1892（明治25）年、左部彦次郎に贈られた旧群馬県邑楽郡渡瀬・大島・西谷田・海老瀬四村よりの感謝状（松木弥栄子氏提供）

鉱毒被害民の運動の拠点となった雲龍寺（館林市）

鉱毒被害地臨検（明治34年10月）関係者（前列右2人目左部彦次郎、3人目田中正造。松木弥栄子氏提供）

「保木間の誓い」（本文85頁）で知られる氷川神社（東京都足立区西保木間）

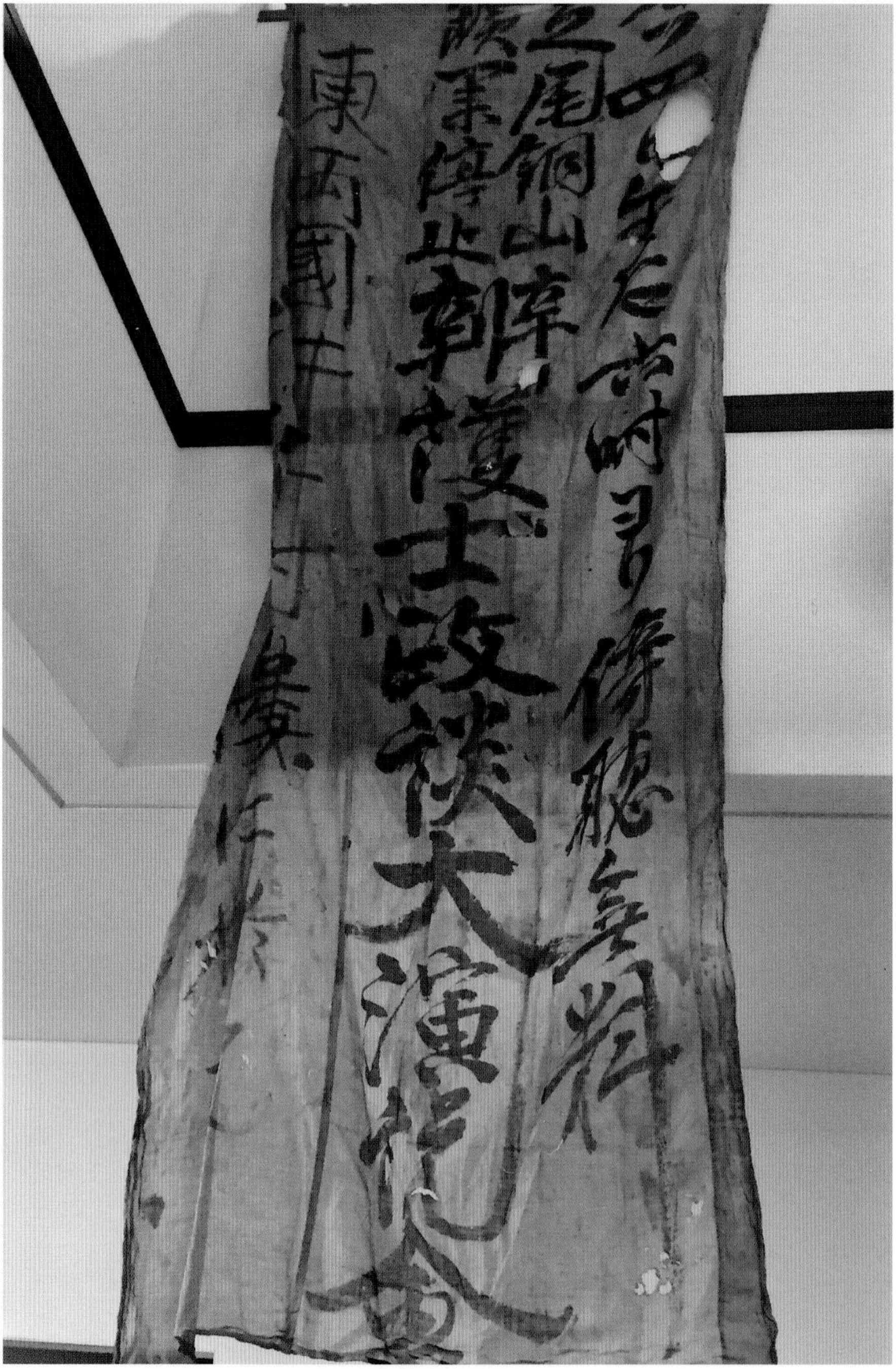

大演説会の次第を大書した白布（松木弥栄子氏提供）

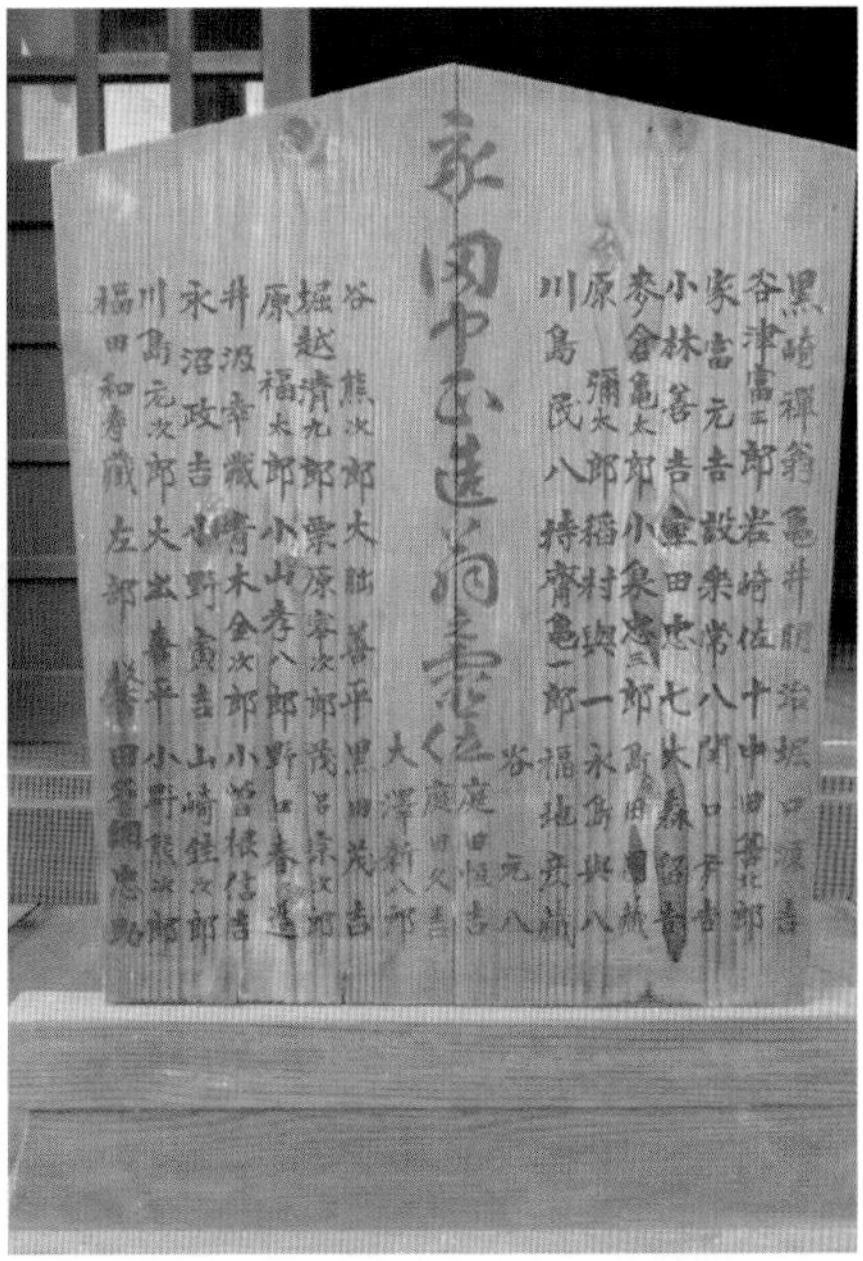

雲龍寺救現堂に安置されている大位牌（雲龍寺提供）

旧谷中村共同墓地に佇む左部彦次郎（明治37年10月20日撮影、写真左より3人目。松木弥栄子氏提供）

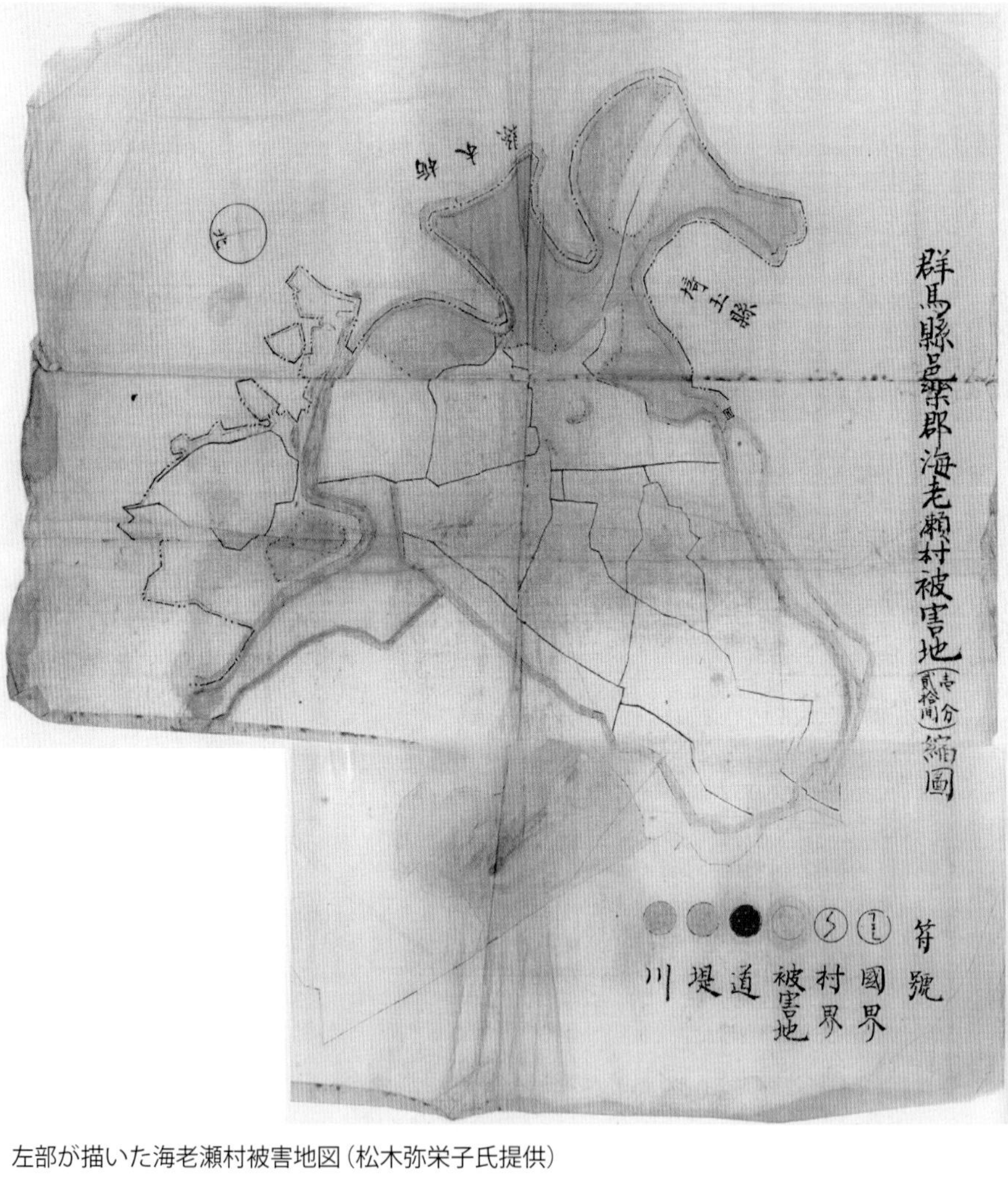

左部が描いた海老瀬村被害地図（松木弥栄子氏提供）

土木吏時代（推定）の左部彦次郎（前列右）（松木弥栄子氏提供）

「川俣事件」（1900年2月）の発生・経緯を伝える記念碑（群馬県邑楽郡明和町）

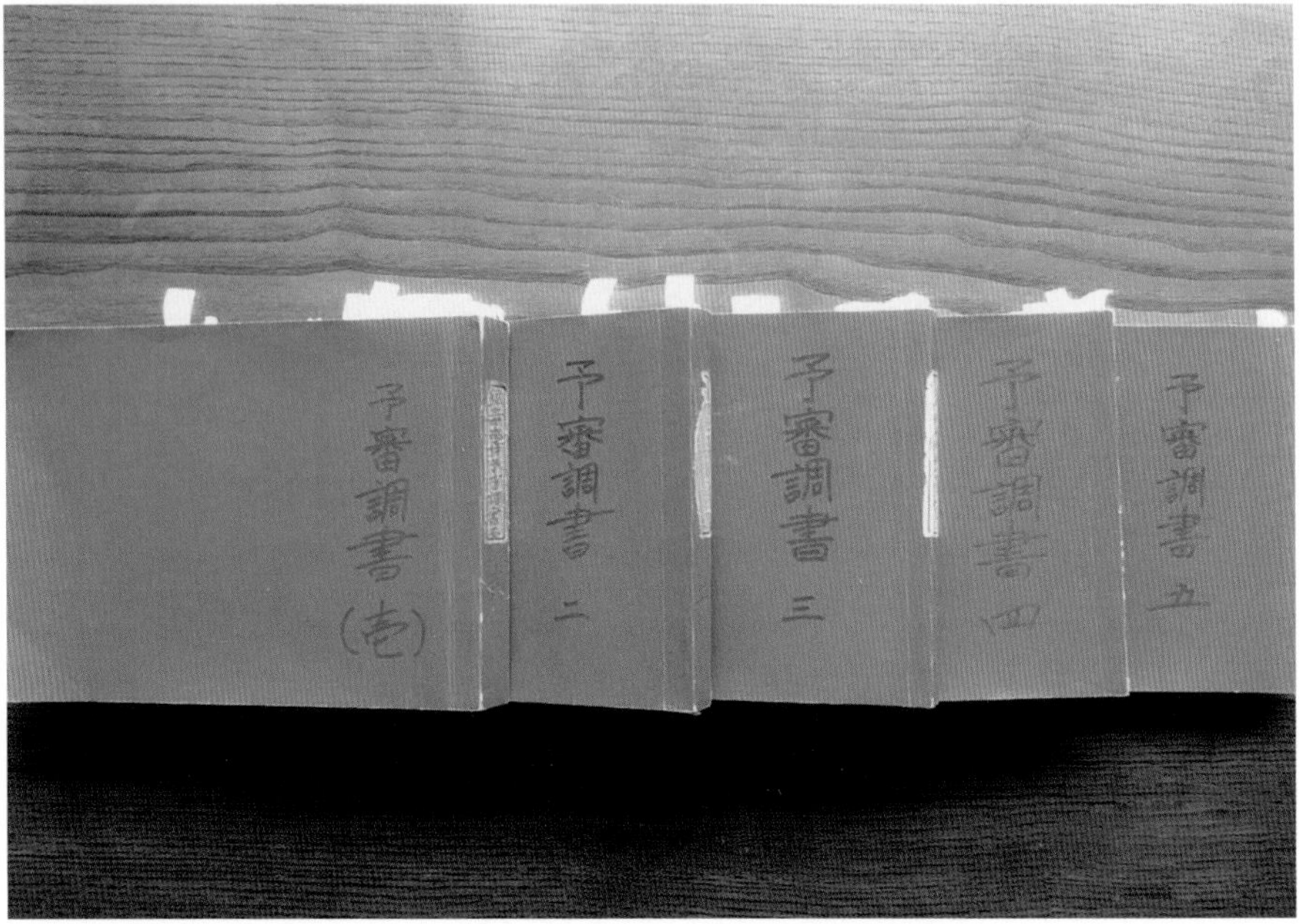

「川俣事件予審調書」原本（NPO法人 足尾鉱毒事件田中正造記念館蔵）

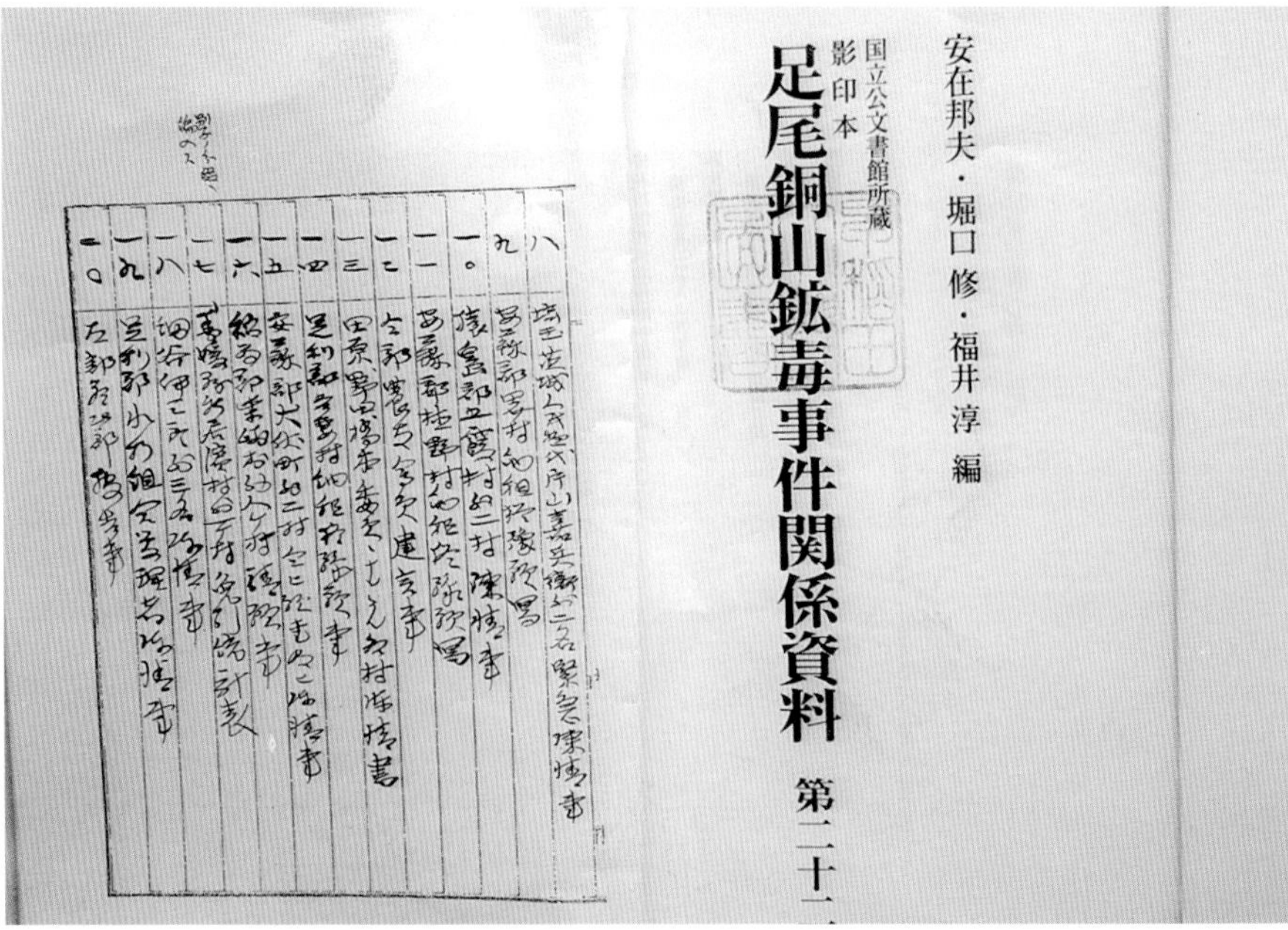

鉱毒調査委員会（第二次）に寄せられた請願書・陳情書・報告書などの一覧

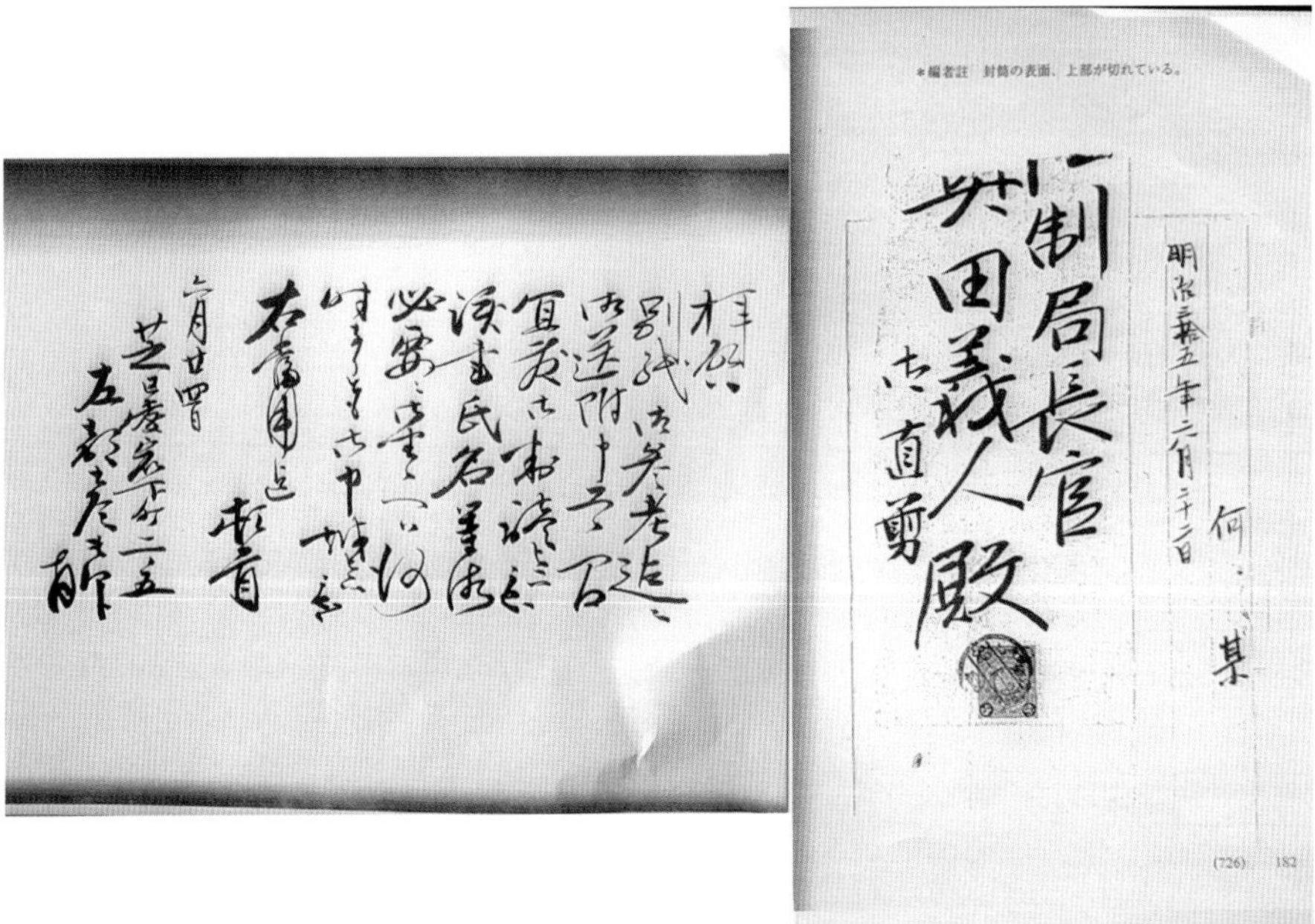

「鉱毒被害民報告書」に付された左部彦次郎の鉱毒調査委員会宛「添え状」

左部彦次郎編著書

旧谷中村の小学校（明治37年10月20日撮影、松木弥栄子氏提供）

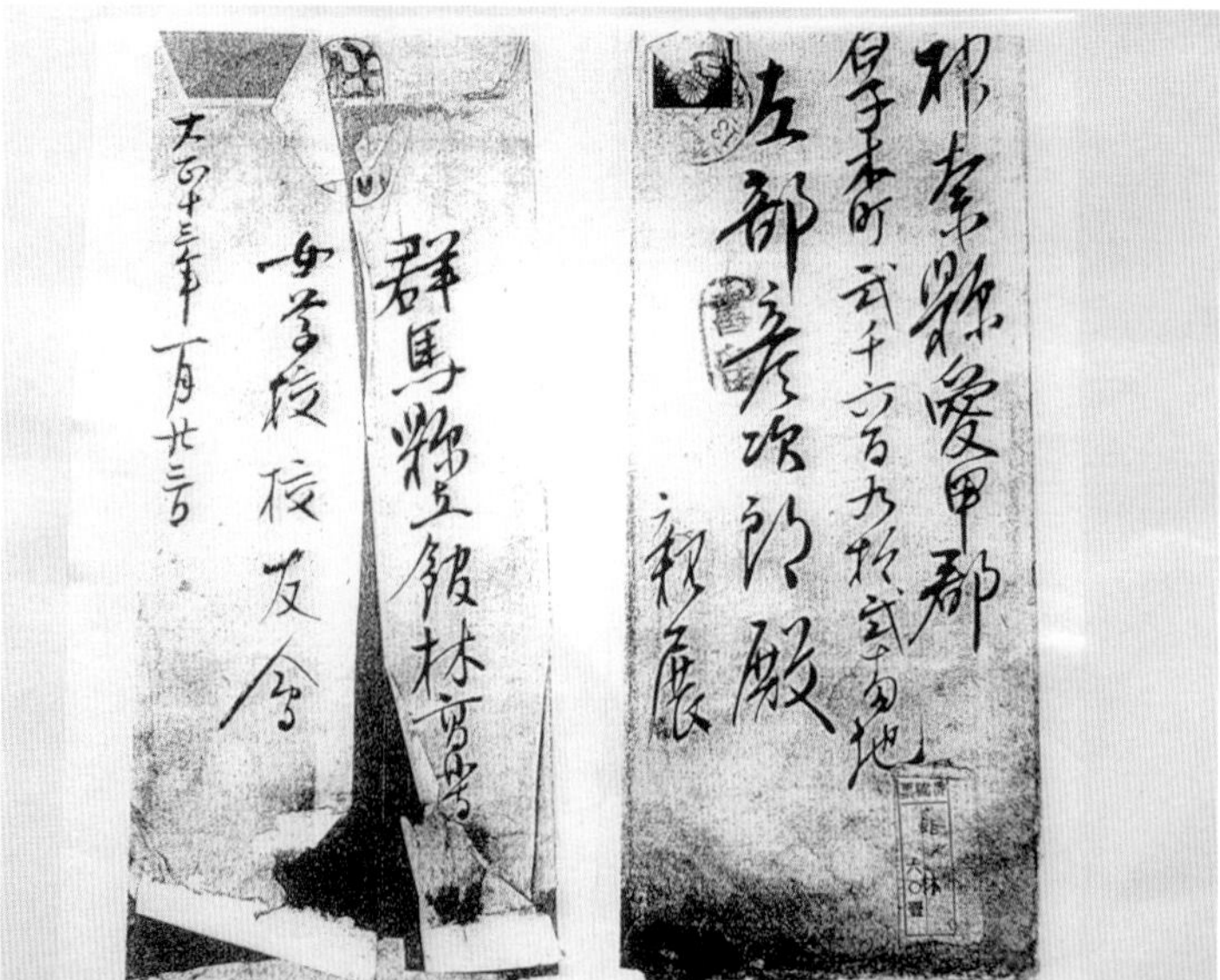

左部彦次郎に送られた館林高等女学校よりの震災見舞状

左部が護岸工事に従事した相模川周辺（厚木市幸町付近）

川俣事件120年雲龍寺法要（2020年2月13日撮影、島野薫氏提供）

実母うた、妻ゆわと共に眠る一乗寺（東京都港区麻布台二丁目）の左部彦次郎墓

足尾鉱毒事件関連東京散歩―NPO法人足尾鉱毒事件田中正造記念館恒例フィールド（一乗寺本堂前、2020年1月4日。鳥羽義昭氏提供）

一乗寺本堂前で挨拶する松木弥栄子氏（右から3人目。足尾鉱毒事件関連東京散歩―NPO法人足尾鉱毒事件田中正造記念館主催、2020年1月4日。鳥羽義昭氏提供）

左部彦次郎の生涯

足尾銅山鉱毒被害民に寄り添って

目次

まえがき

人は、時に思ってもいなかったできごとに遭遇することがある。そして、知らず知らずのうちにその出会った世界に入り、突き進み、身を委ねている。人生という道を歩み来たその日々が、自己の能力や資質に見合うものであったか否かの判断は、自分でも分からない人も多くいよう。ただ、人の一筋の道の軌跡には、その人を引き寄せ、関心を高め、持続させる何かが、そこにあったことだけは疑いない。何か、とは。言葉では表現し得ない曖昧模糊としたものである場合もあろう。また、社会的責務・使命感など意識として整序されている場合もあろう。いずれにしても、人は一般に一日一日と生の営みを重ね積み、やがて生涯という一枚の長い絵巻を造形する。

人の日常的営為やその軌跡に関しては、それが社会的な関わりが深ければ深いほど、周囲からはさまざまな眼が注がれるものである。概してその視線は、客観性を欠く場合が往々にして見られる。反論の機会があっても敢えて異議申し立てをしないという姿勢を貫いた人の場合、あるいはできないまま没した人の場合、その客観的な判断、いわゆる歴史的検証は後世の人に委ねられる。中央で活躍した人にその例は多い。が、地域で活動した人の中にもそのような人は数多いる。足尾銅山鉱毒被害民に寄り添い、被害民の救済に尽くした左部彦次郎はその一人といってよいと思われる。左部の学んだ東京専門学校（現早稲田大学）が、同校史において「行動力に溢れ、しかも冷静な計算に基づき大衆運動を組織化した指導力は、まさに刮目に値するが、これを無名の社会運動家として歴史が閑却しているのは、いかにも残念である」（『早稲田大学百年史』第一巻第十二章、一九七八年、八八〇頁）、と記しているのは、当時の研究状況においての認識としては、宜なるかなの思いである。

現在、左部に関しては『明治時代史大辞典』(吉川弘文館、二〇一一～一三年)・『近代日本社会運動史人物大辞典』(〈株〉日本アソシエーツ、一九九七年)にも項目として取り上げられている。したがって、「無名の社会運動家として歴史が閑却している」(前掲大学史)という状況は解消されている。また、田中正造に関する研究が、正造の〝周辺研究〟に及ぶようになったこともあって、左部の言動への関心も高まり、種々論考も出されるようになってきている。足尾銅山鉱毒事件の研究にとって、まことに喜ぶべきことである。しかし、左部が残した言動の軌跡の歴史的位置付けとなると、未だ客観的で共有するに足る評価を得られているとは言い難いというのが実状である。

左部は東京専門学校卒業と同時に足尾銅山鉱毒被害地に入り、被害民に寄り添い救済のために奔走した。しかし、谷中村廃村＝遊水池化問題が生起し官憲と村民の対立が激化した途次、左部は残留民を支援する田中正造と袂を分かち、県の土木吏に就いた。この時、正造が〝今悪魔〟と呼んだことも原因となって、離村を拒んでいた谷中住民や廃村反対運動を行っていた人びとから、左部は大変な非難を受けることとなった。そして〝転向者〟との見方も生まれた。以後この、〝今悪魔〟〝転向者〟的認識は左部の評価に強い影響力を有し、長い間一般化・定説化してきた。しかし近年、田中正造研究の〝視座の拡大〟によって、この認識を検討する動きが出てきた。換言すれば、田中正造の周辺研究の進展・深化により、田中を基軸とする評価を見直し、左部の言動を直視して検証しようとする研究動向が見られるようになってきたのである。

すなわち、布川了・赤上剛・山口徹諸氏らの研究成果がそれであって、本書も近年のこのような研究の流れに沿うものである。〝転向者〟〝変身者〟〝裏切り者〟と単純に決めつけるのは容易である。しかし、それは真相究明の放棄にほかならない。谷中廃村問題から身を引き県の土木吏に就くことを決意するに至った左部の内心の葛藤・苦しみはいかばかりであったろうか。左部の創作した「鉱毒被害民惨状の歌」(一般に「鉱毒悲歌」と伝えられている)・「鉱毒非命死者供養和讃」などに詳しく触れて、左部の歩みの軌跡を追い、検証し、筆者なりの左部像を造形したいというのが本書執筆の動機である。それはまた、谷中廃村問題までを含む足尾鉱毒被害民との距離感、鉱毒事件史全体において左部の言動はどのような位置にあると考えられるのか等々、左部に抱く筆者の課題への回答でもある。なお、記述に際し、人名に関しては敬称を省かせて頂いた。また、史料引用に当たっては意訳・現代文表記を原則とし（短文あるいは原文でも容易に理解できるものは原文）、一部を要約して記した場合もある。特に重要と思われる史料についてはそれぞれの章のあとに「注」として収めた（「凡例」参照）。

凡例

一　収載写真の提供者

・収載の写真のうち、提供者の記載のない写真はすべて筆者の撮影によるものである。

一　史料の引用・収載

・本文で引用した史料は、原則として句読点を適宜付し、現代文に改めた。漢字は当用漢字に（人名などでは史料に即し旧字のままの場合もある）、万葉がなは現代かなにそれぞれ改めた。

・現代文に改めた中でも、「約条」や内容濃くかつ原文でも容易に理解できる文は原文のまま収めた。その場合は（原文）と記した。

・明らかに誤字・誤植と思われる字は訂正した。

・新聞記事は原文のまま記載した。

・「雲龍寺」については「竜」の字は用いず、すべて「龍」で統一した。

・文章を省略する場合、「前略」・「中略」としたが、ごく短い文の場合「……」とした箇所もある。

・本文で引用した史料に関し、特に重要と思われるものについては、章末に「原文」を収めた。収載に際しては、引用個所（文）のみとせず、書簡などの場合全文収めるように努めた。

・引用・収載した一次史料で判読不明の文字は□で表した。

一　関係年表

・左部彦次郎本人および家族に関する事項は、各章毎に扉の裏面に記した。「関係年表」は足尾銅山鉱毒事件史として重要な項目を記した。

一　参考文献

・可能な限り、地域で活動している記念館・研究機関・研究会などが発行している館報・文集・会誌・ニュースなどを収めた。例示すればＮＰＯ法人足尾鉱毒事件田中正造記念館の「まなびや講座」「学び舎研究会」の活動記録などである。

序章

左部彦次郎の歴史的評価をめぐって

左部彦次郎の名も見える鉱毒問題に尽くした人名を刻んだ「大位牌」（雲龍寺・救現堂。雲龍寺提供）

「まえがき」でも触れたように、左部彦次郎は足尾銅山鉱毒事件に関わり、被害民に寄り添って活動した。しかし、谷中村廃村問題が浮上した折、当初は廃村反対運動に奔走したが、途中で栃木県の土木吏となった。このことから〝変節漢〟という汚名を受けるに至った。酷い例としては、田中正造が〝今悪魔〟と記した文言により、その言辞をそのままに、あるいは〝転向者〟として見られてきた。推量の域を出ないが、筆者は、田中においてもその語は一過性でその時の一時的感情の表白と捉えてよいと思っている。が、そのことはここでは措く。概して〝転向者〟〝変節漢〟といった評価は、以後足尾銅山鉱毒事件・田中正造研究において変わらぬものとなり、左部の人物評価として、今に伝えられてきている。

本人の苦悩や断腸の思いでの決断の経緯を端的に記述することは困難である。しかし、そのことに思いを致しても、左部に関する従来の評価は厳しく、左部の言動の真意を正しく伝えているとは言い難いのではあるまいか。すなわち、結果的に最後まで廃村・立ち退きに反対した残留民あるいは田中正造の視座から見る左部像への疑念である。谷中村廃村問題に関して記せば、官憲の暴力、横暴な姿勢に向き合い闘った残留民の言動、そしてこれに呼応し支援し残留民の強い精神的支柱ともなった田中の活動については、筆者もこれを〝壮〟として評価することに躊躇しない。したがって、かれらの思いや営みを照射し歴史に深く刻印することは重要なことと考えている。とはいえ、それゆえに左部のような生き方をした者を軽視してよいのであろうか。〝否〟、であり、筆者はその真意・心情にも踏み込んで全体の行動を検証することが必要であると考えている。

その理由としては少なくとも次の諸点があげられる。第一は、鉱毒被害地における住民の、左部への評価にその後も変わりはなく、のちに造られた功績者名を刻んだ「大位牌」にも名が見えること、第二に左部は田中の葬儀にも出席していること、第三に沼田市の郷里においても管見の限り〝立派な人〟として伝えられていること、等々である。谷中村問題で表出した官憲の施策に対する村民の諸々の対応について、われわれはどのような対応が正しかったのか、あるいは間違っていたのか、何が善で何が悪であったのかなど、軽々には言えない。買収に応じて村を離れた人びとにも、残留を選択した人びとにも、それなりの理由が存在したと考えられるからである。

例えば、村民には土地を所有する人や土地を持たない小作人もいた。また、生活のため足尾銅山で働く人がいたことも推測される。一口に谷中村民といっても、その存在形態は一様ではなく、生活基盤の状況の相違は当然のことながら対応姿勢の違いも生むはずである。生活者にとって生活の成り立ちは第一でありすべてである。生活を維持するため、また家族を守るため、多くの村民・鉱毒被害民がその選択に苦悩したことは容易に想像される。正誤・善悪にこだわる視座の問題点は、いたずらに被害民の行動の対立に視点をあてることになる。このことは、結果的に対象（谷中村民）を離間・分断させ孤立化させるという権力の巧みな民衆操作に、自らの視座を置くことに繋がる。歴史を考え検証する場合、われわれが厳しく戒め留意しなければならない重要な事柄である。

さて、従来の一般的見解として先に左部の歴史的評価について触れたが、では、研究史を見るとどのような状況なのか。この問題は田中正造研究あるいは足尾銅山鉱毒事件研究とも深く関わることで複雑であり、正直難しい。そこで本稿では、やや単純化した形になるが、あくまでも左部の行動に関する従来の認識・評価に軸を置き、次の五つの視点より整理して見ることにする。第一は、鉱毒被害民救済に尽くした〝功労者〟としての評価、第二は、第一の対極として、谷中村問題で買収派に取り込まれた〝転向者〟〝変節漢〟と見る見方、第三は、〝功績〟と〝裏切り〟が相半ばするという見解、第四は、〝離反〟の動機を重視しその行動に合理性を見る理解、第五は、〝先に評価ありき〟の姿勢を改め、左部を正面に据え実証的に研究しようとする近年の研究動向である。以下この分類に従い主要な見解を例示する。示し方としては、まず、文献名を記し、その見方を表す記述箇所を掲載し、これに若干のコメントを付す形を採る。

一　鉱毒被害民救済運動の功労者として評価

(一) 早稲田大学大学史編集所編『早稲田大学百年史』(第一巻、第十二章・学苑と二大事件、早稲田大学、一九七八年)

足尾鉱毒問題が世間の視聴を集め始めた時、無名の一学生が、ひそかにこの調査に乗り出していた。その名は左部(さとり)彦次郎、東京専門学校邦語政治科第三学年の学生である(八六七頁)、

左部のこうした学術的な調査と実際的な行動は、他校、特にキリスト教主義学校の学生達を奮起せしめ、青山学院生で、幼少の頃より田中の家に出入りしていた熱血漢栗原彦三郎は、田中の同意を得て、宗教家、学者、新聞記者を動員して、第一回「足尾鉱毒事件演説会」を、三十年二月二十八日、神田美土代町基督教青年会館で開催した(八六九頁)。

明治三十六年には『鉱毒ト人命』を自費出版までして、青春の情熱を鉱毒問題に注ぎ、殆ど半生をこの運動に捧げた我が校友左部彦次郎のその後の動静は、どうだったろう。彼の研究者である田村紀雄の「足尾鉱毒事件とその組織者」により、彼の晩年を点描して見よう。(中略) 田村が言うように、このように行動力に溢れ、しかも冷静な計算に基づき大衆運動を組織化した指導力は、まさに刮目に価するが、これを無名の社会運動家として歴史が閑却しているのは、いかにも残念である(八八〇頁)。

前掲末尾の一文に関しては、「まえがき」で記したように近年では状況がかなり変わってきている。ちなみに、早稲田大学校友会雑誌『同攻会雑誌』(第一一号、一八九二年二月)の「近事片々」欄には、「校友左部氏感謝状を受く」の見出しで、邑楽郡四村長名の感謝状受贈の件が記載されている。鉱毒被害民の支援・救済に尽力したことを高く評価し、谷中村廃村問題での言動にはあまり触れていない。

(二) 篠原信雄『田中正造とその時代』(第一三章・谷中村離反……左部(さとり)彦次郎覚書、万籟の会、一九八七年)

明治二九年から四〇年にかけての一〇数年はことのほか意味深いものとなって鉱毒地の子孫に遺っている。この時期に、この農民のなかから生まれた無数のリーダーに加えて、東京の大学を終え、あるいは半ばにしてはせ参じた数百の学生たちのなかでも、左部彦次郎(さとり)(東京専門学校)はもっとも早い時期、現地農村に定着し、重大な指導力を発揮し、そこで結婚(再婚)して生きぬいた。それだけに学生出身の指導者層のなかで、その人生に刻印した鉱毒問題はだれよりも重く深いものがあった。その左部がなぜ長い間、鉱毒問題の歴史から抹殺されねばならなかったのか、(中略)明治四〇年以前の諸文書、たたかいの中で発せられた第一次資料には左部のいきいきとした活動があるのである。渡良瀬川沿岸鉱毒地の農民の運動が散発的・自然発生的であった明治二四、二五年頃からの組織者であったし、統一完成後は理論的指導者であったし、東京(中央)の諸団体、新聞社、世論とを結ぶ主要なパイプであった左部が、谷中事件直前に運動を離れたばかりに非難されつづけられねばならなかったことは、歴史の悲劇である(七二〜三頁)。

篠原は、左部の一連の行動に関し諸説を採り入れ論述しているので、その主張が那辺にあるのか不明確な点がある。全体として後述の田村紀雄の見解、特に「鉱毒被害民の組織者」としての面を高く評価していると認識されるのでここに置いた。論者の見解が示されていると思われる箇所を示すと前掲の通りである。なお、萩原進も、『足尾鉱毒事件』（上毛新聞社、一九七二年）の叙述を読む限り同列と判断する。

二 〝変節漢〟〝転向者〟としての見解

（一）大鹿卓『谷中村事件 ある野人の記録田中正造伝』（第五章、左部の失踪・知事官邸の密談、新泉社、一九五二年、〈一九七二年再刊・二〇〇九年再々刊〉、引用は一九七二年版）

落ちるというのは村の正義派の間の隠語で、敵側の籠絡に落ちたことを意味する。だが、左部が鉱毒事件に尽力してきた長い閲歴からいっても、昨秋正造の後を追ってこの谷中村へ身を投じて以来、買収反対運動の参謀として働いてきた実績からいっても、その俄かな変心など、正造には到底信じられぬことである（六九～七〇頁）。

十一月（明治三十八年――注安在）六日に村役場の名で、本村の堤防は復旧せず、という通知が、人民総代その他へ配られた。これまた村民の気力を挫いて買収へさそい込もうとする布石の一つである。同時に藤岡町の福地総次郎から、例の破堤所の傍の切込み（柳の枝を埋めて人工的に魚の棲息所とした漁獲場）の流失に対する損害賠償の訴えが提起された。左部の寝返りが動かしがたい事実として知れわたったのもこの前後である（七三頁）。

大鹿の認識・評価は、あくまでも田中正造の言動を基底にした視点から指摘しているように思われる。

(二) 五十嵐暁郎「足尾鉱毒事件と転向―左部彦次郎の生涯」(『田中正造と足尾鉱毒事件研究』第3号、伝統と現代社、一九八〇年)

正造や谷中村民にとって、左部は裏切り者であり、かれらを権力に売り渡した「ユダ」であった(一〇頁)。

私は、むしろ左部彦次郎の「転向」を事実として認め、まずかれの運動からの離脱の動機そのものを明らかにし、さらに運動全体にとって、また正造の思想や運動と対照して、かれの「転向」とその動機がもっている意義を考えることが必要ではないかと考える。そのほうがまた、われわれが左部から学びとるものも大きいのではないだろうか(一一頁)。

左部の転向の理由を、より根源的な、あるいはより普遍的な構造の中に見出すことも可能であるように、私には思われる。つまり足尾鉱毒運動のように、大規模で深刻な運動と田中正造のように偉大な指導者がつくり出すダイナミズムは、左部のような運動の組織者をいつか運動の外へ去らせることがあるのではないだろうかと考えるのである(一六頁)。

左部は組織者(オルガナイザー)として、具体的な運動にかけてきた。その左部の眼には、右のような正造の姿勢(政府という現実の権力に対して思想的な戦いを挑もうとしていたこと―注安在)は現実を忘れた「狂」的なものと映じたのではないだろうか。正造のほうこそ「変った」と左部は思ったかもしれない。運動が具体的な世界で追いつめられ、指導者によって右のような運動の質的転換がはかられるとき、正造と左部のように、象徴的な指導者と組織者との間に亀裂が生じるというのは、抵抗の運動がもっている一つの力学ではないだろうか(一七頁)。

左部というひとりの人物の転向は、右のような問題の多くを凝縮しているがゆえに、かれの転向問題を追求することによって、それらの問題の解き口を見出せると思われるのである（一七頁）。

五十嵐は「転向論」の議論の事例として、左部の動向を捉えることの意義を説いている。すなわち、その言動を明確に「転向」と認識し検討した方が、運動全体のダイナミズムが解き明かせるとの論である。

三　〝転向〟容認の上で〝功労者〟として評価

（一）田村紀雄『渡良瀬の思想史　農民運動の原型と展開』〈Ⅲ人間　11左部彦次郎—コミュニケーションの思想家、風媒社、一九七七年〉

明治三十四年十月、磯谷裁判長以下司法陣、横井時敬博士以下鑑定人、『萬朝報記者・堺利彦以下新聞人、被告五、六十名の大編成の実地』検分が六日間にわたって行なわれた。この総案内人が左部であった。公判の世論への報告である左部編のパンフ『足尾銅山鉱毒被害地臨検分析鑑定書』（明治三十四年十二月八日）で「誰カ云フ法律ニ涙ナシト　吾人ハ此行ヲ以テ本問題ノ真相ノ世間ニ公白セラルル必然ナリト或ハ云ハン裁判所ハ鉱毒問題ヲ解決スルニ非ラス　犯罪ノ原因ヲ探究スルニアリト　然レトモ吾人ハ確カニ本問題ノ疑問ハ解決セラレタルヲ知ルナリ」とのべた。何と見事な裁判闘争の運用であったことか（『渡良瀬の思想史』、二五五頁）。

明治三十七年に栃木県会が洪水調節の貯水池造成策として渡良瀬川下流の谷中村の買収問題に事態は転回する。左部彦次郎は谷中一村の犠牲において渡良瀬沿岸農村全部を救おうという政府の施策に、その合理主義故に便乗し、徹底した反政府思想の田中正造とたもとを別たねばならなくなる。これは歴史の不幸というよりも、大衆運動のダイナミズムがもつ残酷な一面である。（中略）この頃、左部は個人的事情が動機となってその治水に対しても合理主義を貫くため栃木県土木部に就職、谷中村破壊の先鋒となるのである。個人的事情というのは、長い入獄生活や運動の結果、酒造業である家業が倒産、二児を残して妻を失い大きな悲しみにあえいでいるとき、運動地で一男をもつ未亡人と知り合い再婚した。この人生の傷みが四十歳になんなんとしていた左部をして雲龍寺から立ち去らせたのであろう。それはまた谷中を除く渡良瀬沿岸農民が、鉱毒運動から一時的に退潮した時期でもあった（右同書、二五六頁）。

前述の五十嵐暁郎は、「鉱毒運動の歴史や田中正造の思想にとって『汚点』ともいうべき左部の存在は、これまで積極的にとりあげられることは少なかったが、最近、田村紀雄『足尾鉱毒事件とその組織者』（『伝統と現代』一九七一年二月号〈『伝統と現代』は、正確には『月刊　伝統と現代』と「月刊」の文字が入り、その後隔月刊『伝統と現代』に引き継がれる。田村は五十嵐紹介の同論考を、「項」の見出しなどを若干変え表題を改めて前掲書に収載している。——注安在〉と西野辰吉『知らざりき大衆運動の本質』（『日本及日本人』一九七九年爽秋号、一五三五号）は『左部彦次郎の復権』を主張し、『田中正造の義人伝説への疑問』を提出している」、と紹介している（前掲書、一〇頁）。

田村は谷中廃村反対運動からの離反を「転向」的言動と把握、その要因は左部の合理主義と同主義を貫く個人的理由＝入獄経験・稼業の衰退・再婚による家計維持などにあったとしている。しかし、左部の被害民の運動・組織化に果たした功績を高く評価し、鉱毒被害民組織化の功績者として〝復権〟させるべきことを説いている。田村には、前掲書のほか広く鉱毒被害民の運動を詳述する中で左部にも触れている『鉱毒農民物語』（朝日新聞社、一九七五年）や『川俣事件　足尾鉱毒をめぐる渡良瀬沿岸誌』（社会評論社、二〇〇〇年）などの著書がある。ちなみに『近代日本社会運動史人物大辞典』での「左部彦次郎」の項の執筆は田村である。

（二）西野辰吉

a『小説　田中正造』（11群像（二）・12直訴（一）・15抵抗と離反（一）、三一書房、一九七二年）

b「田中正造の義人伝説への疑問　知らざりき大衆運動の本質」（『日本及日本人』爽秋号、日本及日本人社、一九七九年九月）

村のものは、自主修築工事の部分が崩壊した朝、堤に蓑笠すがたのずぶ濡れの左部彦次郎が、茫然としてたたずんでいたのをみかけている。左部は堤へかけつけて夜どおし補強作業をしたひとのなかにいた。じぶんの家のことが気になって、ひとがひきあげはじめ、さいごにのこった四、五人がたち去ろうとしたとき、左部は泥濘のなかに腰をおろし、すわりこんでいた。（中略）さいごに左部ひとりだけ、堤にのこることになった。正造がそのとき東京にでていたので、左部は豪雨の闇のなかで補強工事をてつだったただひとりの他村者だった（前掲a、二〇五頁）。

左部には、さいしょ、流域の村を遊水池反対に組織して、谷中の局地的抵抗を広地域の機動戦に転化させたいというかんがえがあった。しかし、上流の村をあるきまわってみて、そのもくろみをすてなければならなかった。（中略）治水問題で遊水池に反対する正造と、上流農民の利害が対立していることもわかった。左部は機動戦に転化させるもくろみをすてなければならなかったが、そのことはまた、谷中村でじぶんが正造に協力してやろうとしていることへの疑いをもつ契機にもなった（a同書、二〇六〜七頁）。

左部彦次郎は郷土から流離した人間で、正造の農本主義的な言説にはあまり共鳴していたわけではない。いぜん、かれは鉱毒の発生源の実態をたしかめに足尾銅山にのぼったように、正造の論理が治水問題について説得力がないとかんがえるようになって、合理的ななっとくをもとめはじめていた。かれの正造からの離反は、正造のように土着への性向がなかったことや、水害常習地で農耕できる条件がなくなった谷中村民をべつな方策で救済をはからなければならないとかんがえるようになったことで、促進されたものである（a同書、二〇八頁）。

左部彦次郎は、野口春蔵や大出喜平のような農民幹部ではなく、東京専門学校（早稲田大学の前身）出の知識人であるが、渡良瀬川の鉱毒問題では先駆者であった（前掲b、八二～四頁）。

田中正造が谷中村の問題にとりくむようになってからは、かつての幹部でただひとり行動をともにして村にはいり正造を助けたのだが、一年ほどして、左部はとつぜん県の土木課に雇われ反対派のきりくずしをはじめるという、奇怪な離反をした。わたしが左部彦次郎の経歴をかなりくわしく書いたのは、そんなふうな離反のしかたの不可解な謎が、田中正造を讃えるだけの〈義人伝説〉ではまったく解くことができないからである（b同書、八四～五頁）。

左部は裏切者として奇怪な消えかたをしたのだが、しかしその後もかれなりにいっかんして河川の治水改修に執着して生きたものだった。鉱毒問題の先駆者としてはたらいてきた経歴から推して、谷中村で田中正造をたすけて活動しているうちに、治水についての考えかたが対立するようになったと考えるのが妥当であろう（b同書、八五頁）。

実際の離反の核心は、治水にたいする判断と考えかた――渡良瀬川だけでなく利根水系全体にわたる判断と見解が、田中正造と対立したという点にあったのだ（b同書、八五頁）。

西野は偶像化された田中を基準に左部を評価することを批判し、また、その離反を治水に関わる見解の相違とみている。

（三）下山二郎『足尾鉱毒と人間群像』〈第八章悲劇の組織者・左部彦次郎〉（国書刊行会、一九九四年）

左部は、変節・転向なるが故に何も語らず何も残さずに六十年の生涯を閉じることになった。悲劇の組織者といわねばならない（二一八頁）。

家族との生活を捨ててまで奔走した左部にとって、闘う方針がないままに残留し続けることはできなかったのだ。ならば、三十七歳の左部にそれがあったのかというと、それもない。足尾銅山の視察で、森林伐採が水源を枯らし、ひいては河川をだめにして洪水や鉱毒水の被害をもたらすことを知り、そのことを同志に伝えている。彼の意識は河川改修に傾き、谷中村民の移住を是認してしまったように思われる。無情な国家権力との対決も辞さない正造との乖離がそこにある。左部が各地の水辺で寒風に耐えながらも河川工事に挺身できたのは、その必要性を彼なりに考えていたからである。やはり左部彦次郎は、足尾鉱毒事件における悲劇の人であった（二二一頁）。

下山は被害民に対する運動組織者としての左部の才と功績について具体的に言及していないが、「悲劇の組織者」という文言にそのことは窺われる。治水や状況に関する認識において、田中との相違・乖離に触れているが、今後検討されるべき課題と思われる。

四　〝離反〟の合理性を検証

（一）森長英三郎『足尾鉱毒事件　下』（第三三話・谷中村滅亡、日本評論社、一九八二年）

谷中村に最後までとどまった農民は、田中の説得にしたがったというのではなく、農民の土着の根性がそうさせたものとおもわれる。田中としては、その最後の一人が去るまでは、谷中村から離れることができず、谷中村にいて彼らを励まし、谷中村の復活、足尾銅山の鉱毒反対を叫びつづけることに、自己の使命を自覚していたのであろう。（中略）しかしそれは展望のない、追いつめられた、孤立した闘争であり、口先きだけではなく、行動において反国家、反体制の闘争とならざるをえなかったのである。（中略）左部彦次郎は、田中よりは、より現実派であったということである。それは転向とか背反という考え方でとらえるべきではないように思う（三六〇頁）。

森長は、「たとえ死ぬると思う肺患者でも、生命のある間は治療し看護するのが人生の義務で、また責任です」という谷中残留民についての田中の姿勢を「本心であろう」としつつ、「暴政で殺される前に、その人を殺されない場所に移し、できるだけ被害を少なくしてやることも政治であるといえないこともない」（同書、三五九頁）と述べ、この姿勢をリアリズムとして左部の生き方に読み取っている。

（二）大澤明男　『評伝　田中正造』（終章②仲間の離脱、幹書房、二〇一二年）

左部の当時の境遇は——鉱毒問題から谷中問題へと事態が変遷した時期の彼の境遇には——多分に同情すべきものがあったことは否めない。生活の窮乏に加えて精神的にも孤独と不安に陥り、大きな虚脱感に襲われていたにちがいない。当然正造が黒沢酉蔵を経済的にも精神的にも支援していることは知っていたであろう。左部にしてみれば、嫉妬とまではいわないまでも、内心穏やかではいられなかったにちがいない。鉱毒運動では闘士だった彼も普通の人間だった。言いようのない寂しさとともに、ある種の空しさを味わったことだろう。

こうして左部彦次郎は、生活の窮乏からくる焦燥感に加え、心の中に空洞をかかえるようになり、次第に闘志を失っていき、同時に谷中の闘いの本質も見失っていったのではないかと思われる。このことは当然、彼の正造に対する尊敬と信頼の情が急速に冷えてしまったことを、同時に正造の闘いに対して強い疑問をいだくようになったことを意味していよう。

左部が生活に窮し、心に不満をいだいていることを買収派が見逃すはずがなかった。巧みに彼に近付き、様々な手段を使って誘惑したにちがいない。そして誘惑だけでなしに、いわゆる正造がいう〝離間〟策が巧妙かつ執拗に行われたであろうことは容易に想像がつく。

こうして左部彦次郎は変心して県の土木吏になったのだが、もうひとつの理由として挙げられている説、すなわち「谷中村一村が犠牲になることで他の多くの沿岸被害地が救われると考えたから」という説は、これは後になって彼が自分の行動を正当化するために周囲の人間に語った説だったように思う。あるいは彼を擁護する側が意図的に唱えた説だったようにも思われる（七一〇〜一頁）。

「三」に入れても可であるが、〝離反〟の合理性を特に強調している点で、〝第四〟とした。第三者的見方からすれば〝転向〟と見える言動も、左部においては〝合理性〟を貫いている点では、一貫性があるという認識である。大澤は左部の合理主義・リアリズムを含め離反の背景には多様な内面的葛藤があったことを推測・指摘している。本項に入れるのにはいささか躊躇するが、大きく分ければここに収めてよいと思われる。終章を「谷中村滅亡」とし、「仲間の離脱」の節を設けて左部を最初に取り上げ九頁近くにわたって記述している。心に空洞ができ、次第に闘争心を失って谷中の闘いの本質を見失っていった、という大澤の推量には強い疑念をもつ。が、多様な心の葛藤に触れている点は検討すべき指摘と思われる。

なお、大澤も触れた〝生活〟を強調して〝離反〟に言及しているのが、左部の娘・大場美夜子で、「謂ば裏切者という印象を受けている。私は、そうは思わない。生きてゆく上には生活があり、生活には金がなければならない。その金がもう破産した父にはないのである」(『残照の中で』(永田書房、一九六九年、一〇〇〜一〇一頁。本名は春江。美夜子はペンネームであるが、本書ではこの名で統一して記述)と記している。ちなみに大場には、前掲引用書のほかに、〝父〟について触れている次の著書やエッセイがある。

a『かく生きて』(牧羊社、一九八〇年)

b「渡良瀬吟行」(『季刊　田中正造研究』一九七六・秋、伝統と現代社)

c「渡良瀬川墓詣」(『田中正造全集』月報一九、一九八〇年)

なお、田中正造研究の第一人者故小松裕(『田中正造の近代』現代企画室、二〇〇一年)は、左部の離反の理由については大場の前掲見解をほぼ踏襲している。大場については第五章で触れる。

五　新しい実証的研究の諸動向

近年、田中正造研究は新しい段階に立ち至っている。その動向を一言で記せば、絶対化から相対化という位置付け・視点である。ここで提起されている課題の一つが周辺の人物や関係諸事件の本格的検証であって、その中で最も注視されているのが左部彦次郎である。新しい研究の牽引者は布川了(二〇一三年物故)・赤上剛・山口徹の三氏で、従来の一面的研究に疑義を呈し、内面にまで立ち入った研究を志している。近年のこの研究動向については、第四章で触れる。

第一章

生誕・成長と足尾銅山鉱毒問題との遭遇

土蔵が今も残る左部家旧屋敷遠景（群馬県沼田市奈良）

左部彦次郎年譜

西暦	和暦	月・日	事項
1867	慶応3	10・24	東京府四谷区谷町に生まれる（風間佐兵衛の二男として出生届け。実母齊藤うた〈「齊」は墓碑銘に従う〉）。
1878	明治11	2・14	群馬県利根郡奈良村（現沼田市）左部宇作（二代）の養子となる。
1880	明治13	9・25	養父・宇作没、当主となる。
1884	明治17	5・17	奈良村大河原徳次郎二女はんと結婚。
1888	明治21	4・23	長男馨誕生。
		9	東京専門学校入学（政治科）。
1891	明治24	7	東京専門学校卒業。鉱毒被害地群馬県邑楽郡大島村（現館林市）小山孝八郎方に寄寓し被害民救済活動を始める。
		9・22	長女よき誕生。

＊本年表は山口徹「左部彦次郎年譜　試論、第一稿」（二〇一〇年一二月二〇日第二回「学び舎研究会」配布レジュメ）や「戸籍」（松木弥栄子所蔵文書）などを基に作成したものである（以下各章年表同じ）。

＊左部彦次郎の出生地に関しては、A京橋区木挽町、B四谷区谷町、の二説がある。それぞれの根拠は、A＝川俣事件における尋問調書の記述（本書一五一頁）、B＝本書収載の「戸籍」（二九頁）である。史料で明瞭なように、Bは左部家入籍時のもので、必ずしも生誕時の風間家の居住地を表示するものではない。が、Aはこれを裏付ける史料を欠き、Bの方が公的認証性が高いと判断できると考え、本書ではB説を採った。本問題の解明については、慶応～明治初期の行政区画・町名変更などの問題を含め、さらなる調査・検討が必要である。

一　生誕・結婚・立志

（一）生誕・結婚

ＪＲ上越・北陸両新幹線が通る高崎駅は、関東北西部からの東京への玄関口として重要な位置にある。高崎市街地は近代の雰囲気に満ち、駅の賑わいは年々その度を増している。しかし、同駅で在来線に乗り換え渋川駅を超えると、山々が眼前に迫る。まさに〝上州〟の風景となる。ＪＲ高崎駅から上越線・普通電車で北へ進むと、五〇分弱で沼田駅に着く。駅は瀟洒な建物で、待合室に居ると何か心が休まる。同駅から山あいを縫い北東へ約八キロ、車で一五分前後のところに位置するのが沼田市奈良町（旧池田村）、すなわち左部彦次郎の故郷である。〝左部〟はこの地域の名門を示す姓で、次のように紹介されている。

沼田市奈良（旧池田村）の名門として知られている左部（さとり）姓は、難読姓氏の一つである。同家の系図によると鎌倉時代の三浦氏の流れを継ぐ家柄。三浦義明の子和田義盛が北条氏に反抗したがその子の義連が佐原十郎左衛門を名乗り、千葉県佐原を領した。さらに会津に移り芦名姓に変えた。伊達政宗と戦って敗れて水戸に走り、そこで天正十八年の豊臣秀吉制覇（は）を迎えた。芦名盛近の時に、本姓佐原の佐と母方の服部姓の部をとり佐部と改め、サトリと読ませた。利根郡奈良に帰農し、佐を左とした左部姓となる。現在五戸、同地左部賢氏の報告（萩原進編『群馬の苗字』朝日新聞前橋支局、一九六六年、一七〇頁)。

帰農した左部家は奈良村の名家・富豪として成長し、地域で重きを成した。彦次郎はそのような左部家の分家筋を受け継いでいる。同家は「通称十一屋という家号を以て農業と酒造りを行い、代々名主の家柄」(池田村史編纂委員会編集・発行『池田村史』一九六四年、六二六頁)であった。左部が居住した家はその後建て替えられ、現在は、柳邦雄氏一家が住んでおられる。左部家で働いていた家系という。旧宅のあった広い屋敷前には、建造当時の本家の土蔵が残っており、往時の面影を今に伝えている。周囲の景観も、セピア色をした古い写真と見比べて見る限り余り変わっていない。近くには左部家一族の墓所がある。倒れかけた墓石、判読不可能になった墓碑も多々あることからも、名家としての左部一族の存在と伝統、そして地域での位置を看取できる。

左部の出自について、『群馬人国記(利根・沼田・吾妻の巻)』(岸大洞・五十嵐富夫・唐沢定市、歴史図書社、一九七九年)は「慶応三年十月、東京四ツ谷区谷町風間佐兵衛の二男に生まれ、明治十一年二月、奈良(沼田市)の素封家農兼酒造家の左部宇作(さとり)の養子となった。代々名主の家柄だが、宇作・とさ夫婦に実子がなかった」(一〇三頁)と記している。本記述は、「沼田市役所の戸籍」(同書、一〇頁)によるとした萩原進『足尾鉱毒事件』(上毛新聞社、一九七二年、一〇頁)を拠り所としていると推量されるが、ここで記されている「沼田市役所の戸籍」というのは次の[表1]であると思われる。

この戸籍を見る限り、養子縁組に特段変わったところはなく、一般的な養子縁組であったと考えてもおかしくはない。しかし、前掲書で萩原は、「彦次郎は明治十一年二月十四日に東京府四谷区谷町の平民風間佐兵衛二男から左部家に入籍となっており、父母の名は記されていない」(一〇頁)と、微妙な表現をしている。西野辰吉は、このことに関し「風間家とかれの関係は戸籍上のフィクションで、じっさいは維新前の江戸に商売

〔表1〕

群馬県利根郡奈良村六拾壱番地			
前戸主　亡養父　左部宇作			
戸主	亡父宇作養子 左部彦次郎 慶応三丁卯年十月廿四日生		明治十一年二月十四日東京府四ツ谷区谷町　風間佐兵衛二男入籍ス 大正拾五年参月貳拾四日午前拾時神奈川県中郡平塚町平塚貳千四百拾七番地ニ於テ死亡 同居者堀越ゆわ届出仝月貳拾五日平塚町長此企喜代助受付仝月貳拾八日送付
養祖母	亡養祖父宇作妻 とさ 文政元巳寅年正月十二日生		天保六乙未年四月廿日当村　亡石田良助長女入籍ス 明治参拾七年九月貳日午後参時死亡同月参日届出同日受付
妻	はん 明治二年九月十日生		明治十七年五月十七日当村　大河原徳次郎二女入籍ス 明治二十六年六月六日死亡

（松木弥栄子所蔵文書）

にでた左部宇作がある商家の未亡人に生ませた子で、宇作のほうは郷里に妻がおり、あいてが未亡人だった関係で、その戸籍上のフィクションはつくられている」（『小説　田中正造』三一書房、一九七二年、二〇八頁）、と指摘している。すなわち、風間佐兵衛の実子ではなく、商売で江戸に出ていた左部宇作が、ある商家の未亡人に生ませた子であるというのである。

左部宇作の〝実子〟とする西野の見解については、その事実を示す史料が明示されていない。このような中、このたび（二〇一九年一二月）、父は三代宇作（養父）の兄・左弥太＝風間佐兵衛（初代宇作長男）とする、史料に基づいたきわめて信憑性の高い説が報告された（三七七頁「付記」参照）。では、実母は誰なのか。この点については、田中正造の日記に「麹町十一ノ二十二　齋藤うた　さとり（左部）氏の母支配人」（『田中正造全集』第十巻〈以下『全集』と略記〉、四四九頁）と記されていること、および品川区在の一乗寺の齊藤家のお墓の墓石にその名が刻まれていることから、実母が齊藤うたであると断定できる。すなわち、左部は齊藤うたを母に、一八六七（慶応三）年十月二四日東京四谷で生まれ、一八七八（明治一一）年二月一一日群馬県在の旧池田村（明治二二年施行の町村制により村名変更・現沼田市奈良）の左部家に、宇作の〝養子〟として入ったのである。その後の実母および両家との関係も良好に思われるので、左部の入籍はきわめてスムースに進んだことが窺われる。

さて、前述のように、左部家は代々酒造業を営む素封家であった。一族から左部三岳（俳人）や左部春窓（同）など著名な文人を輩出していることにも、地域の〝名望家〟としての家柄であることが示されている。宇作の長男として群馬県へ移った左部は、同（一八七八）年四月「蒼新好校」に入学した。入籍二カ月後のことである。このことを考えると、入籍の時期は小学校入学を考慮してのことであったようにも思われる。その後家業を継ぎ、一八八四（明治一七）年五月、同村の大河原徳次郎の二女はんと結婚した。はんは一八六九（明治二）年九月一〇日生まれ、左部一七歳・はん一五歳の時である。

結婚した左部は、一八八八（明治二一）年に長男馨、九一年に長女よきに恵まれた。きわめて若いカップル、若い父母の誕生である。二人の子供に関する戸籍（謄本）の記載は［表2］の通りである（「改製原戸籍」平成二年五月二一日〈松木弥栄子所蔵文書〉）。

［表2］〈「改製原戸籍」〉

本籍	群馬県利根郡池田村大字奈良（沼田市奈良町―原簿傍注）六拾壹番地
前戸主	左部彦次郎

利根郡池田村大字奈良六拾壹番地ニ於テ出生父左部彦次郎届出明治貮拾壱年四月貮拾八日受付
出生事項明治貮拾壹年戸籍ニ因リ記載
青山トリト婚姻届出大正元年九月参拾日受付
大正拾五年参月貮拾四日前戸主彦次郎死亡ニ因リ家督相続届出同年五月貮拾貮日受付
昭和参拾参年六月貮拾八日午後貮時伊東市岡四百五拾壱番地で死亡同居の親族左部明届出同月貮拾九日伊東市長受付同年七月拾九日送付除籍

（略）

戸主	左部　馨
前戸主トノ続柄	左部彦次郎長男
父	亡左部彦次郎
母	亡はん
	長男
出生	明治貮拾壱年四月貮拾参日

利根郡池田村大字奈良六拾壹番地ニ於テ出生父左部彦次郎届出明治貮拾四年九月貮拾四日受付
出生事項明治貮拾四年戸籍ニ因リ記載
夫栃木県宇都宮市宿郷町五拾四番地戸主青木常吉養子松吉ト協議離婚届出大正七年貮月貮日宇都宮市長谷誠之受付仝年参月拾五日送付復籍
静岡県庵原郡興津町中宿百七拾六番地ニ分家届出昭和九年拾貮月拾五日興津町長田中秀夫受付同月拾七日送付除籍

	妹
父	亡左部彦次郎
母	亡はん
	長女
	よき
出生	明治貮拾四年九月貮拾貮日

以上の経緯を見ると、左部は生活にも子宝にも恵まれた一家の主として、順風満帆の日々を送っていたように思われる。しかし、その後左部の生の軌跡は大きく変容していく。理由の一つは向学心に燃えた彦次郎が東京専門学校（現早稲田大学）へ入学したこと、二つ目は一八九三（明治二六）年六月愛妻はんが他界したことである。前掲『群馬人国記』はこの事実について、「十七年彼は同村の大河原徳次郎二女はんを妻に迎えたが、向学心に燃え早稲田専門学校に入学」、「二十一年に長男馨、二十四年には長女が生まれたが、二十六年六月愛妻に死なれた」（一〇三～四頁）と、記している。

さて、左部の生き方を大きく変える状況を生んだ一つが、東京専門学校進学にあるとするならば、彼に進学を決意・決断させたのは何か、また周囲の理解はどうであったのかが問われる。左部の置かれた位置・立場から考えても、個人の単なる希望や思いでは容易に実行できることではなく、周囲への説得も必要であったと思われるからである。この辺の事情を考える手がかりとして、従来示されてきたのは次のような一文で、

彦次郎が養子となった翌一三年、養父宇作は家業に従事せず酒造業の権利施設一式を他人に任せ経営させた。その貸与の収入で明治二五年まで一二年間の彦次郎の東京専門学校（早大の前身）の政治経済科在学中の学費と卒業後数年間全く無報酬で鉱毒被害農民のための奔走費がでたわけである（『館林郷土史辞典（館林双書第七巻）』一九七七年、一二五～六頁）。

しかし、右記引用文のうち、冒頭の一文「彦次郎が養子となった翌一三年（翌々一三年の誤記―注安在）、養父宇作は家業に従事せず」は、現在大きく修正されることになった。すなわち、山口徹の左部家墓石調査により、養父宇作は一八八〇（明治一三）年九月二五日、四〇歳で没していることが分かったのである（直接のご示教による）。従来、左部家に残されていると言われる「明治一三年十月」の日付のある「酒造蔵並酒造器

械貸渡約定書」の件については、前掲引用文のような理解か、あるいは「何かの事情で」（田村前掲書二四三頁）といった認識が一般的であった。山口の調査によりこの疑念は氷解したのであり、その研究上に果たした役割は大きい。ちなみに、前述の「約定書」に関しては、「『明治二五年十月迄満十二年季貸渡し』と引きかえに一定の金額を受けとることになっている」（田村紀雄前掲論考、同書二四三頁）との指摘があり、掲載引用文の後段を裏付けている。

いずれにしても、左部は知的好奇心が旺盛で、政治・社会問題へ強い関心を有していた青年であったように思われ、群馬の一山村の醸造家・名主の家柄の名士として満足し一生を送るというタイプの人ではなかったと推測されるのである。周囲も、恐らくはこの性格を見抜き、〝後継ぎ〟に強く拘らず、左部の希望を叶えさせようとしたのではあるまいか。では、なぜ進学先を東京専門学校にしたのか。さらに、東京専門学校の修了とともに左部を鉱毒被害地に入るまでにさせたのは何か。別言すれば、左部はどのような経緯で足尾鉱毒問題を大きな社会問題として認識し、同問題に関わることを使命と考えるに至ったのか、という問題である。

(二) 立　志

長男馨が生まれて間もない一八八八（明治二一）年九月、左部は東京専門学校政治科に入学した。在籍三年、九一年七月の卒業である。これは当該期の学制に沿うもので留年などをしなかったことを示している。正規の学業を修めた者は、当時は一般に〝得業生〟と呼ばれた。では、家業も安定し家族にも恵まれていた左部が、何ゆえに進学を志したのか。しかも東京専門学校政治科に進んだのはなぜなのか。実はここに左部の生き方の原点があるとの思いを、筆者は抱く。すなわち、政治や社会問題への強い関心である。そしてこの点を考えるためには、一八八〇年代後半の政治・社会状況に目を向ける必要がある。

左部が結婚した一八八四（明治一七）年から長男馨が生まれる一八八八（明治二一）年の時期は、まさに政治・社会の変動期であった。まず政治的な面を見ると、一八八四（明治一七）年には群馬事件（五月）・加波山事件（九月）・秩父事件（一一月）など、いわゆる〝自由民権運動激化事件〟が関東地方で相次いで起こった。とりわけ左部の住む養蚕業の盛んな北関東地域では、松方正義大蔵卿のデフレ政策（いわゆる「松方デフレ」）により住民の貧窮化が進み、〝困民〟が輩出した。群馬事件～秩父事件はそのような背景の下に生起したこともあって、特に当該地域住民の心は動揺していた。このような状況下、近代的立憲制国家の構築を目指した自由民権運動の有力政党の一つ立憲改進党は党を維持したが、中核を担っていたもう一つの政党・自由党は対応する力を失い解党した（一八八四年一〇月）。しかし、間もなくかれらの間に運動再構築の動きが生まれ、一八八七（明治二〇）年には三大事件建白運動（言論の自由の保障・地租の軽減・条約改正＝主権国家の確立を求める運動）の展開を見た。その流れは、〝小異を捨てて大同を〟という大同団結運動へ発展し、やがて立憲自由党の結成（一八九〇年八月）となった。憲法発布（一八八九年）・議会開設（一八九〇年）に対応した新しい政治勢力の動きである。

一方、当時の状況を経済・産業の側面から見ると、企業の勃興期を迎えて活気を帯び始めていた。例示すれば、上野～高崎間（一八八四年）、品川～赤羽間（一八八五年）の鉄道の開通は横浜と群馬機業地帯を結合させ、足利織物講習所の設立（一八八五年）は織物産業を促進させた。さらに内国通運会社の各府県庁所在地および周辺地域への貨物輸送の開始（一八八四年）は物流の度を促進させ、特に紡績・鉱山業を大きく発展させた。官有物（鉱山・工場・製造所）の民間企業への払下げが積極的に行われたのもこの時期であり、古河市兵衛は本所鎔銅所を開き（一八八四年）、また院内鉱山などの払下げも受けている（一八八四年）。古河が足尾銅山の経営に力を入れたのも、そしてその結果鉱毒被害が顕著化・拡大したのも、まさにこの流れに沿ったものである。

以上のような政治・社会状況は地域の青年の心を大いに刺激し、行動へと駆り立てた。いわゆる政治青年＝

壮士の活動の顕著化である。かれらは地方から東京へと移り、あるいは両地を行き来して活発な活動を行った。衣装にも工夫を凝らした華やかなその動きは世間の注目を集めた。が、時に粗暴な振る舞いとなり暴力事件に発展することもあった。そこで政府は、自由民権運動抑圧の意図も含め、このような運動家・活動家を東京より追放する「保安条例」を出して取り締まった（一八八七年一二月二五日公布・即日施行）。この時東京を追放された人は五百名前後に及んだといわれ、東京は騒然とした。

このような世情が、地域で生活し、かつ東京での生活経験もある若い左部の血潮を沸き立たせたことは容易に想像できることである。そして左部の場合、前述の一般的状況もさることながら、社会問題への関心を寄せる契機となった一つに、充分に自覚されないまでも、煙害などですでに顕現化した足尾銅山鉱毒問題があったことも推量される。すなわち、次のような新聞報道は、山を越えて奈良村にも充分伝わってきていたと考えられるのである。

①暴風雨の影響　渡良瀬川は毎年秋季になると鮎の多く漁猟ある所なるが、本年は去月廿六日(ママ)の暴風雨の為め同地も洪水となり……(ママ)春子は不残大川へ流失し更に瀬に附かず実に不漁にて……(ママ)沿岸の足利、梁田両郡辺は浅瀬の多き所なる故鮎瀬の第一等とも云ふ土地にて毎年三百人（土地人のみ）の漁師が五、六拾円づゝの収穫あるに本年は僅に一人にて拾四、五円なりと（『下野新聞』一八八四年一〇月一一日、東海林吉郎・菅井益郎『新版　通史・足尾鉱毒事件』世織書房、二〇一四年、二二頁）。

渡良瀬川に鱸の登るは是迄もあることながら本年の如く多く登ることは未だ嘗てなき処なりと魚漁をなすものの話し（『下野新聞』一八八五年七月二九日、前掲書、二三頁）。

②香魚皆無　栃木県足利町の南方を流る、渡良瀬川は、如何なる故にや春来、魚少なく、人々不審に思ひ居りしに、本月六日より七日に至り、夥多の香魚は悉く疲労して遊泳する能はず、或は深渕に潜み或は

浅瀬に浮び又は死して流るゝもの尠なからず、人々争ひて之を得むとて網又は狭網を用ひて之を捕へ多きは一、二貫目少なきも、数百尾を下らず小児と雖ども数十尾を捕ふるに至り、漁業者は之を見て今年は最早是れにて鮎漁は皆無ならんと嘆息し居れり、斯ることは当地に於て未曾有のことなれば、人々皆足尾銅山より丹礬の気の流出せしに因るならんと評し合へりとぞ（『朝野新聞』一八八五年八月一二日、前掲書、二三頁）

前掲①・②以外にも、「銅鉱を焙焼するストーブの煙は丹礬質を含み居て人身に害あれば、煙筒も遠く山下に延きて烟の構内に飛散せざる様仕掛ありしかば、近傍諸山の樹木は昨暮以来多くは枯れ凋みたりといへり」（『下野新聞』一八八五年一〇月三一日、前掲書、二四頁）との報がある。かくして、一八八四（明治一七）年暮には、「煙害で近傍諸山の樹木が立ち枯れ」（前掲書、二四頁）る状態になり、一八八七年には「鉱毒はさらに深まり、渡良瀬川はほとんど魚影をみることなく、漁師も姿を消していった」（前掲書、二四頁）事態にも立ち至っている。さらに一八八七年の状況については次のような報道も見られる。

上野の渡良瀬川は源を野州庚申山に発し、足尾銅山を廻りて桐生足利の間を経て利根川へ落つるものにして此川の鮎を最も同地方の名物とせしが近年は漸々に減じて本年などは殆ど一尾もなしと云うまでに至り其の原因を何ぞと探求するに足尾銅山ますます開けて銅気水流に混ずるより此結果を来せしならんと云う。又目下足尾銅山に出入するもの一万五千の多きに及びこの糞尿の捨道なきにより自然この流水の水を濁せば桐生足利辺の染物晒物に異変を生ずることもあらんと同地人民は心配しているという（『読売新聞』一八八七年八月五日〈ここでの引用は、東海林吉郎・布川了編解説『足尾鉱毒　亡国の惨状』二九一～二頁〉）。

さまざまな異変と現地住民の動揺に、知識人の関心も深まった。須永金三郎や長祐之らの行動、すなわち「明治二十年秋、東京専門学校政治科学生長祐之、須永金三郎等行政学討論問題に『公共の利益と衝突する場合に農商務大臣は私人の営業を差止むることを得可きや否や』の議を提し、足尾銅山丹礬毒及日本坑法不完全の事を議す」（須永金三郎「鉱毒論稿第一編　渡良瀬川」、前掲『足尾鉱毒　亡国の惨状』所収、伝統と現代社、一九七七年、六四頁）といった活動も、このような状況を反映したものと考え得る。いずれにしても、左部の入学時前後鉱毒問題はかなり深刻な社会問題として浮上していたことが窺われるのである。左部が政治・社会問題にことのほか関心を寄せ、知的好奇心旺盛な青年であったことを考えれば、鉱毒問題について何らかは聞知していたと思われる。そして須永や長祐之らの言動も仄聞していたとも思われるのである。須永・長らの在籍する東京専門学校政治科への進学は、このことを推量させるに十分である。ただし、現段階では後述のようにこの事実を実証することはできない。

二　東京専門学校入学

結婚四年、長男も生まれ家業・家庭共に恵まれていたと思われる左部の日々である。しかし、新しい時代の波と雰囲気は、社会への関心が高く向学心に燃える左部を、そこに安住させておかなかった。かくして左部は、いわば時代の先端を行く東京専門学校へ進学した。その背景には、実母および実母方の家の存在があったと思われる。また、養子先の理解も容易に得られたようである。〝養父〟を亡くしていた中、養祖母の度量の広さが窺える。学校の選択は、左部自身が主体的に判断し決めたものと考えられる。では、当時の東京専門学校はどのような学校であったのか。以下、校風・学生気質等々について見てみよう。

（一）東京専門学校の授業

東京専門学校は、周知のように、「明治一四年の政変」で下野した大隈重信によって創設された。創立記念日は一八八二（明治一五）年一〇月二一日である。政府を追放された大隈の創立した学校であったことから〝大隈の私兵養成所〟と見なされ、開校当初は官憲のさまざまな圧力・妨害を受けた。主要な事例を記せば次のようなものである。第一は、入学志望者やその家庭への圧迫で、（一）東京専門学校は暴徒養成所と喧伝して父母を威嚇、（二）銀行に圧力をかけ入学にかかる金銭の融通を抑えるなど経済的・財政的な抑圧、を行った。第二は、入学者・在校生への精神的威圧で、教場・寄宿舎に常に間諜を置き、学生の行動を監視した。第三は、教員への威嚇・懐柔・法規制などで、特に一八八三（明治一六）年一二月、東京大学教授や判・検事が私立学校へ出講することを禁止した。生誕間もない私学にとって、権力によるこの施策はきわめて深刻な問題であった。

しかし、以上のような経緯で開校した東京専門学校であるだけに、学校には独特の反骨精神が漲っていた。特に地方で〝時代の青春〟を認識・堪能しようとする若者の心を惹いた（拙稿「自由民権百年と早稲田大学」）。左部が入学した当時の設置学科・科目配当・学暦などを、早稲田大学大学史編集所編『早稲田大学百年史総索引・年表』〈一九九七年〉二一八〜二二二頁、同『東京専門学校校則・学科配当史料』〈一九七八年〉一〇七〜八頁）などより見ると、次のようである。

①設置学科・修学年限・入学試験・講義

◇政治科・法律科・行政科・英学本科・兼修英学科

＊一八八二（明治一五）年（開校時）＝政治経済学科・法律学科・理学科・

＊一八八三（明治一六）年＝理学科廃止。
＊一八八四（明治一七）年＝政治経済学科を政治学科と改称。
＊一八八六（明治一九）年＝政治学科を政治部、法律学科を法学部と改称。
＊一八八八（明治二一）年六月＝学部制廃止。政治部は政治科、法学部は法律科・行政科の二科に。
＊一八八八（明治二一）年一一月、＝政治科を邦語政治科、法律科を邦語第一法律科、行政科を邦語第二法律科と改称し、英語政治科・英語第一法律科（司法）・英語第二法律科（行政）を新設。
＊一八九〇年九月　文学科新設

◇学期・修学年限
＊二期制　前期＝九月一〇日～翌年二月二〇日、後期＝三月一日～七月二〇日
＊修学年限　三年

◇受験資格
開学当初は「政治学法律学ノ二科ヘ入学ヲ許ス者ハ年齢十六歳ニ満チ、普通ノ教育ヲ受ケ、略々和漢に通ズル者ニ限ル」と、受験年齢資格を「満十六歳」としていたが、左部の受験時は「十七歳」（一八八八年六月改定）。

◇主な講義科目（政治科）
第一学年　〈政治学〉政体論・憲法原理、〈経済学〉経済原論・経済史、〈財政学〉応用経済学、〈史学〉上古史・中古史、〈哲学〉論理学。
第二学年　〈政治学〉英国憲法・行政学・米国憲法、〈経済学〉経済研究法・貨幣論・考証経済学、〈財政学〉商政論・租税論、〈史学〉近代史・憲法史・外交史、〈哲学〉心理学。
第三学年　〈政治学〉国会法・政理学、〈経済学〉為替論・考証経済学・貿易論、〈財政学〉銀行論・会計

法・国債論、〈哲学〉社会学
右の他、一年次＝法律通論・刑法、二年次＝治罪法・対論、三年次＝統計原理・法理学・国際公法・国会法演習、一年次〜三年次＝体操。

講義科目について言及すると、学年配当も合理的で充実している。内容の濃い講義が行われていたことが推測されるが、筆者が特に興味をそそられるのは、一般科目・基礎科目と考えられる科目、史学・哲学（論理学・心理学・社会学）の重視である。このことについて、開校当初「政治原論」を担当した山田一郎が政治を学ぶために必要な科目として、論理学・心理学・歴史学を挙げていること（真辺将之『東京専門学校の研究』早稲田大学出版部、二〇一〇年、四七頁）に留意しておきたい。その説くところを簡単に記せば、次の通りである。

開校当初の東京専門学校（現早稲田大学　松木弥栄子氏提供）

・論理学―専門科目を学ぶための学問的な思考方法を積むため。
・心理学―「人間を支配する政治」を理解するためには、変化動揺する人心の所在を知ることが肝要。
・歴史学―過去の事実を明らかにすることを綜合的に理解・判断する思考力を養うため。[1]

専門科目の知識に加え、論理学・心理学・歴史学に関する知見を深めたことは、その後の左部の活動に大きな力となったことが窺える。

また、東京専門学校における教育の特色としてさらに挙げられるのが、学問の実践化ということである。たとえば、「後年、東京専門学校の第一期入学生たちが自らの学生時代を振り返って回想する際に、常に強調されているのが、学問と実際との密着であり、学問と政治との密着であった」(前掲真辺著、五九頁)、「先生からは論理学・心理学・政治学等の教授を受けたが、三段論法の応用を直ちに活用せしめんとせられ、又心理学の如きも哲理は第二として、之を世態人情に応用せしめんとせらる、……」(山田一郎の授業を受けた広井一の回想、前掲真辺著、五九頁)、などの感想が述べられている。机上の理論ではなく、実際に運用・役立つ学問を身に着ける場が、東京専門学校であったのである。

②授業料

東京専門学校が地方の在住者に魅力として受け容れられた要因には、授業料が安いということもあった。このことに関しては次のように記されている。

現在では私立大学の方が国立大学より学費が高いというのが当たり前になっているが、戦前はむしろ逆であり、私立大学の学費の方が安いのが普通であった。東京専門学校は創設時の月謝が一円、のちに一円八〇銭に値上げするが、値上げ後でも、東京大学の二円五〇銭から比べればかなり安かった。一八八六(明治一九)年に政学部に入学した坪谷善四郎は、後に博文館に勤務し総合雑誌『太陽』を創刊して成功した人物であるが、入学時の年齢は既に二五歳、郷里には妻もいた。坪谷は当初官立の山林学校への入学を志していたが、前述した事情から、学問にあまり多くの金銭と時間をかけられる状況にはなく、地元の親からも「最早晩学に候へば山林学校よりは年限短かく三年位にて卒業の処可然候」、また、「学費の点」も、考慮すべしと手紙で指示され、親の意見にしたがって東京専門学校に入学している。当時の日本は未だ近代化の途上にあり、一般の人々の生活は決して豊かではなかったので、高等教育を受けられる環境にある人も全体から見ればほんの一握りであった。そういう状況のなかで、学費が安いという要素は、非常に大きな魅力であったと考えられる（前掲真辺著、一二六頁）。

（二）学生気質と校風―自主・自由の尊重―

東京専門学校で特筆されるのは、学生の気質とその校風である。次の史料を見てみよう。

報　告

かねてより学生（生徒）が政談演説を傍聴してはならないという通達が出されている。しかし、最近、政談演説を聞く為に一時退学届を出して傍聴し、そのあとすぐに復学する者があるとのことである。すでに今月二日浅草須賀町井生村楼で改進党の演説会が開かれた際には、東京専門学校の生徒で右のような手段を採って傍聴に出かけた者が七〇人ほどいたとの報が入っている。取締りを行っているが、参考までに〝注意報〟として報告する次第である。(2)

史料は警視総監に送られた牛込警察署巡査白石義正の報告書である。当時学生は政談演説会へ出席・参加することは法律で禁じられていた。それだけに〝大隈の私党〟と見られていた東京専門学校生に対する官憲の監視は特に厳しく行われていたことが容易に推測される。留意しておきたいことは、そのような中での学生と学校の対応である。史料はそのことを伝えるものとして興味をそそる。すなわち学生は〝退学届〟を出して政談演説会に臨み、終われば〝復学届〟を出して生徒に戻っているのである。退・復学者が一度に七〇人というのは当時の学生数を考える時驚くべき数字であるが（明治二四年の卒業生は一八六名。『早稲田大学七十年誌』早稲田大学編・発行。一九五二年、二一頁）、それにしてもよく考えた行動であって、退学届を出して演説会を聴きに行った学生も、復学を許可した学校もまことに大らかで当時の雰囲気をよく示している。

このような自由な雰囲気は校内にも満ちていた。その状況を垣間見てみよう。次に示す史料は左部が学んだと同じ時期に在籍した一学生の日記の一部である。

第一に言わなくてならないことは、学問の独立ということである。早稲田の学校といえば立憲改進党の機関と見ているものも世間には少なくない。なぜならば同学校は改進党の首領によって創設された学校だからである。しかし、三年間の在学中わたしは学校が改進党の機関として利用された事実を見たことはない。評議委員のほぼすべてが改進党員である。講師のうち二三人は改進党員である。しかし学校が改進党の機関となっているようなことを見たことがないのはなぜか。学校は科学的研究（真実探究）の風潮によって成り立つものであり、思想の自由は絶対に制限されてはならないということは、改進党員である講師等が常日頃説いていることなのである。

すべて規則はとても寛大である。講師らが主に主張する「マンチェスター学派」の自由放任主義は、常日頃実践されている。講義に出席しなくても問われないし、外出して宿舎に帰らなくても問われることはない。撃剣・相撲・飲酒・女性関係などなどで詰問されることもない。ただ、夜中十二時過ぎに音読すること、床に着いても消灯しないことが禁止されている。

この学校の特質として記しておくべきことは、学校の組織が立憲的な体制になっていることである。学生の権力は強大で、学生の意志に反することはどのようなことも行われない。講義課程の増減、試験に関する利害、規則の改正、さらに重要なものとしては弾劾権の執行など、皆然りである。一例として記せば、講師の話が面白くなければ同盟欠席の動議を即座に可決し、その講師の講義を聴く学生は一人もいなくなるのである。しかもその講師が辞職しないような場合には、弾劾して学校に訴えるという手段に出るのである。(3)

まことに自由な雰囲気である。教師よりも生徒の方が力を有していたようにも推量される。教員の多くは立憲改進党に所属する（というよりは牽引する）人びとであった。しかし、学校では自らの政治的意志・信念を吹き込み同党へ唱導するようなことはなく、思想の自由を説き、かつ実践した。集まり来る学生の年齢層は幅広く地域も多様であり、教員と学生や学生間同士の交流関係も深く、自由と個性を尊ぶ学風は反骨の精神を研磨するのに充分であった。

三　鉱毒被害地へ

政治・社会への関心を強く抱く青年たちが多く入学する学校であってみれば、在学生の政治的活動が旺盛であったことは容易に想像がつく。東京専門学校の教育・学習で特に異彩を放ち、注目されるのが「擬国会」の開催である。多様な趣向を凝らした実践学習を通して、学生の間で私擬憲法の草案も作成されるに至っている。このような学風・学生気質等々を見ると、妻子を抱え家業にも尽くさなければならない身でありつつも、向学心に燃えた左部が東京専門学校に惹かれ進学したのも、充分合点が行く。

さて、ここで二点の課題が生まれる。第一は、先にも触れたが左部の東京専門学校進学は足尾銅山鉱毒問題認識と関係があるや否や、第二は、第一の問題で関係なしとした場合、左部が卒業と同時に被害地

小山孝八郎家旧宅地跡

に入る決意をするまでの鉱毒問題認識を何時持つようになったのか、という問題である。まず第一の問題についてである。

東京専門学校に学び（一八八八年七月修業）、『鉱毒論稿第一編　渡良瀬川・全』（一八九八年）を著した足利出身の須永金三郎は、同書で「当時民人深く状を解せず、有司亦等閑に附して顧みざるもの多年、明治二十年に至つて稍二三子の知る所となる」と記し、さらにその年の秋に至ると鉱毒問題は行政学のテーマとして議論されるまでの社会問題になっていることを次のように綴っている。

> 明治二十年秋、東京専門学校政治科学生長祐之（栃木県梁田郡出身・須永の東京専門学校同級生。『足尾銅山鉱毒　渡良瀬川沿岸被害事情』〈一八九一年〉の著者。―注安在）、須永金三郎等行政学討論問題に「公共の利益と衝突する場合に農商務大臣は私人の営業を差止むることを得可きや否や」の議を提し、足尾銅山丹礬毒及日本坑法不完全の事を議す。是れ恐らくは斯問題筆舌に上せられたるの濫觴ならん（布川了・東海林吉郎編・解説『足尾鉱毒　亡国の惨状』復刻版・所収、伝統と現代社、一九七七年、六四頁）。

以上の記述については検証の余地があるが、この記述と須永の子息弘の未発表の原稿「足尾鉱毒事件」を拠り所として、東海林吉郎は「須永金三郎　略伝」（前掲書・付録所収）を執筆、「一五歳で上京、苦学して東京専門学校に入学した須永は、在学中から鉱毒事件と関わりをもっている」（前掲書、二九一頁）と記し、さらに「須永は、長祐之とともに『郷里に帰って、そうして村に、町に古老等の意見をたたき、村に、町に叫んだ。街頭で村人を集めて、鉱毒被害の甚大さを説いた。また、この二人が田中正造と会ったのもその頃のことで、『彼らは田中正造の奮起を望んだ。しかしまだ其頃は国会が開かれない前で、田中も栃木県の一県会議員にしか過ぎなかった』」（同書、二九二頁）、と叙述している。

以上のことが事実であれば、左部が奈良村在村中に〝足尾鉱毒問題〟を大きな社会的問題として認識し、須永・長の活動に導かれて東京専門学校に進学したことは充分推測される。前項で触れた〈奈良村在村中鉱毒問題聞知説〉を補強するものである。しかし、このことに関し関係史料を渉猟・検討した小松裕は、前述の田中との関係については明確に否定するとともに、「明治二〇年秋から須永金三郎と長祐之が運動を開始したことを事実であると断定することは、現時点ではまだできない」(『田中正造の近代』、二六五頁)と指摘している。小松の結論について筆者は認否を述べる確証をもたない。したがって、鉱毒問題への関心と東京専門学校進学を直接結びつけることは、前述の通り現段階ではできない。

では、第二の問題はどうであろうか。左部の鉱毒問題認識については、「一八九一(明治二四)年」として語られているのが通説である。それは川俣事件における前橋地裁の次の予審調書での言が根拠となっている。

問　その方は利根村の人にしてこれ迄、鉱毒事件に始終関係していたか。
答　そうです。自分の出来るだけの調査等に従事しておりました。
問　それはどの様なところからその様になったのか。
答　自分は明治二十四年に東京早稲田の専門学校にいる時に鉱毒のあることを聞き知った故、学校を出ると当該の地に臨み、その被害反別及びその額等調査し、その後三十一年七月一日に又調査をなし、爾後引き続き除毒方法その他の請願等に付き自分に於いて出来るだけの調査をしました(布川了編『川俣事件をみる』NPO法人足尾鉱毒事件田中正造記念館、二〇一〇年、二九頁)。

掲載史料から、「明治二十四年説」が生まれていることは首肯できる。しかし、「公判始末書」での問答を見ると、鉱毒問題の認識の時期について含みのある応答をしている。次の通りである（原文、句読点引用者）。

問　其方ハ遊学中（東京専門学校在学中―注安在）銅山ノ鉱毒被害アルコトヲ聞知シ居タノテ、業ヲ得タル後鉱毒処分ヲ請願スル為メ、自分ノ費用ヲ抛テ鉱毒被害ノ調査ヲ為シ居タルトノ事ナルカ、夫レハ違ヒナキカ。

答　明治二十四年ニ学校ヲ出ルヤ、直ニ被害地ニ参リ、小山孝八郎方ニ寄寓シ、始終群馬栃木両県ノ被害地ヲ歩行シ居タルモ、其頂（ママ）ハ鉱毒ノ害ヲ知ラヌ。如何シテ従来ニ比シ収穫カ減セシカト不審ヲ起シタル丈ケテ、未ダ鉱毒ノ被害ナルコトハ心付カス、何人モ口ニセサリシ。尤モ足尾銅山ニ工業ノ始マリ居リタルコトハ知リ居リマシタ。其處テ鉱毒ニ関シタルモノハナヒカト存シ、関係役場ニ就キ調査シタル處、栃木県知事藤川為親カ鉱毒ノ為メニ渡瀬川ノ鮎カ死シタルニ付同川ノ、鮎ハ喰テハナラヌトノ内訓様ノモノヲ発見シタルカ、其後雑誌カ発刊セラレタルモ、鉱毒ト云フ文字アル為メ発行を停止セラレマシタ（後略。『足尾銅山鉱毒被害 請願人兇徒嘯聚公判始末書（甲）』一〇七頁）。

前掲史料中の一文、「尤モ足尾銅山ニ工業ノ始マリ居リタルコトハ知リ居リマシタ」との答えから、少なくとも左部は明治二四年以前、すなわち東京専門学校入学後かなり早い時期に渡良瀬川の変容を知り、鉱毒問題への関心を有していたと思われるのである。実際、左部の在籍中、鉱毒問題は年を経るごとに社会問題として肥大化し、新聞で報じられ、渡良瀬川沿岸周辺地域の人びとに大きな不安・危機感をもたらしていた。新聞報道について記せば次の通りである。

○渡良瀬川に魚族絶つ　渡良瀬川は栃木県下足利、安蘇、梁田の三郡を貫流する一大河にて同地方の者は此河に産する魚類を漁し生活を送りし者も多かりしに、去る明治十五年東京の豪商古河市兵衛氏が其の水源なる足尾銅山を借区し製銅に従事せし以来不思議にも漸次同河の魚類減少し今は全く其の跡を絶ち沿岸の漁夫等は為めに活路を失するに至れり。此に於て同三郡の人には段々其の原因を探究し、コハ全く足尾銅山にて製銅の際其の丹礬を同河に流失するを以て其の毒の為めなることを発見し、爾来頻りに苦情を唱へ古河氏に向て同業中止の談判を為すべしとあせりたるもありたるが尚ほ能く果して丹礬の魚類に害ある者なるや否やを研究し然る後ちのことにせんと云ふものもあり、遂に此試験のことを東京の該地方人に申し来り、昨日同地出身の人々等は今川小路玉川亭に会し此の事に関し相談する所あり、先づ鉱学会に依頼して丹礬有毒の如何の試験を乞ふ事に決したりと云ふ（『郵便報知新聞』明治二三年一月一二日　萩原『足尾鉱毒事件』一九七二年、上毛新聞社、八〜九頁）。

○足尾銅山鉱毒問題——上州野州の農民騒ぐ　足尾銅山鉱場より流れ来る水は渡良瀬川に注入するが其水質は炭素酸素を含有すること多きを以て、農作物には妨害甚しとて、渡良瀬川に依て灌漑の便を受け居る上州山田、新田、邑楽三郡の農民中には、之を農商務大臣に申告して、該鉱業を中止する歟乃至は鉱場使用の水を他へ漏泄せしむる歟、二者其一に処分を請はんと相談中にて、野州足利、梁田二郡中にも賛成者多く五郡結合して其筋に上申し、若し聴かれずば法廷へも持出すべき決心の模様ありと云ふ（『東京日日新聞』明治二三年一一月二六日、萩原前掲書、一〇頁）。

長祐之編『足尾銅山鉱毒　渡良瀬川沿岸被害事情』が発行され、同書が頒布禁止になったのは、左部の卒業の月である。また、卒業後間もなく発行された河島伊三郎編『足尾之鉱毒』第一号（明治二四年一一月二五日）も、発売禁止となっている。足尾鉱毒問題に関わる一連の動向を年表で示すと以下の通りである。

〈一八九〇（明治二三）年〉

八・二三　渡良瀬川大洪水。

九　渡良瀬川沿岸の農漁業に異変顕著（『郵便報知新聞』報道）。

一〇・一四　足利郡毛野村早川忠吾らの渡良瀬流水試験依頼に宇都宮病院調剤局長大沢駒之助は飲用不適と認定。

一二・一八　足利郡吾妻村村長亀田佐平、足尾銅山採掘停止の上申書を提出。

一二　栃木県会、足尾銅山から流れ込む丹礬除去の建議を知事に提出。

〈一八九一（明治二四）年〉

三・二〇　群馬県会、鉱毒救済の建議を知事に提出。

五・一　足利郡吾妻村・毛野村、梁田郡梁田村の有志、足尾に出張して鉱毒起因の探究を行うことおよび農科大学への鉱毒土砂分析依頼を決議。

五・二〇　梁田村の長祐之、足尾銅山出張結果を報告。

六・一　農科大学古在由直、被害原因は鉱毒と分析結果を報告。

七・七　長祐之編『足尾銅山鉱毒　渡良瀬川沿岸被害事情』を発行、のち頒布禁止。

一一・二五　河島伊三郎編『足尾之鉱毒』第一号発行。のち発売禁止。

左部の東京専門学校入学から終了までの状況を整理すれば、以下のように記すことができよう。

左部は一八八八（明治二一）年九月から九一（明治二四）年七月まで東京専門学校に在籍、学問の研磨に努めた。家業を継ぐ戸主の身でいながら、しかも若い妻と誕生間もない子供を置いての学業である。一般には到底果たし得ない行動を可としたのは、左部の政治・社会問題への強い関心であり、その情熱と資質に理解を示した家族であった。そして地域青年の中央志向・活動という時勢がその行動を後押しした。さらに東京専門学校には、左部の思念を受容し発展させる自由と度量があった。折から生起していた足尾銅山鉱毒問題は、左部の入学時以降ますます社会問題化していた。郷里にも近いところで起こった同問題に、左部は在学中次第に傾斜して行った。かくして鉱毒問題に尽くすことを使命と感じ、東京専門学校卒業と同時に鉱毒被害地に入ることを決意した。そして実践した。社会運動家左部彦次郎の誕生である。

注・引用・史料原文

(1)政治学を学ぶ上で重要な論理学・心理学・歴史学

第一論理学。此ノ学ノ必要ナルハ言ヲ俟タズト雖モ世間往々政治学ヲ曖昧ノ者ト思惟スル者アリ。此レ強チ無理ナラヌコトドモナリ。何トナレバ此迄ノ政治ヲ学ビ之ヲ論ズルモノニシテ論理ノ材ニ乏シキト之ヲ的用（ママ）スル所ヲ知ラザル罪ナキニ非ズ。是レ殊更ニ此ノ学ヲ要スル所以ナリ。

第二心理学ノ大要ナル所以亦タ明カナリ。何トナレバ政治ハ人間ヲ支配スルモノナリ。即チ人心ハ草木ノ如キモノニ非ズ。必ズヤ変化動揺スルモノナリ。故ニ人心ノ動ク状態即チ人心ノ傾向スル所ヲ心理学上ニ照シテ之ヲ討求セザル可ラズ。

第三歴史学。此学ノ必要ナル所以ハ二点アリ。第一ハ事実ニ明ラカナルコトヲ要ス。凡ソ歴史ハ社会ノ状態ヲ載セルモノニシテ其ノ事実ヲ詳ニスル其必要論ヲ俟タズ。第二ハ事物ヲ総括スル力ヲ養成スルコトヲ要ス。此レ又タ歴史ヲ通暁スルニ在ラズンバ能ハザルヤ明カナリ。（真辺将之『東京専門学校の研究』早稲田大学出版部　二〇一〇年　四七頁）

(2)予テ諸学校生徒ニ於テ政談演説等傍聴スルコト不相成ノ御達モ有之候処近頃該生徒ニ於テハ政談演説傍聴センモ為メ一時退校届ヲ出シ置キ以テ傍聴シタル上直ニ亦入校スルモノ往々有之由既ニ本月二日浅草須賀町

井生村楼ニ於テ改進党ノ政談演説アリタル際東京専門学校生徒ニテ右手断（ママ）ヲ以テ傍聴ニ出テタルモノ七拾人程アリタル旨聞知致候間取締上御参考ノ為メ注意報トシテ此段報告候也

明治廿年四月四日

牛込警察署勤務　巡査白石義正

（国立国会図書館憲政資料室蔵・三島通庸関係文書五三七〈探聞書・報告書四〉・2）

(3)第一ニ言ハサル可ラサルハ学問ノ独立ト云フコト是ナリ早稲田ノ学校トシ云ヘハ改進党ノ機関ナリト見做サヾルモノ世間尠シ何トナレハ彼女ハ改進党ノ首領ニ仍テ創立セラレタレハナリ然レ共三ケ年ノ修学中余ハ其ノ機関ニ利用セラル、ノ事実ヲ認メサリキ評議員ノ殆ト凡テハ改進党員ナリ講師ノ二三ハ改進党員ナリ而シテ其機関タルノ事実ヲ見サルハ何ソヤ科学ノ研究ハ風潮以外ニ屹立セサル可ラス思想ノ自由ハ絶対的無制限ナラサル可ラストハ彼レ改進党員タル講師等カ常ニ唱導スル所ナリ

凡テノ規則ハ甚タ寛大ナリ彼レ講師等カ重（ママ・主）ニ主張スル所ノ「マンチェスター、スクール」ノ「レーゼス、フエアー」ハ事実ノ上ニ常ニ行ハル、ヲ見ル教場ニ出席セサルモ問ハサルナリ他出帰ラサルモ問ハサルナリ撃剣ヲ問ハス相模（ママ・撲）モ問ハス酒ヲ問ハス女ヲ問ハス例外トシテハ唯タ夜十二時後ハ音読スヘカラサルコト寝テ後チランプヲ消サ、ルコト是ノミ

此校ノ特質トシテ記スヘキモノハ其躰制ノ立憲政体的ナルコト是ナリ学生ノ有スル権力ハ強大ナリ学生ノ意志ニ反スル何レノ事実オモ行ハレサルナリ課程ノ増減ヲナスナリ試験問題ヲ損益スルナリ規則ノ更正ヲナスナリ更ラニ甚タシキハ弾劾権ヲ実行スルコト是ナリ一例トシテ記スアランカ講師ノ面白カラサルモノアルニ当リテ休会ノ動議忽チニ提出セラレ忽チニ可決セラル而シテ其講師ノ前ニ一人ノ講説ヲ聞クモノナキナリ而モ尚ホ辞職セサランカ爰ニ於テヤ弾劾的上奏ノ手段ニ出テサルヲ得サルナリ

（島田研一郎「うき草の花」（『羽村市史資料集』1、羽村市教育委員会、一九九三年、四七～五五頁）

第二章 鉱毒被害民救済活動への邁進

雲龍寺本堂

西暦	和暦	月・日	事項
1892	明治25	1・25	群馬県邑楽郡四村長より「鉱毒被害並に採鉱事業停止の請願書」提出の件への尽力で感謝状を受く。
1893	明治26	6・6	妻はん没。
1894	明治27		利根郡池田村奈良（明治21年の町村制により行政名変更）の初代消防部頭を務める。
1896	明治29		利根郡より群馬県会議員に立候補（落選）。
1898	明治31	6	在京中の彦次郎、谷元八の来訪を受け鉱毒被害民救済運動への復帰・助力を要請される。
		7・1	鉱毒被害地を視察。のち被害民救済運動に復帰。
		9・23	義兄（みき子夫大場竹次郎）没し、田中正造より白扇二本と弔意の歌を贈られる。
		9・28	鉱毒被害民第三回押出し。この時発生した、いわゆる田中正造の「保木間の誓い」に立ち会う。
		11・11	『請願運動部面の多き被害人の奔命に疲れて将に倒んとするに付便宜を与へられ度為め参考書』（池田村〈群馬県〉左部彦次郎）を著す。

一　救済活動の始動

左部彦次郎が東京専門学校に在籍し研鑽を積んでいた時期、鉱毒問題はますます深刻さを増した。特に一八九〇（明治二三）年八月二三日に襲った大洪水の被害は甚大であった。渡良瀬川沿岸地域の住民にとっては、それは取りも直さず鉱毒被害への心配の増幅でもあった。鉱毒問題の社会化の進行である。例示すれば、早川忠吾（足利郡毛野村）らの渡良瀬川流水試験依頼と、同依頼に対する宇都宮病院調剤局長大沢駒之助による飲用不適の認定（同年一〇月一四日）、足利郡吾妻村村長亀田佐平による足尾銅山採掘停止の上申書提出（同年一二月一八日）、栃木県会による足尾銅山流出丹礬毒除去の知事提出（同年一二月）、群馬県会による鉱毒救済建議（知事宛、一八九一年三月二〇日）、などである。また、東京専門学校の卒業生長祐之は鉱毒調査を行い、その後自ら編者となって『足尾銅山鉱毒渡良瀬川沿岸被害事情』を著した（同年七月）。が、同書はたちまち発売禁止となった。官憲・古河が、鉱毒被害が大きな社会問題となることを恐れ、事前に抑え込もうとしたのである。しかし、年々露わとなる鉱毒問題に世間の関心はますます高まった。左部が東京専門学校の卒業を迎えたのはこのような状況の中である。

郷里に近い地域で生起しているそれまでに例を見ない鉱毒問題は、知的好奇心と正義感の旺盛な左部の心を揺り動かすに充分であった。左部は東京専門学校を卒業すると同時に鉱毒地に入り被害民の救済に努める決意をした。そして群馬県邑楽郡大島村在の小山孝八郎方に寄寓し、実践活動を開始したのである。この過程に関し拠り所として示される史料が、前章で触れた川俣事件に連座した折の訊問調書に見られる左部の答弁である。娘の大場美夜子は、自伝的書『残照の中で』で、この経緯と父の心情について「その当時父は東京専門学校（現在の早稲田大学）の学生であったが、その惨状を見ておれず、自分はその被害地の出身でもないのに、田中正造代議士に組し、学校を出ると、正当な職にもつかず、この農民救済の運動に飛び込んで正造翁の片腕といわれて活躍した」（九八頁）と記している。「惨状を見ておれず」という指摘は、まさに左部の心境を伝えていると思われる。鉱毒被害が明らかになればなるほど、左部が一層関心を掻き立てられたことは想像に難くない。鉱毒問題への傾斜（東京専門学校在学）から同問題への邁進である。社会問題として顕著化した鉱毒問題は、年を経るごとに深刻の度を増し、やがて「足尾銅山鉱毒事件」として歴史に名を刻むことになる。

鉱毒被害地へ入った左部を待っていた当面の任務は、本格化しはじめた被害民の請願運動の指導や請願書の執筆であった。左部がいかに尽力し当該地の住民の心を得たかは、大島村に居を移して半年も経ていない時に行われた事実によっても示される。一八九二（明治二五）年一月一五日付で成された四カ村連名の「感謝状」の贈呈がそれである。次の通りである。

義勇心に富み心清く私欲の無い士、左部彦次郎君に感謝します。我々四か村堤外の地はここ二年鉱毒の害を受けてきました。そのようなか貴方は村民への最愛の志をもってこの問題の解決に刻苦の末、遂に明治二十四年十二月二十八日「鉱毒除害並びに採鉱事業中止の請願書」を農商務大臣に提出するに至りました。これは公共義勇の志をもつ貴方が、平素胸中止むに止まれぬ思いを抱き行って下さったことと、本当に感謝に耐えません。被害地人民千有余名を代表し、深く貴方の正義心に感謝し、意を尽くしておりませんが、ここに心より御礼の言葉を申しあげます。(1)

感謝状は、一八九一（明治二四）年一二月二八日農商務大臣に提出された渡瀬・大島・西谷田・海老瀬四カ村の「鉱毒除外並に採鉱事業停止の請願書」執筆へのお礼として贈られたものである。請願書提出の折の所轄官庁の対応状況については、田中が日記に記している。要点を整理すると、①請願書を農商務省受付に提出後大臣に面会を求めたが、大臣は不在、次官も多用との理由で面会は果たせず、佐藤書記官に面会して事情を述べたこと、書記官は、②銅採掘と被害との関係については不明で現在事実を調査中で回答できないこと、しかし③請願の趣旨は充分大臣に伝えると約束したこと、である（「足尾鉱毒の件に付農商務省へ出頭の手続」『田中正造全集』〈以下『全集』と略記〉第九巻、一九七七年、二九三頁）。

いずれにしても紋切り型でいかにも官庁らしい対応である。国民の要求に対するいわばいつの世も変わらない官憲の常套手段と言ってよい。一方、請願書を提出した四町村は、これに尽力した左部に対し前述の通り感謝状を贈っている。この時の左部の動向を伝える史料が「市澤音右衛門日記」（板倉町教育委員会編・発行『板倉町における足尾鉱毒資料集』所収、二〇〇〇年）である。同日記で注目されるのが左部と田中の関係について触れた、「是ヨリ前後、正造氏之手代、左部」云々という一文である。[2] 本記述には、留意・検討すべきことが二点ある。第一は、鉱毒被害地における田中の存在と左部の立ち位置および田中との交流・親密度の問題、第二は請願書提出に果たした左部の役割、についてである。

まず第一の点に関しては、前章で触れたように小松裕の「明治二四年九月頃まで、田中の鉱毒問題への関心は希薄であった」という指摘、および布川了の「田中の手代として被害地に入ったのではない」という認識を承認したい。その上で、しかし前掲一文は以後帝国議会での質問や請願書提出作業などにおいて、両者が急接近したことを証明していると捉えたい。すなわち、市澤には〝手代〟と見えるほど、左部は田中のために力を尽くしていた、ということである。そこで第二の点についてであるが、第三者的な目から見れば田中への〝手助け〟に見えた言動も、左部においては主体的な活動であったと言ってよいと思われるのである。

ところで、感謝状の授受に関し『早稲田大学百年史 第一巻』は、「田中が議会で質問をした日から一ヵ月ほどの後、奇しくも左部にとって生涯忘れられない思い出の日となり、彼をしてますますこの問題に心魂を傾注しようと決心させた出来事があった」（八六八頁）と記したあと、「左部の健闘努力に対し、感謝の意を表した何がしかの記念品を贈りたかったであろうが、涸渇に瀕した被害民としては、これが精一杯の贈物であったのである。この〝美挙〟は、明治二十五年二月発行『同攻会雑誌』第十一号の『近事片々』欄で、『校友左部氏感謝状を受く』と題して逸速く学苑内外に伝えられた」（八六八頁）と記し、以下の文を掲載している。

校友左部氏感謝状を受く。

足尾銅山鉱毒事件に就ては、昨年中より沿岸被害地人民の激動一方ならず、各地其委員を選みて之を調査し、或は請願書を出だせしこと等は夙に世人の知る所なるが、校友左部彦次郎氏（群馬県利根郡池田村）は、過般来私費を以て被害地の模様を調査し、鉱毒除害の請願書を農商務大臣に上申する等、該事件に尽力せしこと少なからずとて、去月下旬同県邑楽郡渡瀬村々長外三村長より被害地人民千百有余名を代表せる感謝状を受けたりと云ふ（八六八頁）。

『早稲田大学百年史』の記述は、正義感に燃えた熱血漢左部の姿を彷彿させる一文である。

引用文は、調査に関わるすべての費用を自分持ち＝私費で行っていることを伝えている。「被害民に寄り添う」という左部の運動は、やがて請願書の執筆から請願運動～抗議運動へと増幅していく。このことに関し田村紀雄は「法律に関する博識から、請願行動という抗議運動の戦術を編みだした。この請願は文書による行動から出発して、代表による上京請願、さらには大衆行動としての『押出し』（大衆上京請願行動）へとエスカレートしてゆく」（『近代日本社会運動史人物大辞典』八一三頁）と記している。被害地における左部への信頼と期待感は一層高まっていったことが窺い知れる。このような中、次の作業が浮上した。示談契約問題である。

二　示談交渉への尽力と被害調査

左部彦次郎は、東京専門学校を出ると進んで鉱毒被害地に入り、被害民特に海老瀬・渡瀬・大島・西谷田四カ村村民の農商務省宛て請願書の作成に尽力した。左部のこの行為は、被害民にとってはこの上ない喜びであるとともに大きな励みとなった。社会科学系の学識を有し、文才があり、指導力・行動力も備えた左部の存在は、被害民に実に頼もしく映り、かれらに勇気と希望を与えた。前節で見た感謝状の贈呈には、そのような被害民の気持ちが込められている。一方感謝状を贈られたことにより、左部は被害民救済という使命感を一層強く持つようになり情熱を燃やしていった。

では、左部は、以後どのようなことに尽力したのか。まず挙げられるのが銅山経営者古河との示談（補償）交渉への奔走である。示談契約は、多分に古河側に都合よく進められた解決策である。田中正造がこれに強く反対したことも夙に知られている。そのためその交渉・契約については、行為自体に疑念が出され、概して検討・検証が看過されてきた。しかし、生活者にとって補償問題は日々の生活に関わる現実的な課題であり、少額なりとも補償の実現は重要な喫緊の問題であった。このことは充分認識しておかれて然るべきであろう。そして事実被害民がそのための行動を起こしている以上、左部がこの交渉に尽くすことは、被害民の要求・要望に沿った行動でもあった。

この示談交渉の経過と意義については、すでに田村紀雄（『鉱毒農民物語』「三、四か村の直接談判」朝日選書、一九七五年）・中嶋久人（「足尾鉱毒反対運動と示談交渉―初期鉱毒問題へのポリティクスをめぐって―」、館林市役所館林市史編さんセンター編・発行『館林市史研究　おはらき』第四号、二〇一二年）が詳しく言及している。が、左部の当初の運動として、本示談交渉への関わりは重要な位置を占めているので、ここで史料に従いその動向について見ることにしたい。

示談交渉の経緯・動向を伝える史料が、先に触れた「市澤音右衛門日記」である。日記の表題は、(一)「下野国上都賀郡 足尾銅山鉱毒加害之実況 明治廿四年一月廿八日 明治廿六年一月一四日迄 海老瀬村頼母子市澤音右衛門」、(二)「明治廿五年 鉱毒事件談判催筆記 六月廿五日より」、(三)「明治廿七年八月三十一日 明治廿八年一月九日 鉱毒事件乃諸務日記」(板倉町教育委員会編・発行『板倉町における足尾鉱毒資料集』集録、二〇〇〇年)となっている。

右記日記の中で特に注目されるのは(一)で、「東京府日本橋区瀬戸物町七番地 古河市兵衛へ接シ談判之事」の見出しで書き出されている。全体が見出し通り「談判之事」について記したもので、「明治二五年六月二四日、渡瀬・大島・西谷田村三カ村の村長より、古河市兵衛との直接談判実行に関し海老瀬村はどうかと書面で照会があった。そのため村では集会をもち、三カ村と協力して談判に加わることにした」と、海老瀬村が示談交渉に関わることになった契機から記されている。

示談交渉は六月下旬ころから本格化している。以下少々長くなるが、鉱毒被害民の心情に思いを致しつつ、その経緯を日記の記述で追ってみる。

一、明治二五年六月二四日 上三カ村(渡瀬・大島・西谷田村—注安在)の各村長より「古河市兵衛に向い直接談判を遂げ問責するが、貴村(海老瀬村—注安在)では賛成か否か」と、書面で当役場に照会があった。この件については村民一同急遽村役場で集会を開き、いずれ三カ村と協力し一致団結して運動を行うことに決した。但し、このことを決めたのは二五日の夜である、

一、六月二七日　当日、渡瀬村・大島村・西谷田村の三カ村は、大船二艘を準備し、これに乗って急ぎ上京しようとした。海老瀬村においても当日舟橋より汽船に乗り、正午一二時を期して出発した。（総代人名略）

六月二七日朝より海老瀬村総代人は、東京府両国米沢町三丁目元柳橋角岸田タカ方に宿泊した。

一、六月二八日　本日、「渡瀬村ほか二カ村も大船で下り、今夜一二時に扇橋に着いた」と、渡瀬村鴇崎藤三郎・西谷田村荒井嘉衛の両氏が、わが宿泊所に来て、船で出発した時の状況を話した。該村の総代は大いに安心し、かくして互いに力を合わせ一致団結して運動を成した。

各村の出京人数は、渡瀬村・二五人、大島村・六人、西谷田村・二四人、海老瀬村・二五人。

一、六月二九日　午前八時より、各村の総代および松本四郎三郎ら二二名は、米沢町富屋（岸田タカー注安在）方を立ち、扇橋に滞在する三カ村総代らと会い、四カ村が連合して古河との談判、農商務大臣への強願手続きを話し合うことを決めた。このあと、二艘の船で隅田川の河中箱崎で打ち合わせを行った。議決したのは以下の通りである（原文）。

第一条　農商務省ニ向ヒ実況ヲ強願　面接シ願フ事。

但シ農商務大臣ニ面接ヲ願フ人数ハ、出京人名ノ三分ノ一ヲ充テル。

第二条　古河市兵衛へ対シ談判スル事。

但シ談判委員ハ出京人名ノ三分ノ二ヲ充テル。

第三条　宿泊之儀ハ　近隣三ケ所ニ定メ止宿スル事。

但シ渡瀬村・大島村ハ馬喰町三丁目福嶋屋仙太郎方に宿ス。

西谷田村ハ馬喰町三丁目ノ梅屋治兵衛方ニ宿ス。

海老瀬村ハ米沢町三丁目富屋タカ方ニ宿スルコトニ決マル。

第四条　三ケ所宿所ノ中央ノ宿所ニ事務所ヲ置クコト。

但シ事務所ハ中央トシテ馬喰町三丁目　梅屋治兵衛方ト定ム。

第五条　各村々ニ談判委員ヲ置ク事。

渡瀬村　四名　　大嶋村　三名

西谷田村　四名　　海老瀬村　四名

外会計一名

同日は、各村連合して決断の上、宿舎および鉱毒被害事務所まで定め、農商務大臣への強願の準備、古河市兵衛に対しての直接談判の準備を整え明日を待った。

同夜、松本四郎三郎および海老瀬村村長代理斎藤雅吉の宿泊先、両国広小路の旅人宿福井方に、群馬県那波郡名波(和)村の人で群馬県会議長野村藤太氏が夜中に訪れ、一先ず農商務省への強願と古河氏への直接談判を止め仲裁したいと申し入れてきた。そこで松本および村長（代理）は、小柳町の「伊勢伝」という旅館まで夜中にもかかわらず出掛け、その是非について伺った。しかし、各村長が不在のため果たせず空しく引き返した。

一、六月三〇日　この日は、県会議長野村藤太氏の意見には従わず、松本ならびに村長の意見にも従わず、各総代は農商務大臣に「強願」し、かつ古河市兵衛へも、箱崎船中での議決に従い、直接談判を行った。

一、本日は渡瀬村総代人鴇崎藤三郎ほか一五名、大島村総代人磯幸次郎ほか三名、海老瀬村総代人戸井亀吉ほか一五名、総人数五一名の者一同が古河の自宅を訪れ、「足尾銅山より流出する粉鉱加害についての苦情」を申し立て、古河の意見を問いただした。この時古河の支配人浅野幸兵衛・井上幸治の答弁の意は、「本日は主人古河が不在のため充分なご挨拶ができない。しかし、直ちに主人古河に伝える。本日午後五時までには速やかに応える」ということであった。約束を取り付けたので総代一同は宿舎に引き揚げた。

一、午後五時を期し、本件のために野村藤太および尾高甚忠両氏も出席した。古河側は「主人古河は未だ帰宅していない。よって明日午後一時まで待ってほしい」といった。総代一同この旨を了承した。

一、本日は三分の一の人数、渡瀬村総代人家富忠三郎ほか八名、西谷田村総代人荒井嘉衛ほか七名、大島村総代人小林猪之丈ほか一名、海老瀬村総代市沢音右衛門ほか七名、総人数二七名が、農商務大臣河野敏鎌と面接し、渡良瀬川沿岸の鉱毒被害の実状を述べたいと、面会願いを提出した。しかし、「大臣は本日出勤していない」という。よって「明日早朝に願い出る」といい、一同宿舎に引き返した。

一、七月　一日　本日、野村藤太および尾高両氏より古河の意見を問うと、古河は「銅山営業の停止のことについて言えば、これは政府より許可を得て行っていることなので、人民の申し立てや苦情で停止をすることは致し難い」との答弁であった。野村氏が古河に対して諮るに、「停止が叶わないならば、銅山開業以来の損害賠償金を要求する」と申し述べ、その損害要求金は、「四か村併せて五万三千八百余円」と申し出た。

すると、古河が言うには、「四カ村併せてということであるが、損害高の段別が分らない」という意味の答弁をした。このことより被害者総代らは、一同協議の上明治二三年より本年二五年までの損害金の段別を調べた大帳を差出し、「この大帳が示す通り、五万三千八百余円の損害である」と申し立てた。これより野村氏は、「この大帳を以て、明日二日古河市兵衛に迫り、回答について報告することにする」と約束し、一同閉会した。

一、七月　二日　野村氏が事務所に来て、古河に強く示談交渉したことを報告した。野村氏は「今急の回答も出来兼ねる、われわれの方でも調査の上、明三日午前十時までに色よい回答を申しあげる」との古河の約束で、閉会した、

一、同二日　四カ村の総代人は農商務省に向い、六月三〇日の〝強願〟について大臣に面会を要求した。が、大臣は病気のため来庁していないとのことで、本日も空しく引き返した。

一、同二日の夜、四カ村は合同で銅山より流出する鉱毒の件に付、渡良瀬川沿岸地域の「免訴請願」のことで評議した。当該村（海老瀬村―注安在）は無論賛成であると断言した。これは議論しただけで願書を提出はしなかった。

一、七月三日　仲裁人野村氏より古河の対応を聞くと、「本月十日までには、元の仲裁人邑楽郡長八木如氏立会いの上、各村総代人に対し充分相談する」との話しであった。各村の総代人は大変憤り、「本日確かな証書をわれわれ各村総代に入れて置きながら、今またこの対応は不満の至りだ。われわれ総代人の意は、ぜひとも当地滞在中に示談の決着を見ることで、それまでは一寸も引かない」と口を揃えて言い、「古河の意見を聞いてほしい」と申し入れた。このため野村氏は「再度古河宅に引き返し、古河にこのことを伝える」と述べて退席した。夕刻の挨拶では、古河は野村氏の意に基づき「本日十日までには相応の示談をする」、との約定証を野村氏に差し入れた。

約定証ニ曰ク　左ニ（原文）

今般　群馬県下渡瀬村外三ケ村鉱毒事件ニ付　貴殿　仲裁ニ御立入下被候ニ付テハ　右四ケ村請求ニ対シ　篤ト勘考之上　来ル十日ヲ期シ貴殿迄　相当之御挨拶可申出候也

明治廿五年七月三日

東京府日本橋区瀬戸物町七番地

古河市兵衛　印

仲裁人　野村藤太殿

一　七月四日、仲裁人の野村藤太氏は、被害者総代に約定証を差し入れた。その証は左の通りである。

約定証（原文）

今般　足尾銅山鉱毒事件ニ付　拙者仲裁人ニ立入り、該鉱業人古河市兵衛ヨリ取調べノ為　来ル十日迄延期申出候ヲ御承諾之上ハ其ノ日ニ到リ、被害地ニ対スル相当ノ済方可為致ハ　勿論　後日異変等之無様取扱ヒ可申候也。

明治廿五年七月四日

右仲裁委員　野村藤太　印

渡瀬村外三ケ村

被害者惣代　御中

一　同四日の夕刻、四カ村の総代一同は評議の上、「談判委員」と称する者を村々で決め、「各村五名以上七名以下」と定めた。各村では議決の人名を除き、ほかは一同引き上げるべきとの口約である。

一　七月五日　本日は野村氏より「約定証」を受け取り、渡瀬村・大島村・西谷田村三カ村は勿論、海老瀬村においても、小林源太郎・市沢音右衛門・須藤吉次郎の三名、談判総代以外一二名は、午前十時半の汽車に乗り十二時に古河町に着き、そこで追々帰村した。この時村長代理斎藤雅吉、栗原新内の両氏も同時に引きげた。

一　七月六日～七日（略）

一　七月八日　本日午前一〇時三〇分の汽車で、市沢音右衛門・小林源太郎・須藤彦市大塚仙太郎の四名が出京した。正午一二時に着き、この日は周囲を散策した。

一　七月九日　今日は、「海老瀬村全地域に対し、他より何か異議申し立てがあったとしても、われわれ総代五名が取り仕切り、少しもご迷惑は掛けない」との証を野村氏に差し入れた。

其ノ証ニ曰ク（原文）

今般　海老瀬村鉱毒被害地全部ニ対シ、他ヨリ故障等申入ル者有之候ドモ、我等被害者ニ於テハ一切関係無之候也。

明治廿五年七月九日

邑楽郡海老瀬村

被害者惣代人

戸井亀吉　印　大塚仙太郎　印

市沢音右衛門　印　須藤彦市　印

小林源太郎　印

仲裁人

野村藤太殿

七月九日午後二時、止宿所富屋を出て、西谷田村村長北山常吉、左部彦次郎、市沢音右衛門、戸井亀吉の四名は京橋銀座尾張町の毎日新聞社を訪れ、渡良瀬沿岸鉱毒加害の地および収益損害の実況および渡良瀬川沿岸の住民が日々の生活に差しつかえ、集会を開き加害に憤って古河市兵衛と直接談判を開こうとしたが、四カ村の惣代らがこれを止めたので、われわれが惣代に代って直接談判を行い、かつ農商務大臣へも強願したことを書き伝えた。これらのことは皆全国一般の新聞社で報じられた。

一　七月一〇日　本日は午前八時に馬喰町の梅治方で集会を開く予定。出席して仲裁人野村藤太氏の意見を聞くと、「古河より挨拶があった。少々の金では被害民の皆さんとの相談もし難く、そうかと言って一時までに回答することもできない」という。「いずれ明日午後二時までには快いご挨拶ができると思う。したがって明日まで猶予してほしい」と、仲裁人より申し出があった。総代者一同承諾した。

一　七月一一日　午前八時、馬喰町梅治事務所で集会を開いた。当日各村の総代は、仲裁人野村氏が出席する前に村々の費用割分け方法や賠償金受取金割り付方法を評議・決定し、その上で古河と契約することにするとし、一同協議を始めた。しかし、意見が合わず時間が長引き、遂に野村氏の出頭となった。そこで、本日古河の要求を聞くことは難しく、各村々長に委託、〝村長が預り置く〟とすることにし、その間に各村は協議し契約証を定めた。七月一一日の議決をもち一二日に契約とした。その文は左の通りだ。

足尾銅山鉱毒事件ニ付契約証（原文）

第一条　四ケ村被害者ハ、共同一致シテ如何ナル場合ニ立至ル共、協力運動スル事。

第二条　示談行届キ請取金額割附法ハ、地価三分　反別七分　ニ配賦スルコト。

第三条　各村被害者出京費用ハ、第二条ノ方法ニ拠リ賦課スル事。

第四条　事務所費用ハ各村被害者、第二条ノ方法ニ拠り賦課シ共同支弁之事。

第五条　若シ示談行届カザル場合ニ至リタルトモ、第三条、第四条ノ費用ハ第二条ニ拠リ、地価三分、反別七分　ニ賦課スル事。

右契約候上ハ　決シテ違反致シ間敷　因ッテ各村被害者惣代委員　茲ニ署名捺印スル者也。

但シ此ノ約定証ハ四通ヲ製シ、各村壱通ヲ預リ置ク者ナリ。

邑楽郡渡瀬村　　大島村

西谷田村　　海老瀬村

被害地所有者惣代

明治廿五年七月十二日

（各村惣代人名略）

一、四カ村惣代人協議ノ上、各村ノ示談方針ハ　何円ヲ以テ示談ヲナス哉。各村総代ノ意ヲ投票シ、其ノ投票金額ヲ合セ　之ヲ四ニテ割リタル　平均金割ヲ以テ示談ノ目的トナスベシト投票スル者ナリ。

一金弐万九千円也　大嶋村
一金三万五千円也　渡瀬村
一金壱万八千円也　海老瀬村
一金三万五百円也　西谷田村
合計　金拾壱万弐千五百円也
右平均　金弐万八千百廿五円也

一、七月一三日　午後二時頃、仲裁人野村氏が梅治事務所に出頭した。総代人が古河の意見を尋ねると、「本日は古河市兵衛および番頭・手代まで栃木県での示談の件で宇都宮町の仲裁会に出張中で、二、三日は帰宅の見込が無い。いずれ帰宅次第挨拶をする」とのことである。「よって二、三日待ってほしい」と仲裁人がいうので、惣代人らは大に憤慨し、示談が果たせないうちは帰らないと決め、会合を閉じた。

一、七月一四日　本日は梅治事務所で集会を開き、各村の決議の上、海老瀬村総代小林源太郎、渡瀬村総代人鴇崎藤三郎・家富元吉、大島村総代須藤與惣次、西谷田村総代荒井嘉衛の五人のほか、大嶋村々長飯塚宇十郎で、下野出身の代議士田中正造氏に面会を乞い、上京の理由を申し述べた。

一、七月一五日　前日より仲裁人野村氏の意見に従い休業した。

一、七月一六日　本日より、各村宿舎においても鉱毒被害人および総代人以外、他人は一切入れないことを約定した。

一、七月一七日　午後ヨリ梅治方で集会を開いた。仲裁人野村氏が帰京し意見を言うに、「明治二一年より明治二六年迄の示談にしたい」と述べた。これに対し被害者惣代人は「案と相違している。われわれ惣代人は、明治二一年より二四年までの損害金を要求したのだ。二六年までということであれば、四カ年の要求金額に、二年の割増し金を加えれば異論はない」と述べた。このため野村氏は大に困り、「まず、そのようなことならば、古河にその意を伝え、また諸氏に報告する」と言って引きあげた。

一、七月一八日　午前八時に梅治事務所に出勤した。一一時に野村氏が出頭したので昨日の件を聞くと、「古河が言うには、今日は交渉はできない、明一九日に延期してほしい」ということである。本日は一同お開きとして閉会した。

一、七月一九日　午後二時梅治事務所に参勤した。野村氏も時間通りに出頭し、経緯を聞くと「先方では一万円は増やす」という。野村氏は「少額で諸総代に対し報告できない。ついては明後日まで待ってほしい」といい、「もし示談が整わない場合には県知事にも入ってもらって交渉する」というので、一同は承知し引きあげた。

一、七月二〇日　今日は野村氏の意に任せ、明日の報告を待ち休業。所々を散策した。

一、七月二一日　午前九時梅治事務所に参勤した。午前一〇時、野村氏が出頭して意見を述べるには、「漸く古河の意見を挫き、一万二千円までの情況までもっていける。最早この額でも承諾できないというのであれば、私の手には負えない」といった。総代人らは、不満の思いも抱いたが、「止むを得ない、それでは一同会議の場を移し、さらに協議をしよう」といって。別の部屋に移り暫時で意見をまとめ、「請求金額三万円のうち五千円を引いて二万五千円とし、ほかに運動費を二千円とする。この額でもう一度古河と談判してほしい」と、仲裁人に申し入れた。野村氏は「そのような意向ならば古河と交渉してみよう」といった。そこで、明二二日一〇時までにその可否の返事を待つことにして一同閉会した。

一、七月二二日　午前八時に梅治事務所に参会し昨日の返事を待っているところ、野村氏より「書面でのご挨拶となるが、今日は返事ができない。明日までお待ち願いたい」とのことで、散会した。
一、七月二三日　本日は午前八時梅治事務所に出頭したところ、間もなく仲裁人が出勤し、種々示談の経緯を話した。野村氏は「古河の伯父が何分にも承知せず、前の一万二千円以外は無用と主張してどうにもならない。それでも諸総代人において示談でということであれば、仲裁人としての労を取った証として古河と交渉し、一万四千円のほかに運動費として千五百円までは取り計る」と語った。被害者総代はこれを聞き、「それで示談を進めてほしい」と、一同口を揃えて申し出た。しかし、「なお、幾分の増額は見込めるとの気持ちで奔走願いたい」と申し込んだ。そこで仲裁人は、「なお一層努力する」といい、「しかし、私は前橋まで行く約束があるので、すぐに示談交渉に出かけられない。二六日には必ず帰京するので、交渉はそれ以後ということにしてほしい」といった。各総代人においても、一応村の被害者へこの経緯を話す必要があるので、双方共都合がよいので了承した旨を伝えた。これより各総代人には帰村する者もあり、出京する者もいた。海老瀬村だけは、松本・大塚・栗原等が出頭し、総代人自身が相談して帰宅しなかった。
（二四・二五日は活動休止）
一、七月二六日　午前九時梅治事務所に出頭し野村氏の出京を聞くと、午後になるとのことで閉会した。
一　七月二七日　午前一〇時を期し梅治宅に参会した。まずは、「各意見を述べ多数意見に従って示談を行う」とした。各々意見を出し合ったところ、「一万八千円でもう一度要求すべき」という者もあり、また「仲裁人の意見に応じるべき」とする者もあった。多数決で決めたところ　仲裁人の意に応ずるべきとする者が多く、「野村氏の発言に基き、既往の損害金一万四千円、ほかに運動費として千六百円とする」との意見を野村氏に伝えた。
（四カ村の畑段別地価略）

一　七月二八日　本日は午前八時に梅治事務所に出頭し、野村氏が来るのを待っていたところ、間もなく出勤された。野村氏は「まず皆さんに古河の意見を申しあげます。請求金の儀は三か年に分けてお渡ししたい。栃木県でも皆三か年としている」と述べた。総代らはこれを聞き大いに不満に思い、「既往の損害金は前年度のお金で、皆もう消滅した金額である」と憤り、すでに破裂の状況の様子ともなったが、「また、篤と協議してご挨拶する」と、一同会を打ち切った。

一、七月二九日　本日は午前六時に梅治事務所に参勤し、前日の状況について相談し、「他の村々も皆三か年であると聞いた。それならば止むを得ない。これで示談契約をしよう」ということになった。仲裁人立会の上　契約証の作成に取りかかった。今日は双方の意見を聞き、明日署名連印の上交渉契約成立とするとして閉会した。

長い引用となったが、ここに示した一八九二（明治二五）年七月中〜下旬にかけての古河側との損害補償交渉の記録から、四カ村の総代の意識や行動とともに、左部らの活動があったことも窺い知ることができる。すなわち、前掲史料から被害地四か村の総代は〝共同一致し、どのような場合に至っても協力して運動を行う〟と、強い決意をもって示談交渉に臨んでいることが判明する。特に注目されるのは、仲裁人の意向などから〝強談判中止〟の雰囲気が強くなる中で、これを乗り越えて実行し、七月九日毎日新聞社に押し駆けてその経緯を記事にし広く世間に報じるように迫ったことである。この行為を主導したのが左部であった（田村紀雄『鉱毒農民物語』六一頁）。毎日新聞社では、翌一〇日、雑報欄に「鉱毒事件の切迫」の表題を付け、「群馬県・請願の手続・百人上京の手続き・被害地村落・栃木県・埼玉県・農商務省の意見」の小見出しで報じている（『毎日新聞』縮刷版、明治二五年七月一〇日、第二面）

末尾の次の「農商務省の意見」（句読点安在）として記された一文は、農商務省なりの対応の仕方が垣間見えて興味深い。たとえば、第一に、足尾銅山を停止した場合の、他の銅山への波及および銅山で働く足尾町住民の生活問題、第二に、鉱毒除去器械の効果の疑念、第三に、鉱毒被害民への補償・賠償、等々である。

詳細は素より知るべからざれども、同省は最も之れが処分に苦しみ居れりといふ。其故は栃木群馬被害地の実情を聞けば、実に愍然（びんぜん—かわいそうだと思う様子。—注安在）の至りなども、若し一ケ所に砿業を停止すれば他の砿山も直ちに同一運命に遭ふに相違なし。砿業条例を設け彼等に砿業を赦しながら、今にして卒然停止を命ずる訳にも行かず、足尾銅山のみに就て見るも、足尾町は全く砿業に依りて衣食する人民なるが、其人口二万あり。今砿業を停止せば、二万の人口飢渇に迫らん。左れば砿業停止は兎ても実行せられず、左りとて砿業を消化し無害物とする工夫ありやと云ふに、明年より器械を設け消毒法行はしむる積りなれども、之れとても未経験なれば果して其の効あるや否やは知れ難し。良し有効なりとするも、是迄人民の受けたる損害は幾分か救済せざるべからず。如何にせば公平なる処分を施すを得んと評議最中なりと。

いずれにしても、交渉を延々と引き延ばし少しでも少額の補償・賠償金で事を収めたいという古河の姿勢のイニシアチブのもとで示談交渉は進められた。そして諸経緯ののち、同七月二九日四カ村の惣代および堤外地土地所有者一六名と古河市兵衛との間で、九カ条より成る「示談仮契約」が結ばれるに至った。前後して各地で結ばれる「示談契約証」の文言は、地域によって若干異なっているが、要点は次の冒頭三か条である（原文）。

仮契約証

印紙壱円

群馬県邑楽郡渡瀬村　西谷田村　大島村及ビ海老瀬村ノ四ケ村堤外地所有者惣代鴇崎藤三郎外拾六名ト東京日本橋区瀬戸物町七番地　古河市兵衛トノ間ニ、渡良瀬川源流　下野国上都賀郡足尾銅山ヨリ流出スル粉鉱加害之苦情之有候処　今般野村藤太ノ仲裁ニ従ヒ熟議契約ヲナス左ノ如シ。

第一条　古河市兵衛ハ　粉鉱流出ヲ防ガン為メ、明治廿六年六月ヲ期シ精巧ナル粉鉱採聚器ヲ足尾銅山工場ニ設置スル事。

第二条　古河市兵衛ハ仲裁人ノ取扱ニ一任シ、右粉鉱採聚器設置ノ時マデノ示談金トシテ右四ケ村堤外地ヘ左ノ如ク支払フ可シ

第一項　金千六百円也

是ハ　本件之為ニ要シタル既往ノ奔走入費及ビ明治廿六年六月迄ノ一切ノ費用ニ充ツ。

第二項　金壱万四千円也

是ハ　被害地に割賦（かっぷ―分け合う）金　而シテ割賦法ハ被害地ニ於テ適宜之ヲ定ムルモノトス。

第三項　第一項ノ金額ハ即時之ヲ支払ヒ第二項ノ金額ハ　金七千円ヲ明治廿五年十月三十日に支払ヒ金五千円ヲ廿六年十月三十日ニ支払ヒ　残金弐千円ヲ明治廿七年六月三十日ニ支払フベシ

第三条　前条ノ金員ヲ古河市兵衛ヨリ支払ヒタルニ付テハ　来ル　明治廿九年六月迄ハ粉鉱採聚器実効試験中ノ期限トシ、被害地人民ハ行政及ビ司法ノ処分ヲ乞フカ如キ事ハ一切為サヾル可シ。

「示談契約書」で決められた補償金額は、四カ村被害民の要求とは大きくかけ離れていた。すなわち、一八八八（明治二一）年～一八九一（明治二四）年の過去四年間の被害補償要求額は一一万二千五百円（大島村・二万九千円、渡瀬村・三万五千円、海老瀬村・一万八千円、西谷田村・三万五百円）、年平均二万八一二五円

である。しかし、補償の対象時期は一八九一（明治二四）年から九三（明治二六）年六月までとされ、その示談金額は一万四千円に既往の運動費千六百円というわずかなものであった。

古河側のねらいは次の三点である。第一、被害の発生時期を遡らせず被害補償額を低く抑えること、第二、今後一年間鉱毒被害に関わる諸経費は前払いとして費用の増大を抑えること（第二条第一項）、第三「粉鉱採聚器」なるまやかしの器械の設置を好餌に、今後被害が拡大しても五年間は行政・司法両面において、被害民は一切苦情を言えないようにしておくこと（第三条）。以上の目的を見事に貫徹したのが前掲契約であった。

本契約書の交換は同年一〇月三一日に行われた。留意しておくべきことは、仮契約書第二条第二項の約条により、七月三〇日に早くも契約書締結にかかった諸経費として千六百円が四カ村被害民に支払われたことである。この受領金の関係各村の受け取り割合を決めた記録が残っている。

記録には前掲記載に続き「各村諸雑費」も綴られており、ここに左部に支払われた金額が示されている。すなわち、西谷田村で「一金一円四拾七銭　左部彦次郎ノ車夫賃支払フ事」、海老瀬村で「一金四拾円　左部彦次郎へ諸儀」「一金一円四拾七銭　左部氏　梅治宅ヨリ諸々往復車夫賃」などの記載である。

示談交渉における〝謝金〟等の授受に関し、布川は左部と田中との違いについて次のように述べている。

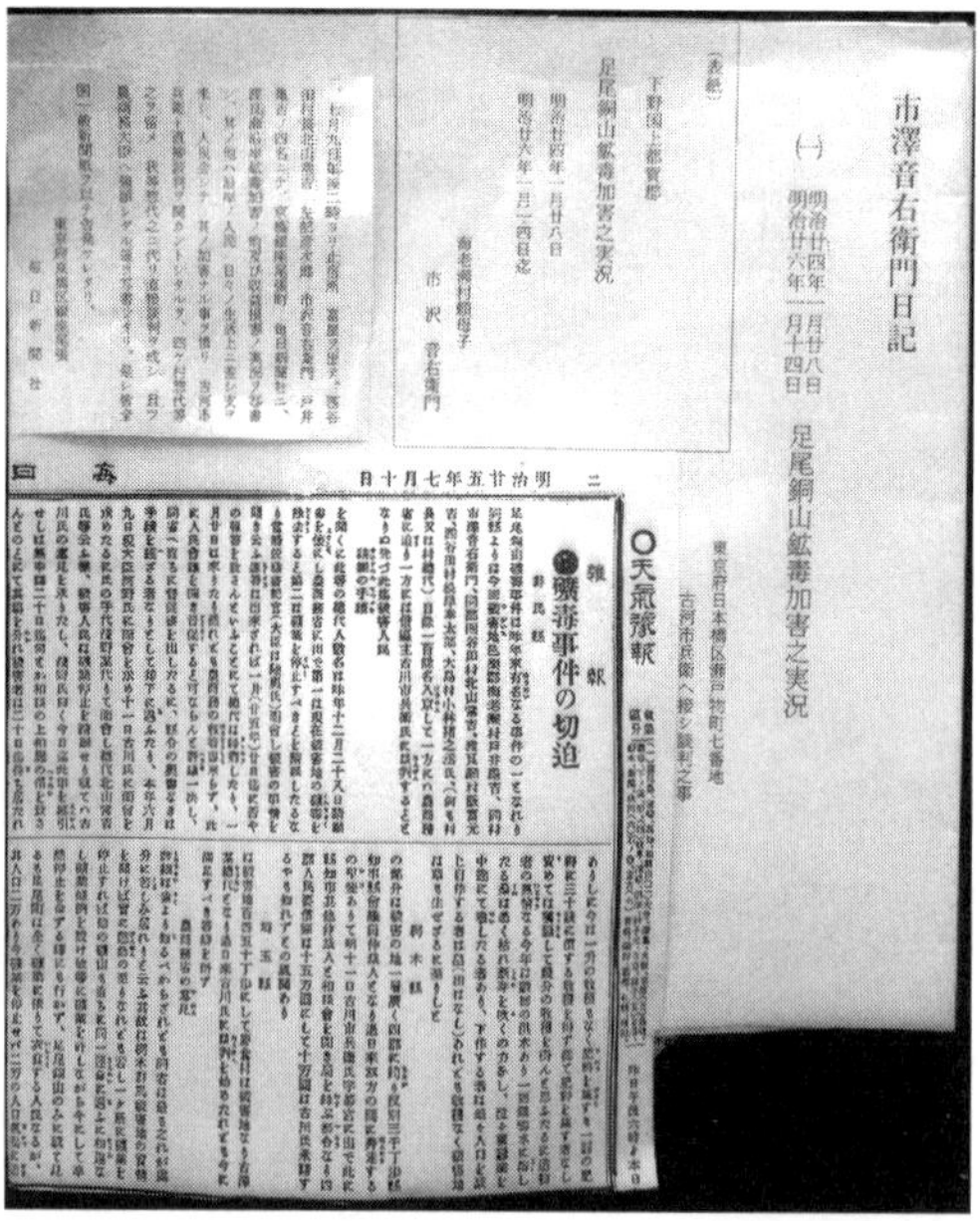

四カ村（旧群馬県邑楽郡渡瀬・大島・西谷田・海老瀬）の示談交渉の経緯を伝える市澤日記と報道した『毎日新聞』

彦次郎の動きについて、一例をあげれば明治二五年（一八九二）七月九日に、西谷田村村長北山常吉、市沢音右衛門等と、毎日新聞社に赴き、鉱毒被害と反対運動を説明して、一〇日号に「鉱毒事件の切迫」という長い記事を記載してもらっています。そして、三万円の要求を、古河に値切られましたが、計一五六〇〇円で、二五年七月二九日に妥結しました。八月一〇日に運動費を精算し、その際、彦次郎に四〇円、正造に二〇円が贈られました。

その件について正造は六月二〇日の板橋六郎様御親展で（『全集』⑭、二九八頁）、「不肖儀は只農商務の職を怠り候事を責むる迄ニて、仲裁ニハ毛も意味いたし申さず候間、筋違の次第につき、この儀は謹んで御返礼仕りたく候。」と、古河との示談には全く関係しないので、謝金はお返ししたいと述べています。仲裁には毛ほども関係していない、示談交渉は筋違いだという正造と、被害民に有利な示談をもたらすべく奔走する彦次郎とでは、あきらかに差がありました。彦次郎は正造の手代として働いたのではありませんでした（布川了「鉱毒事件に対する正造と彦次郎の差異（2）」（NPO法人『足尾鉱毒事件田中正造記念館ニュース』第一二号、一四頁、二〇一二年一〇月一五日）。

布川の強調するところは、第一に、鉱毒被害に対する田中と左部との姿勢の違い、第二に、両者の関係についてであり、後者についてはすでに触れた通りで、市澤日記に見える「田中正造氏之手代」論の否定である。そこで前者の点であるが、布川は「政府乗り取る政談の一環と、正造は位置付けていた」とし、左部については次のように記している。

（左部は―注安在）正造とは関係なく、感謝状に「実に公共義勇の志、平素胸中にうつ勃たるより発したるもの」です。「四ケ村堤外地鉱毒の害を受けたるここに年あり」この地に身を投じて「鉱毒除害並に採鉱事業停止の請願書を農商務大臣に提出」まで奮闘したわけです。つまり、「鉱毒の政談は悲しみを訴うる政談」でした。したがって、彦次郎は示談が成立すると、吾が事成れりと、東京に引き上げたのです（前掲同論（2）、同『ニュース』一二号、二〇一二年一〇月、一五頁）。

鉱毒問題解決に関する認識・姿勢について、両者に差異があったことは事実であり、これを正造＝「政府乗り取る政談」、彦次郎＝「悲しみを訴える政談」とすることも一つの捉え方ではあろう。このことについては、第四章の現在の研究状況に関する記述のところで触れることにする。ここで筆者が述べたいのは、「彦次郎は示談が成立すると、吾が事成れりと、東京に引き上げた」という指摘についてである。これは左部の本意を伝えているとは言い難く、さらに記せば左部の功績・行動への言及があって然るべきと思われるのである。

示談・契約に関する当初の具体的問題は、大きく二つ見られる。一つは生産被害・減少に関する賠償・補償、他は粉鉱採聚器の試験期間中の契約に関するものである。前述の例以外に、左部が示談・仲裁にどれだけ関わりどのような役割を果たしたのかは、残念ながら現段階では不詳である。ちなみに示談・契約交渉に関する主な例を示すと、以下の通りである（『全集』別巻所収の年譜より整理）。

○一八九二（明治二五）年二月　栃木県知事、県会議員による鉱毒仲裁委員会を組織。
○右同年三月　鉱毒仲裁委員会分裂、木村派、足利・梁田郡に鉱毒査定委員会を設立。
○右同年六月　この頃より各地被害民と古河側との間に逐次暫定示談契約成立。
○一八九三（明治二六）年六月三〇日　足尾銅山、粉鉱採聚器を設置、一八九六年六月三〇日までをその試験期間とし、この間被害民は一切不服などの申し立てはしない。

○一八九四（明治二七）年八月三一日　邑楽郡海老瀬村被害民、鉱毒事件解決のため古河側と再交渉につき集会。
○右同年一二月五日　邑楽郡海老瀬村被害民、鉱毒事件解決のため古河側と再交渉開始を決定。
○一八九五（明治二八）年三月一六日　下都賀郡部屋村他四村および足利町一一村も鉱毒被害民、それぞれ古河市兵衛との間に賠償金をもって永久示談成立。

さて、古河と被害民との示談・契約交渉をどのように見るかは、同行為をどのように認識・評価するかによって見方は異なる。当該問題のような場合、加害者側がよく取る手法であって、加害者側に都合のよい契約がなされるのが通例である。したがって根本的解決には程遠い。本契約もその典型的な例である。しかし、生活のかかっている被害民が当面の生活を維持していくために交渉に少なからずの期待を寄せ妥協することも、あながち批判・否定することはできない。

左部は名主で醸造業も営む富裕層に入る家柄に養子として入った。が、生活者の一面も強く有していた。したがって生活者としての被害民の状況や精神はよく理解していたものと思われる。左部は示談の結果には不満をもちつつも、一定の成果を看取し郷里に帰ったものと推測される。鉱毒問題が年々深刻化し、一部の人には〝事件〟認識をもつようになっていたとしても、全体としてはまだ〝社会的な問題〟という程度の受け止め方がされていたという状況にあったのではあるまいか。このように考える時、左部の言動は被害民救済のために尽力したものとして、高く評価されてよいと思われるのである。

以上のように理解した上で、ここでは次の二点について触れておきたい。第一は、要求金額とはあまりにもかけ離れた示談金の低額での妥協、第二は左部の金銭の受納についてである。まず前者についてであるが、交渉は古河の高圧的な態度に屈したことは否定できない。が、妥協した理由の一つには前述のように現実の生活に呻吟する被害民にとって、交渉決裂により一銭の賠償金も得られないことは即生活破壊に連動するものであったこと、そしてもう一つは契約書に、粉鉱採聚器が充分の奏功を見ない時は改めて賠償金の交渉・協議を行い、応分の負担をすると書かれていたこと（第五・六条）、などである。第二の点に関しては、「惣代人には日当五十銭、出京往復費一円二拾銭支払う」（「鉱毒被害に付き諸雑割会議決議録　第四条）という規則などに基づいて支払われたものと思われる。定職をもたずいわば専従の形で住民運動に関わることになった左部にとって、それは正当な報酬であったと考えて然るべきであるように思われる。

ところで本章が対象とする時期、請願書の執筆・示談契約などの事績のほか、記憶・記録されるべき業績を左部は残している。すなわち鉱毒被害の実態調査や請願に関わる『請願運動部面の多き被害人の奔命に疲れて将に倒んとするに付便宜を与へられ度為め参考書』（一八九八年一一月）の著述・刊行である。

本書は、鉱毒被害民の請願先、換言すればその責任の所在を、憲法による国民保護の観点から、農商務省・内務省・大蔵省から文部省・陸軍省・貴衆両院・法制局など、広く国家機関全体に求めている点に特色が見られる。この左部の〝請願戦術〟の意義、与えた影響について、田村紀雄は、一、政府への脅威、二、農民大衆からの大きなエネルギーの喚起、三、請願運動の大衆化、四、世論へのストレートな訴え、の四点を指摘している（『渡良瀬の思想史』二五一頁）。正鵠を射た指摘と思われる。

左部の文才について、大場美夜子は「考えてみると父は可成り筆のたった人らしい」（『残照の中で』永田書房、一〇〇頁）と記している。前掲書を見ても、その一端を窺い知ることができる。巻末の「付載史料」に、両著の内容を示す目次などを収載しておく。

三　本格的救済活動へ

（二）再度被害地へ

鉱毒被害民（村）が示談契約を進める中、銅山側は一八九三（明治二六）年六月「粉鉱採聚器」を設置した。そして一八九六（明治二九）年六月三〇日までを「試験期間」とし、この間被害民（村）は「契約」により一切の苦情を口にしないことを約束させられた。しかし、「粉鉱採聚器」は鉱毒の流出を抑止するものではなく、早くも設置一年後にはその効果について疑問が出されるようになっていた。田中正造の書簡に「本日より鉱毒侵入地方調査ノタメあそ、足利、梁田、群馬に出没いたし候。二十九年以来之ためにハ、尚町村役場御中及び諸有士に御協議御座候様相願候」（明治二七年八月一八日付、野口春蔵宛　『全集』第十四巻、三四二頁）、あるいは「梁田鉱毒調査委員ハ分析ノタメ流水汚泥ヲ取リ、県庁江分析願書差出し候。御地方ハ如何」（同年八月二一日付、板橋六郎・小島伝蔵宛、前掲同『全集』同巻、同頁）と見えるのも、そのことを伝えている。そして事実同年八月三一日、群馬県邑楽郡海老瀬村の被害民は古河側と再交渉を行うための集会を開き、一二月五日には再交渉の開始を決定したのである。

さて、鉱山側の意図・説明とは裏腹に、鉱毒被害はますます拡大していった。そのような中、一八九六（明治二九）年は鉱毒被害民にとっては極めて重大な年となった。すなわち、同年七月二一日・八月一七日・九月八日と相次いで襲った大洪水は、質・量ともに従来の被害をはるかに超える甚大・深刻さをもたらしたのである。かくして被害民は従来のような代表を通しての陳情書・請願書の提出という形では収め得ない状況になったことを自覚し、あらたな運動のあり方を模索するに至るのである。その変化は少なくとも二つの点で顕著に見られた。第一は、被害民の組織化が図られ政府への直接行動・大挙請願が行われるようになったこと、第二は、要求の基本が明確に「鉱業停止」へとなったことである。鉱毒被害の拡大、非命の死者の生起、被害民の大挙押出し等々によって、事態は足尾鉱毒問題から足尾鉱毒事件へと大きく変わっていったのである。

この変化は左部の生活にも大きな影響を与えることになった。左部は示談契約で一定の収拾が成ったと考えていたように思われる。日清戦争の勃発によって国民の関心は戦争に向けさせられた。国民も最初の対外戦争という体験から自ずと心を高揚させた。このような状況下、鉱毒被害民も一時被害への関心を抑制しなければならなかった。が、被害はますます深刻な事態になっていた。左部が館林を去って以後、一八九六（明治二九）年の七・八・九月の大洪水で被害が甚大になるまでの間に、被害地においては〝示談〟に関わることを含め、次のような動きがあった（『全集』別巻記載の年譜による）。

一八九四（明治二七）年
　八月三一日　邑楽郡海老瀬村被害民、古河と再交渉のため集会。
　一二月五日　邑楽郡海老瀬村被害民、古河と再交渉開始決定。
一八九五（明治二八）年
　一〇月二四日　栃木・群馬両県知事、連名で「渡良瀬川水源に関する儀」の上申書を内務、農商務大臣に提出。
　一一月二九日　栃木県会、足尾銅山の渡良瀬川への鉱屑等投棄禁止の建議を知事に提出。足尾銅山付近の官林伐採禁止を内務大臣に提出。
一八九六（明治二九）年
　四月一日　栃木県植野村に鉱毒委員会設立。

周知のように被害民の大挙請願行動は「押出し」と呼ばれた。押出しの途次官憲の暴力的弾圧に遭い多くの負傷者を出した川俣事件（一九〇〇年二月）に至るまで、記録に残る大規模な押出しは三回行われている。そここに至る要点を整理すると（前掲同年譜）、以下の通りである。

一八九六（明治二九）年
七月　植野村大字船津川の被害民、鉱業停止運動意見統一契約書作成。
一〇月四日　雲龍寺に栃木群馬県鉱毒仮事務所を設立。
一一月二九日　安蘇・足利・邑楽三八町村被害民、精神的契約書に調印。
一二月二三日〜二八日　栃木群馬両県八村総代、出京して農商務省・内務省・東京鉱山監督署などに陳情。
一八九七（明治三〇）年
一月二八日　正造、東京の宿所京橋八官町宮下栄輔方に鉱毒被害地選出議員集会所設置（一二月二七日、足尾銅山鉱業停止請願同盟事務所）。
三月二日〜五日　鉱毒被害民請願のため大挙出京（第一回押出し）。
三月七日　足尾銅山鉱業停止請願同盟事務所、芝口三丁目信濃屋宮下金次郎方に移転。
三月二三日〜三〇日　鉱毒被害民請願のため大挙出京（第二回押出し）。
四月一日〜一二日　永島与八ら五名、家宅侵入罪容疑で捕縛（うち二名有罪確定〈五月一一日〉）。
一八九八（明治三一）年
九月二八日　鉱毒被害民請願のため大挙出京（第三回押出し）。府下南足立郡淵江村大字保木間（現足立区西保木間）氷川神社境内において、田中正造より代表五〇名を残して帰村するようにとの説得を受ける（「保木間の誓い」）。
九月二九日〜一〇月六日　被害民総代内務・農商務・文部・司法・陸軍各省に陳情。

かくして被害民は、結束して「鉱業停止」「鉱毒被害地特別免訴」「鉱毒被害地免訴公権存続請願書」など、さまざまな請願を関係各所に提出した。被害民の組織化が図られ、押出しが実行されることになったことは大きな変化であった。ここで留意したいことは、リーダーの存在である。野口春蔵ら知見と行動力・統率力に富む若い地域指導者が、被害民の中から生まれていたことは注目すべきことであろう。また、この時期になると田中正造の関わりも明白である。田中に関して記せば、小松裕が一八九六年の大洪水以降の正造の言動について、「官製の、あるいは専門家の調査に依頼も依存もしないことで、自前の調査を重視した点にある。これは、まさに自分の足で、目で、身体で鉱毒被害の実態を感じ取る行為でもあった。そして、その背景には、官への不信感ばかりでなく、正造の中にすでに学問に対する批判が芽生えつつあったことに注目したい」（『田中正造の近代』三二九頁）と指摘している

では、この時期この事態に左部はどのような関わり方をしたのか。このことを伝える史料として、（1）左部の言、（2）大場美夜子の記録、（3）郷土誌の記述、がある。が、そこに齟齬が見られる。以下の通りである。

（1）左部の言

明治三一年六月中東京に滞在しているときに被害の総代として出京した谷元八なるものが、私のいる親類へ尋ねてきて、君がいた頃よりは一層鉱毒もひどくなった。見てくれぬか、又々尽力を依頼するに至るかも知れぬと申すので、三一年七月一日同人と同行して被害地へ参ったところ、五年以上経過した事ではありましたが、非常な変化を来しておりました。先に庭田恒吉方に至り、裏の竹藪を見分し、丸さ一尺五寸もある竹に手をかけたところ、片手で容易に抜き取ることが出来一驚を喫しました（前橋地裁供述、明治三三年一〇月一二日。布川「雲竜寺と請願派のゆくえ」〈布川了編『その聲をきく―田中正造と雲龍寺に

集う人々・未発表書簡から―』ＮＰＯ法人足尾鉱毒事件田中正造記念館、一〇〇頁〉)。

（２）大場美夜子の記録

父の故郷は群馬県利根郡池田村大字奈良であり、被害地とは遥かに離れた、利根の上流の山間にあって醸造業をしていたので、生活には少しも困らなかったらしい。然しやがてほとんど家庭を省みず家業も他人任せであったため、家産は倒産し、二児を残してその妻は死に、その間、父は群馬県会議員に立候補したりして本家の左部家と当落を争ったりした。結局父の落選となったが、当選した本家の左部家当主は、薙刀(なぎなた)で自分の首を掻き切って死ぬという大事件が持ちあがった。

それは父の脅迫ではないかと疑われて。一時は投獄されたというが、父は全然関係なく、その部下の者が、多少きついことを当選者に言ったのが原因とわかり、自殺者は日頃気の弱い人物であったことなどから父の疑いがはれて釈放されたのだということを聞いた。

妻を失った父は、妻方の祖母に二児を托して相変らず鉱毒に対する運動をつづけていた。その祖母が死ぬと、今度は自分の母や姉にバトンを受けついでもらい子供達はどうやら成人してそれぞれ独立させたという（『残照の中で』九八～九頁）。

（３）郷土誌の記述

二十六年六月愛妻に死なれた。悲嘆の翌年、消防部頭を勤め、二十九年県議選出て落選。ために恐かつ事件、自殺者まで出た。これを機に彼は館林に移り、田中とともに鉱毒問題に取り組んだ。

すでに古河側は群馬側の地元に賠償金八千円を交付、山に除外施設（ママ）をする、向こう三カ年問題を起こさぬことで示談ずみだったが、丁度彼が館林へ行った年の七月と九月の二回の渡良瀬川洪水で、沿岸被害は田畑一万三千百七十三町歩。（後略）（『群馬人国記』歴史図書社、一九七九年、一〇四頁）

掲載の三記述について左部の行動を整理すると、（1）東京在住中での一八九八（明治三一）年六月被害地総代として上京した谷元八より被害地救済に尽力してほしい旨依頼を受け、翌七月被害地を再訪、五年余の被害の進行に驚愕、（2）実家の破産、二児を残しての妻の死、県議選での落選・身内での自殺者の輩出にも拘わらず、相変わらず鉱毒被害民救済運動を継続、（3）妻を亡くしたあと一八九四（明治二七）年消防部頭を務め、県議選に立候補、落選・恐喝容疑連座などを機に館林に移住し一八九六（明治二九）年、鉱毒問題に再度の取り組み、ということになる。

以上を勘案すると、各記述については次のように言い得る。

（1）は県議選問題などについての言及を欠くが、年次に関して具体的記述がある。（2）は年次の記述を欠き時間的経緯が不明である。「相変わらず」という表現から、示談契約成立後も鉱毒問題へは関わり続けていたとの認識をもっていたことが窺われる。（3）は（2）の記述とは逆に年次の記述が明白であること、東京に出たことの記述がないことに特色が見られる。三者の記述の違いをどのように考えたらよいのであろうか。

示談契約で少なくとも一八九六（明治二九）年までは〝何等の申し立てもできない〟状況におかれたことおよび妻の死などから、次のことが推量される。すなわち、一八九三（明治二六）年沼田（当時池田村）に帰郷、消防に関与するなど郷里に尽くし、一八九六（明治二九）年県議選に出馬、しかし、落選に加え思わぬできごとが生じたため一時的に身を実母のいる東京に、という行動である。

再度の館林入りについての時期については、一八九六（明治二九）年一〇月一日の雲龍寺における「栃木群馬両県鉱毒仮事務所」の設立、一一月二九日同寺で開いた安蘇・足利・邑楽三郡三八町村被害民集会での「精神的契約」の調印、また翌一八九七（明治三〇）年三月初旬・下旬の二度にわたって大挙請願（押出し）に、左部の名が見えないことなどからも、左部の言に信憑性があると考えたい。いずれにしても、結果的には鉱毒地再訪が被害民に寄り添う本格的な運動へ導くこととなった。

左部の被害地復帰前に行われた第一回押出し（一八九七年三月二〜五日）は、農商務大臣榎本武揚の被害地視察を実現させ、第二回の押出し（同月二三〜三〇日）は、内閣に足尾銅山鉱毒調査委員会を設置させた。同委員会の委員長に任命されたのは法制局長官神鞭知常で、早くも五月には足尾銅山に対し「鉱毒予防工事命令」を出し、六月には被害地の地租特別免訴措置も採った。しかし、免訴措置が公民権の喪失に繋がるなど新たな問題も派生させるとともに、鉱毒予防措置ももままならず被害民の生活改善は一向になされなかった。このような状況に拍車をかけたのが一八九八（明治三一）年九月六日の渡良瀬川大洪水であった。田中は早速「鉱毒調査報告書・請願書」を編纂し、三日後の九月九日、内務・大蔵・農商務省を訪れてこれを提出している。左部が被害地に再度入ってから二カ月後のことで、同書に左部が何らかの形で関係したことも推測される。やがて高揚する被害民の鉱毒被害解決の思念は、同月下旬に再々爆発する。すなわち第三回の押出しで、左部は同行動において重要な役割を担うことになるのである。

（二）「保木間の誓い」での言動

第三回押出しは、一八九八（明治三一）年九月末に実行された。この途次府下南足立郡淵江村大字保木間（現東京都足立区西保木間（ほきま））において、上京請願被害民に対し田中が執った振る舞いとして知られているのが「保木間の誓い」である。すなわち、田中は、大勢の上京請願は弾圧による多数の犠牲者を生み出す危険性があること、現政権は民党の内閣（第一次大隈内閣）で民意を大切にすること、そのためにも整然とした行動が求められるので、請願者は総代として限られた人数とすることを説き、自ら被害民の先頭に立ち目的達成のため尽力することを誓ったのである。「押出し」参加者は、田中の言を受け容れ総代を残して帰途に着く。この経緯を、「松本英一日記」は「一先ハ是所ニテ惣代送定ノ上、一同帰国スベキ主意ニ基キ一同ハ帰国ノ途ニツク」（板倉町教育委員会編・発行『板倉町における足尾鉱毒資料集』「松本英一日記〈二〉」、二〇〇〇年、八頁）と淡々と綴っている。が、田中の日記、演説記録や書簡を見ると実態は緊迫した状況であったことが窺える。

まず日記から、左部の動向にも触れている箇所を含め、緊迫した様子を伝えている主要な箇所を示すと以下の通りである(3)。

〈九月二五日〉

この日雲龍寺に集まるもの凡そ一万人と言う。「雲龍寺を出て川俣まで行った者は五千人、夜船で渡った人数は三千人」、との電報が事務所に届いたのは二六日のことだ。船で渡る時、警官が抜刀、野口春藏氏らは大に怒り絶叫した。皆んなはこの声で渡れたという。どういうことだ。

〈九月二六日〉

この日は三千人が集団行進するとのことである。その長さは六里に達するという。新聞記者や憲兵の往来が多い。電信も次第に届くようになった。集団は弁当三日分を用意している者が多い。また、米やひきわり麦を持参している者もある。哀れな薄衣の老人も見える。これは昨夜の山田友治郎氏の一行と言う。

「保木間の誓い」で知られる氷川神社本殿

船で送り返されたとのことだ。山田氏は二七日の夜に着京した。加藤兼吉氏が病気となる。中島保二郎老人が病気となる。野口春藏・室田忠七の二氏も病気となり、五〇人中四人の病人を出している割合である。四方から船で下る者は警官に取り押さえられ、帰国を命ぜられているとのことだ。

〈九月二七日〉

農商務省、内務省の二省に行く。夜文部大臣尾崎氏を訪ね、教育上に関し鉱毒被害について語る。内務省には夕刻出向き警保局の人に面会し、「被害民の進行を妨ぐるべからず」と告げる。農商務省では、農局水産局次官および秘書官に面会し、被害民が激昂している根本のことを告げる。この夜午前二時半、左部彦次郎氏と芝口を出発し、被害民進行地方に向う。東京府下南足立郡淵江村大字保木間に至る。車夫が空腹を告げたので、亀屋という旅館に泊す。

ここに至る間千住大橋やこの地域の巡査は鉱毒被害民上京の事態を知らないでいる。鉱毒被害民はこの日越ケ谷や草加に宿泊したが、野宿である。憲兵や警官の虐待が目につく。夜半、野宿中を騎馬で蹂躙される。集団の多くが四散する状況である。

〈九月二八日〉

午前七時、淵江村の北端で三千人の進行集団の、出発者数十名に会う。その中には七三歳の老人もいる。まず野口・大出の二氏に会う。村長坂田正助が村会議員と米五表の炊き出しを行う。陸軍憲兵大尉安田重朝、少尉桐生定政、警視総監官房第二課保安係長谷川守三、千住警察署長ほか一人を立ち会わせ、一場の演説を行う。大勢は委員を挙げ帰国の途に付く。被害民中涙を流して泣く者もあり、慟哭する者もいた。自分もまた堪えきれず共に泣いた。巡査・警視属憲兵などの目にも涙を見た。

〈九月二九日〉

総代五〇人は、手分けし一グループは農商務省を、もう一つのグループは内務省を訪れた。大臣は絶対面会を謝絶する。農商大臣は明日三〇日に会うことを約束した。この日内務大臣は拒絶した。

〈九月三〇日〉

総代五〇人は農商務省を訪れた。大臣は約束を守らず会わない。秘書も面会を拒絶した。総代らは号泣したという。正造は、憲政本党の本部総務委員なる者に、「大臣等の臆病な態度は見苦しい。鉱毒被害民と面会せよ」と言った。

左部氏は、正造に言った。「正造さん！　万一間違えば、貴方は被害民に首を取られますよ」。私は答えた。「間違いなし」と。また言った。「やりそこねない、いや、絶対にやりそこねない」と（『全集』第十巻、七二〜三頁）。

「約束を果せなければ首を刎ねられること間違いない」とまで田中に言わせた被害民との〝約束〟とは何であったのか。事態は田中の期待通りには運ばなかった。このことについては後述する。

右記経緯の中で留意すべき重要なことは、二点ある。一つは後世「保木間の誓い」として伝えられている二八日の〝演説〟であり、他は「約束を違えば首を取られますよ」と言い放った左部の言動である。まず前者であるが、上京被害民の動向と〝演説〟については、「亡国演説」で知られる「亡国に至るを知らざれば之即ち亡国の儀につき質問」の中から読み取れる、二八日の集合の状況は次の通りである。

既に次々と押し寄せて来る請願者の一群は、農家四・五軒の庭園に入って立錐の余地なく、後れて着いた者で道路の両側は一杯となった。村長坂田庄助（正）をはじめ村会議員などが斡旋に努め、村社氷川神社の境内を借りて請願人をその大庭に集合させた。その数は凡そ二千四・五百人で、被害人の中には切歯扼腕して訴える者がいた。その言、「われわれが早川田を出る時は、総数一万千余であった。しかしその大半は警吏の威嚇によって追い返された。残って来た者もまた船を奪われ、橋を遮られ、その大半は暴力で抑えつけられ、あるいはこのうえない虐待・酷遇を受け、為めに遂に涙を呑んで帰村せざるを得なきに至った。依て我が一行は道を転じて昨夜越ケ谷付近に到着し野宿した。すると憲兵の暴行を受けた。夜半馬で駆け付け、露営しているわれわれの頭上を襲い、蹂躙した。そのためわれわれは顚倒・離散、溝に落ちて負傷する者もいた。もし警吏の虐待や憲兵の蹂躙に逢わなければ、ここに至り来た者の数は間違いなく一万人は超えていたであろう」と。(4)

では、右記のような状況の中で田中は何を、どのように説いたのか。その内容は次の三点に整理できる。

①正造は日本の代議士であり、足尾銅山の加害・被害の顚末についてよく知っている。したがって国民に先んじて尽力するのは正造の当然の職務である。諸君が已に天命を全うせずに斃れているのを見ている。正造は諸君の死に先んじて死ぬ覚悟をしなければならない。しかし、新政府(日本最初の政党内閣で、憲政党党首大隈重信を首相とする、いわゆる「隈板(大隈重信・板垣退助)内閣—注安在)は未だ鉱毒の惨状を知る者が少ないことは、以前正造が述べた通りである。したがって、新政府の人びとに説明し被害の惨状を陳述する必要がある。何となれば被害民の身体は疲れている上に、二昼夜も寝食を欠いて上京した皆さんを迎えるのに、兵士と警吏とを以て橋を撤去し、道路を閉ざし、渡船を奪って川を渡ることができないようにするなど、あたかも竹槍一揆、いや北狄(ほくてき=古代中国で北の異民族、匈奴・突厥・契丹などを呼んだ名—注安在)の襲来に備えたような振る舞いに出ている。これは誠に事実について知らず、事態を理解していない為に起こったことで、全く誤解が生んだ残酷な行為と考えられる。

②現政府は立憲政治を目指す政党で、諸君の地方にも旧自由党員・旧進歩党員が少からずいるであろう(憲政党は自由党と進歩党が合同し、一八九八年八月に結成された—注安在)。即ち諸君の中には旧自由党や旧進

歩党員も多くいると思う。今日の政府は即ち皆さんの政府であり、またわれわれの政府なのだ。われわれの政府であるから充分信用し、及ばないところは助けて行かなければならない。したがってわれわれは皆さんに代って政府に事実を説明し、皆さんの願いをきちんと伝えるように取り計る。だから、諸君の中より総代一〇名以内を残し、ほかの方々は一同早く帰郷してほしい。これが正造らがひたすら皆さんと相談したいと思うゆえんだ。

③中央政府がもし正造および同志らの説明を採用しなければ、正造らは議会で政府の責任を追及し、また社会に向って当局者の不法を訴える。皆さんがこの情報を得たら、その時はご出京もご随意だ。正造は再び止めるようなことは決してしない。否な止めないだけでなく、その時こそ直ちに正造は皆さんと必ず進退を共にする。したがってそれまで皆さんの今日の決死の覚悟を捨てないでいてほしい。このことこそ正造が皆さんに誓うことだ。皆さん、希はくばこの正造の意を汲み取り、今回多数入京することは止め、速に帰国してほしい。正造は嘘は言わない。申し上げた通りに実行する。(5)

右田中の説くところの要点は以下のようである。①新政府は鉱毒被害の実状を知悉していない。ゆえに被害民の言動に対し残酷な対応をする。事実を知ればこのような姿勢は取らなくなるはずだ。正造が誰よりも鉱毒被害の惨状を知っている。代議士として責任をもち鉱毒被害の実態を政府に伝える。②現政府は立憲政体の政府で、我々そして被害民の立場に立つ政府だ。政府を信用し、請願は皆で押しかけるのではなく代表による整然とした形で行わなければならない。このことに正造は責任をもつ。③政府が我々の要求を受け容れない場合、被害民が出京、行動を起すのは随意だ。その時は正造も行動を共にする。

立憲政治への期待と、その実現の時期が来ていると考える田中の気持ちが、純粋に赤裸々に表白されている。熱の籠った演説風景が眼前に浮かぶ。まさに自由民権運動家・田中正造の証明・真骨頂である。もし、この時託した田中の期待が実現されていたら、近代日本の歩みも現実に遺した負の軌跡とは違っていたものになっていたものと思われる。〝鬼気迫る表情〟と想像される田中の言動は、上京被害民で埋め尽くされた氷川神社の境内を一変させるに充分であった。一行の中には涙を流しながら境内の廊下を叩き、あるいは田中の面前に来て憲兵・警官の無情な姿勢を説く者が出た。この状況に憲兵大尉安田重朝もたまらず、「諸君の訴えるように憲兵の不法な応対がもし事実ならば、それ相応の措置を取る。よって負傷者は千住の憲兵屯所に出でよ」と述べるに至った。野口春蔵がこれに応え「一同で行こう」と言うと、被害民は異口同音、一斉に「我々は事実を捻じ曲げて訴えているものでは決してない。大尉は自ら非を隠している」と大声で叫び、呼号した。この状況に最早抑えがたいと判断した千住警察署長は突然その場を立ち去って千住警察署に戻り、被害民の荒川越え＝入京の防備に努める次第となった。この間、被害民の間では各村の面立ちたる者が会議を開き、衆議百出の上ついに田中の意見に従うことを決め、総代を選出して大方は帰郷することになった。ただし、田中は総代の数を一〇人以下としたが、被害民は五〇人と改めたのである。[6]

では、この経緯の中で左部はどのような位置におり、どのような役割を果たし、事態をどのように認識していたのか。次の三点について触れておきたい。

第一は、第三回押出しが決行された直前（九月二三日）の田中の日記に「左部彦次郎は本日出立し明日被害地に行く。（中略）左部氏の義兄が死亡、未亡人は左部氏の姉である。左部氏の求めで、即吟　大場みき子のため白扇二本を汚す」[7]と記載されていることである。すなわち、田中と左部はきわめて親密な関係にあったことである。このことは、左部が一時期鉱毒被害地を離れていた間も、田中とは親しくしていたことを窺わせる。

第二は、氷川神社での行動である。「被害民大挙上京」の報に、九月二七日左部が田中と共に被害民の進行先に向ったことは、前掲田中日記で判明する。また、この折の田中演説で会場が興奮状態に陥った際、憲兵大尉がいわば鎮静化を目的に被害民に話をしたことについても先に触れたが、この事態を導いたのが実は左部であった。「此の時憲兵大尉安田重朝は左部彦次郎ニ紹介を乞フテ一行に向ヒ」（九八頁⑹史料）という一文が、そのことを示している。左部が重要な役割を果たしたことが看取できる。

第三は、被害民総代による「立憲的解決」に期待を寄せた田中の主張が実現の見通しを得なくなった際、左部が田中に言ったことばである。すなわち「左部氏、正造ニ云ふ。足下万一間違ヘバ、被害民ニクビヲ取ラレルト。答、間違ナシと。又曰ハク、やりそこね、否そこねぬと答ふ」（『全集』第十巻、七三頁）、と記されているのである。被害民の心の内を熟知している左部の心情が看取できる。政治的理想の実現を通して解決を計ろうとする田中と、示談交渉など鉱毒被害民と現場を共にしてきている左部の違いも垣間見て取れるようである。

左部の言動、特に第三で触れた発言は、左部が被害民の立場に立ちその実状と意識を知っていただけに、激しく厳しいものがあったといえる。以後田中は〝誓い〟を果たすべく関係各省に実状の周知と鉱業停止などを求め、被害民総代とともに奔走する。しかし、政府の対応は全く期待に背くものであった。被害民の中では青年層の活動が顕著になり、やがて組織的な活動の主体として「鉱毒議会」が開設されるに至る。「川俣事件」の予兆が、徐々に、そして確実に醸成されていたのである。事件発生の要因は被害民の行動ではなく、官憲の過剰な警備態勢にあった。次章でこのことについて見る。

ところで、「保木間の誓い」で知られる史料文中の氷川神社は、東武伊勢崎線「竹ノ塚（たけのつか）駅」から徒歩一五分弱のところに位置している。同駅の東口を出て、さまざまな店が両側に並ぶ商店街を突き抜け、「第五公園」を右に見て歩を進めると、道路は「にこにこ通り商店街」に連なる。そこから三つ目の信号のある通りが「旧日光街道」である。同街道を左に折れて北に歩むと、ほどなくして「足立成和信用金庫」の建物があり、右前方に三階建ての渕江小学校の校舎が見える。交差点を渡り、同小学校の手前にある小路を数十メートル歩むと氷川神社の前に出る。入口には「流山道」という小路の案内板が立っている。三つの鳥居の先、約五〇メートルほど奥に拝殿がある。現在、神社は瀟洒な住宅に取り囲まれている。が、周囲の風景は一二〇年前、歴史に残る大集会が開かれた広大な境内があったことを偲ばせる。

神社の右入口には、次の銅案内板が立てられている。

田中正造と保木間の誓い

一八九〇年代に発生した足尾銅山鉱毒事件は近代史上で特筆される公害事件である。一八九八（明治三一）年九月群馬県邑楽郡・栃木県安蘇郡等の被害住民三〇〇〇人が鉱毒被害を訴えるため上京した。被害問題に取り組んだ田中正造（当時衆議院議員）は、同年九月二十八日、上京する被害住民とここ保木間氷川神社で出会い、鉱毒問題の解決に努力するという演説を行い、被害住民を帰郷に導いた。この時被害住民たちは涙して演説を聞いたといい、これを保木間の誓いという。

当時東京府南足立郡渕江村だったこの地では、村長坂田正助と村会議員が、上京途中憲兵や騎馬警官による阻止・排除を受けた被害住民に、炊き出しを行って出迎え、被害住民と共に正造の演説を聞いた（「田中正造日記」）。こうした被害住民への支援は渕江村の人々と被害住民の農民同士の連帯感によって支えられていたという。

平成十年九月　　東京都足立区教育委員会

鉱毒被害民は田中の言動に期待を寄せた。しかし、それは儚い夢であった。何よりも失望したのは田中である。したがって田中にとってはもちろんであるが、被害民にとっても古河・国家に対し新たな向き合い方が求められることになった。それは悲劇を生む予兆でもあった。川俣事件の発生である。

注・引用・史料原文

(1)義勇ナル正廉(ママ)ノ士左部彦次郎君ニ謝ス、我々四ケ村堤外地鉱毒ノ害ヲ受タル茲ニ年アリ然ルニ君カ大愛ノ志ヲ以テ、刻苦ノ余功遂ニ明治廿四年十二月廿八日ヲ以テ鉱毒除害並ニ採鉱事業停止ノ請願書ヲ農商務大臣ニ提出スルニ至レリ、此レ実ニ公共義勇ノ志平素胸中ニ鬱勃タルヨリ発シタルモノト感謝ニ不堪被害地所有人民千百有余名代表者トシ、深ク君カ義心ヲ感謝シ聊カ況言ヲ以テ茲ニ鳴謝ス

明治廿五年一月十五日

邑楽郡渡瀬村長　小林偵七郎　職印
同郡大島村長　青山嘉一郎　職印
同郡西谷田村長　北山常吉　職印
同郡海老瀬村長　太刀岡庄三郎　職印

左部彦次郎君

（松木弥栄子所蔵文書）

(2)明治二拾四年一月(ママ)廿八日　渡瀬村・大島村・西谷田村ヨリ、農商務大臣へ向情願（請願）之趣ヲ、本村（海老瀬村—注安在）ノ太刀岡村長ト談ジラレ、是ヨリ本村之儀モ協力シ一致情願（請願）ヲ成ス者ナリ。此ノ時、上(カミ)三ケ村々長及ビ本村、岡嶌(オカジマ)栄蔵君ヲシテ、国会代議士田中正造氏ノ手続ヲ以テ、農商務大臣へ請願書ヲ提出シタリ。是ヨリ前後、正造氏之手代、左部彦次郎氏ガ助力シ極端迄運動之手続ヲナシタリ（「市澤音右衛門日記（一）」板倉町教育委員会編・発行『板倉町における足尾鉱毒資料集』二〇〇〇年、三頁）。

(3)（一八九八年）

九月廿五日（中略）

此日雲龍寺ニ集まるもの凡ソ一万人と云ふ。此雲龍寺を出て川俣ニ至るもの五千人、夜る船を渡るもの三千人と電報事務所ニ達せしハ二十六日の事なり。船を渡るとき、警官抜刀、野口春藏氏等大怒り絶叫ス。衆タメニ渡レリト云ふ。如何。

九月廿六日　此日三千人集行すと。里程六里間ニ渉ルト云フ。新聞記者憲兵の往来多シ。電信追ゝ到達ス。衆多ハ弁当三日分ヲ用意セシモノ多シ。又米割麦ヲ持ツモノアリ。可憐薄衣ノ老人モ見ヘタリ。昨夜山田友二（治）郎氏ノ一行ト云フ、船ニ而送り返さると云ふ。山田氏ハ二十七日夜著(着)京す。加藤兼吉氏病気トナル。中島保二郎老人病気トナリ、野口春藏、室田忠七二氏病気となり、五十人中四人ノ病人ヲ出す割合ナリ。四方ノ船ニテ下リシモノハ、五人十人ヅゝ警官ニ被押テ帰国ヲ命ゼラルト。

九月廿七日　農商、内務の二省ニ至り、夜る文部大臣尾崎氏を訪ふ。教育上ニ鉱毒被害を語り、内務ハ夕刻出省警保局ニ面し、被害民の進行を妨ぐべからずト告げ、農商ニテ、農局水産局次官及秘書官ニ面シ、被害民激昂の根本を告ぐ。此夜后〔前〕□〔二カ〕時半、左部彦二〔次〕郎氏ト芝口を発シ、被害民進行地方ニ向て出張す。東京府下南足立郡淵江村大字保木間ニ至ル。車夫空腹ヲ告グ、泊ス、亀屋ト申旅舍。◯サテ茲ニ至ルノ千住ノ大橋及此処ノ巡査ハ之ヲシラズ。被害民此日越ケ谷宿スルモノ、草加ニ泊スルモノ、皆露宿。憲兵警官逆(虐)待多シ。夜半、露頭ヲ馬足ニ蹂躙ス。衆大ニ散ズ。

九月廿八日　前七時、同村ノ北端ニテ三千人ノ進行、出発者数十名ニ逢ふ、内ニ七十三年の老人あり。先ヅ野口大出二氏等ニ面す。（中略）陸軍憲兵大尉安田重朝、少尉桐生定政、警視総監官房第二課保安係長谷川守三、千住警察署長外一人ヲ為立会、一場ノ演舌ヲ為ス。大勢ハ委員ヲ挙ゲ帰国の途ニ付く。被害民中涕泣するものあり、哭するものあり、予も又忍ずして共ニ泣く。巡査及警視属憲兵吏等も又目ニ涙だを見る。

九月廿九日　総代五十人中手分して、一ツ農商務、一ハ内務ニ行けり。大臣絶対的謝絶す。農商大臣明三十日面会を約せり。此日内務大臣ハ拒絶せり。

○左部氏、正造ニ云ふ。足下万一間違へバ、被害民ニクビヲ取ラレルト答、間違ナシト。又曰ハク、やりそこね否そこねぬと答ふ。

九月三十日　総代五十人、農商務ニ至ル。大臣違約不逢。秘書拒絶。総代号泣すと。正造ハ、本党本部総務委員ナルモノニ、大臣等の臆病見苦し、人民面会さすべしト云へり（『全集』第十巻、七一～三頁）。

(4) 既ニシテ請願人ノ沓至スルモノ数群農家四五ノ庭園立錐ノ地ナク後レ至ルモノ皆道路ノ両側ニ充塞ス、村長坂田庄(正)助始メ村会議員等斡旋最モ努メ村社氷川神社ノ境内ヲ借リテ請願人ヲ此ノ大庭ニ集合セシム、其数凡ソ二千四五百人被害人中切歯シテ訴フルモノアリ、曰、吾ゝガ早川田ヲ発スル時総数一万千余、其大半ハ警吏ノ威嚇ニヨッテ追帰サレ、残リ来レルモノモ亦船ヲ奪ハレ橋ヲ擁セラレ其大半ハ威力ノ為メニ制セラレ、或ハ虐待酷遇至ラザルナキ為メ遂ニ涙ヲ呑ンデ帰村セザルノ已ムヲ得ザルニ至レリ、依テ我ガ一行ハ道ヲ転ジテ昨夜越ケ谷付近ニ露宿セシニ、憲兵ノ亡状ナル夜半馬ヲ駆ッテ吾ゝ露臥ノ頭上ニ闖入シ其蹂躙ニ逢フテ顛転離散為メニ溝壑ニ陥リ負傷セシモノアリ、若シ警吏ノ虐待憲兵ノ蹂躙ニ逢フナクンバ茲ニ至ルモノ必ラズ一万人ノ上ニ出デタルナラント（『全集』第八巻、二八三～四頁）

(5) 第一正造ハ日本ノ代議士ニシテ亦其加害被害ノ顛末ヲ知ルモノナリ、故ニ衆ニ先チテ尽力スベキハ正造ガ当然ノ職分ナリ、諸君已ニ非命ニ斃ルヲ見ル、正造ハ諸君ノ死ニ先ンジテ死ヲ決セザルベカラズ、然レドモ新政府ノ未ダ此惨状ヲ知ルモノ少キハ前ニ正造ガ述ベタル如クナレバ、新政府ノ人ヽニ説明シテ被害ノ惨状ヲ陳述スルノ一大必要アリ、何トナレバ被害民ノ身体疲レ且二昼夜モ寝食ヲ欠キタルモノヲ迎フルニ、兵士ト警吏トヲ以テ橋ヲ撤シ道ヲ扼シ渡船ヲ奪ッテ渡ル克ハザラシメシ等殆ド竹槍否北狄ノ襲ヒ来ルニ備フルモノヽ如シ、之レ誠ニ事実ニ適セズ事態ヲ解セザルガ為ニシテ、全ク誤解ヨリ此残酷ヲ加ヘタルモノナラン

（中略）

今一ツハ現政府ハ憲政ノ政党ニシテ諸君ノ地方モ旧自由旧進歩党員ノ少カラザルナラン、即チ諸君ノ中ニハ旧自由旧進歩党員モ少ナカラザルベケレバ今日ノ政府ハ即チ諸君ノ政府ナリ、又我ヽノ政府ナリ、我ヽノ政府ナレバ充分信用アッテ及バザル処ハ助ケザルヲ得ズ、ヨッテ我ヽハ諸君ニ代テ政府ニ事実ノ説明ヲ採リ諸君ノ願意徹底ヲ計ルベシ、故ニ諸君ノ内ヨリ総代十名以下ヲ残シテ一同ハ早ク御帰国アランコト、之レ正造等ガ只管相談ニ及ブ所以ナリ

（中略）

今一ツハ中央政府若シ正造及同志等ノ説明ヲ用ヒザレバ正造等ハ議会ニ於テ責任ヲ質問シ亦社会ニ向テ当局者ノ不法ヲ訴ヘン、其トキ諸君ハ此事ヲ通知ヲ得バ御出京モ御随意ナリ、正造ハ再度決シテ御止メ申スマジ、否ナ啻ニ御止メ申サヾルノミナラズ其時コソハ正造ハ諸君ト共ニ進退スベケレバ、夫レマデ諸君ノ今日死ヲ決シタル生命ヲ保タレタシ、之ゾ正造ガ諸君ニ誓フ所、諸君希クハ採用アッテ今回多数ノ入京ヲ止メ速ニ帰国アラル、様、正造ハ嘘ヲ云ヒマセン、申シ述ベタ通リニ実行イタシマス云々（『全集』第八巻、二八九～二九〇頁）

(6)一行中群馬県邑楽郡大島村関口某ハ涕涙潸々廊下ヲ叩テ憲兵警官ノ無情ヲ訴フ、正造ノ面前ニ来リ訴ルガ如キモノ多数アリ、偶〻其面ヲ知ルモノアレドモ其名ヲ知ラズ、此ノ時憲兵大尉安田重朝ハ左部彦次郎ニ紹介ヲ乞フテ以テ一行ニ向ヒ、諸君ノ訴フル如ク憲兵ノ不法若シ事実ナラムニハ充分取糺スベキニ依リ負傷者ハ千住ノ屯所ニ来ルベシト述ベシヲ、野口春藏一行ノ利害ハ一行ノ責メナレバ一同行カントス云ヒ、一同ハ大声ニ我〻ハ決シテ事実ヲ故造シテ無キヲ有リトシテ訴ルモノニアラズト喧号スルモノ異口同音、又且ツ大尉ハ自ラ非ヲ掩フモノナリト呼号セリ。此形勢ヲ見ルヤ千住警察署長ハ遽然坐ヲ去テ帰ル、是レ大勢ノ如何トモスル能ハザルモノト判断シテ、千住ニ馳セ帰リ同町ノ橋頭ヲ護ルノ準備ヲ勤メタルモノナリト云フ、已ニシテ各村ノ重モナルモノハ社頭裏庭ニ会議ヲ開キ、衆議百出ノ後遂ニ正造ノ意ヲ容レ一行中総代ヲ選シタリ、但シ正造ノ十人以下ナルヲ五十人ト改メタリ（『全集』第八巻、二九一頁）

(7)九月廿三日　左部彦二〔次〕郎、本日出立新宿ニ行キ明日被害地ニ至ル。久野村管掌村長、月給三十円ノモノ来ル。郡会議決アリト。議員ハ古川〔河〕市兵衛ノ子分早川忠吾ナルモノ外数名アリ。左部氏ノ義兄死ス。未亡人ハ左部氏ノ姉ナリ。左部氏ノ需メニヨリ即吟、

松　常磐木ハあまた野山ニ茂れども　松のみさほニまさるいろなし

右大場みき子のためにとして、白扇二本ヲ汚す（『全集』第十巻、七〇〜七一頁）

第三章 川俣事件への連座

鉱毒被害民が警察の弾圧を受けた「川俣事件」発生現場を伝える案内板

西暦	和暦	月・日	事項
1899	明治32	5・26	『歳費辞退　田中正造翁』を著す（編輯兼発行人　群馬県平民左部彦次郎。東京都四ツ谷区麴町十一丁目二十二番地寄留〈実母斎藤うたの住所―山口記〉）。
1900	明治33	2・13	川俣事件発生。捕縛・収監される。
		7・9	前橋地方裁判所の予審が終結、起訴される（逮捕者六八名中、「兇徒聚衆罪」などで五一名起訴）。
		12・22	前橋地方裁判所（第一審）で「重禁錮一年・罰金一〇円〈官吏抗拒罪〉」の判決を受ける（二九名に有罪判決。被告・検察双方控訴）。
1901	明治34		保釈され（二月末～三月一日）、鉱毒被害地臨検に尽力。 ＊九月二〇日　東京控訴院（第二審）公判開始。
		12・14	『足尾銅山鉱毒被害地臨検分析鑑定書』を著す（編輯兼発行人左部彦次郎。東京市芝区芝口三丁目二番地宮下方寄留）。
		12・27	『足尾銅山鉱毒被害地検証調書』を著す（編輯兼印刷人左部彦次郎。東京市芝区芝口三丁目二番地宮下方寄留）。
1902	明治35		鉱毒被害地（海老瀬村など）・東京で諸活動。
		3・15	控訴審判決で無罪となる（有罪三名―野口春蔵・永島与八＝各罰金五円、小野寅吉＝重禁固一五日・罰金二円五〇銭。被告・検察双方上告）。 ＊五月一二日　大審院「やり直し裁判」の判決、宮城控訴院へ。一二月二五日　宮城控訴院、書類不備による〝控訴棄却〟の判決（裁判消滅）。

一　鉱毒被害民の鼓舞――〝鉱毒悲歌〟の創作――

（一）鉱毒議会の開設

左部彦次郎が鉱毒地に戻り被害民に寄り添い運動を始めた時、その状況は以前とは一変していた。すなわち、鉱毒の被害は拡大し、渡良瀬川周辺地帯の住民には生活破壊という、もはや一時的でその場凌ぎ的な示談契約では済まされない深刻・重大な事態が生まれていたのである。粉鉱採聚器の有効性を見る運転試験期間の最終年に当たる一八九六（明治二九）年には、再三豪雨が襲い、渡良瀬川は氾濫、鉱毒被害を増幅・顕著化させた。自然現象とはいえ、これは皮肉なことであった。自然の暗示・怒りともいえようか。鉱毒被害民にとっては、生活の補償・賠償という当面の課題に併せ、銅採掘停止という長期的問題が喫緊の課題となっていたのである。かくして被害民は翌年（一八九七年）三月、二度にわたって押出しを敢行した。

被害民の行動に押され、政府は鉱毒調査会を設置して対応、足尾銅山へは改善命令を出し、被害民には田畑への減免措置などの諸策を採った。しかし、根本的解決には至らず深刻の度は増していた。三回目の押出しが敢行されたのは、左部が被害民に乞われて再び被害地に入ってから間もない一八九八（明治三一）年九月のことである。第三回押出しという被害民の行動から、左部が見たものは何であったのか。先述したように、田中正造が「代表を通した秩序ある請願を」と説得した、いわゆる「保木間の誓い」の折、左部は、「失敗したら被害民に首を取られるぞ」と正造に言い放った。この言動は左部の心情を端的に示しているように思われる。被害民の置かれた深刻さと、それゆえに造形された日常性を超えた被害民の動向＝押出しに、左部は被害の実状を喝破していたのである。

繰り返し行われた押出しの中でも最も歴史に刻まれているのは、周知のように「川俣事件」を生んだ一九〇〇（明治三三）年二月の第四回のそれである。同事件は、在地指導者のほとんどが捕縛・投獄されたという点において、鉱毒事件史全体の中でもきわめて重要な位置をもっている。見方を変えれば被害民に対する官憲の姿勢が如実に示されているということである。同様に左部にとっても、鉱毒被害民諸運動の指導者・煽動者として位置付けられたという点において、生涯を通して最も重要なできごとであった。では、同事件はなぜ生じたのか。その経緯について少し立ち入って見てみよう。

一八九八（明治三一）年九月の第三回押出し後の被害地・被害民の状況を整理すると、第一に、在地指導者と一般被害民との関係強化が図られてきていること、第二に、それは運動の組織化へ繋がっていること、第三に、その組織化は単に縦の関係だけでなく地域的拡大としても見られること、第四に、被害民の請願内容が憲法による人権保護論・自治権論という高度な政治的諸価値の要求と、被害民の生活救済・堤防の増改築という生活に密着した要求とが重なりあって提起されるようになったこと、などの点が指摘できる。

以上の経緯の中で特に注目すべきことの第一は、前掲第四のことに関わるが、「押出し」からまだ日も浅い一一月一日、早川田の雲龍寺で開かれた集会における議論である。すなわち、「会意ハ　憲法保護ヲ受ケ能ハザルニ付キ、再請願中堤防ノ新築、新設、前集会ノ時ハ消除スル筈ニテ、此度　右四字消去願書訂正済之処猶又　右四字記入ノ論起リ会議不整ニ付キ　午后四時半散会ス」（「松本英一日記」、板倉町教育委員会編・発行『板倉町における足尾鉱毒資料集』二〇〇〇年、九〇頁）と、〝憲法による生命・財産の保護〟という問題が再認識され、深化したことである。このような被害民の意識の高まりは、鉱毒被害問題が大きな社会的事件として空間的広がりを見せ、国民の関心を呼ぶ事態になっていたことと連動していると思われる。

第二は、一八九九（明治三二）年一二月二二日、被害民の青年層が「鉱毒議会」を開設したことである。鉱毒議会は「以後の闘争において中核となって働く青年たちを中心に議員が選ばれた」（内水護編『資料足尾鉱毒事件』亜紀書房、一九七一年、一二八～九頁、以下『資料』と略記）、青年を主体とする自主的な〝闘う〟組織であった。組織は次のようになっている（原文）。

鉱毒議会規約案

鉱毒議員組織

一　鉱毒議員は町村役場員町村議員及委員にて之を選挙す。

一　鉱毒議員は渡良瀬川の流水を清浄ならしむ唯一の方針を変ずることなく、此目的を達するに非ずんば其組織を解かず。

一　鉱毒議員は被害地人民にして明治出生のものを以て議員とす。
但し年齢三十二歳以上の（明治以前の出生）男子と雖も、委員会に於て適当と認むるか若くは自から議員たらんことを申出て委員議員之を適当と認めたるときは、議員となすことを得。

一　町村役場員町村会議員は鉱毒に関して鉱毒委員及び鉱毒議員の資格を兼有し其の職務の責あるものとす。

一　鉱毒議員会は毎月一回とす。臨時緊急の場合は臨時会を開くことを得。

（中略）

一　議員会は被害民より呈出する事項を審査し議案となすことを得。

一　議員会は大小委員会に向て意見を建議し及其利害を証明することを得。

（中略）

一　未だ議員なき村或は漏落も多からん更らに此れが選挙の手続を為す可し。

明治三十二年十二月二十二日

足尾銅山鉱毒処分東京事務所
足尾銅山鉱毒処分地方事務所

鉱毒議会の精神は、「渡良瀬川の水がきれいになるまではこの組織を解かない」という第一条に明確に示されている。強い決意の表明であるとともに、青年を中心にした、開かれた民主的な運営体であることが確認される。青年層が主体的に登場してきたことが頼もしい。開設当初の参加町村・地域と議員数（括弧内）は以下の通りである（『資料』一二九〜一四五頁より整理）。

〈栃木県〉

谷中村大字内野（16）、谷中村大字下宮（22）、谷中村大字恵下野（7）、藤岡町（51）、界村大字越名（12）、界村大字馬門（16）、界村大字高山（9）、界村大字高萩（7）、犬伏町大字犬伏（13）、犬伏町大字黒袴（14）、犬伏町大字鐙塚（14）、犬伏町大字西浦（10）、植野村大字船津川（37）、植野村大字大小屋（20）、植野村大字庚申塚（10）、植野村大字飯田（3）、植野村大字伊保内（31）、植野村大字植野（7）、植野村大字田島（9）、植野村大字若（君）田（10）、吾妻村下羽田（14）、吾妻村大字高橋（26）、吾妻村大字村上（4）、吾妻村大字上羽田（1）、久野村青年会（59）、久野村大字瑞穂野（32）、久野村大字久保田（33）、筑波村大字県（22）、筑波村大字羽刈（5）、筑波村大字高松（10）、筑波村大字小曽根（10）、毛野村大字川崎（29）、毛野村大字八椚（11）、毛野村大字大久保（18）、毛野村大字勧農（2）、毛野村勧農青年会（28）、毛野村大字山川（15）、毛野村大字宮先（4）、毛野村大字山耕地（7）、毛野村大字常見（15）、毛野村大字北猿田（11）、毛野村大字大沼田（6）、毛野村大字鷹の巣（19）、毛野村大字鵤木（3）、毛野村有志青年（9）、梁田村大字梁田（13）、梁田村大字神明（6）、梁田村大字渋垂（3）、御厨村大字福井(居)（11）、御厨村大字中里（23）、御厨村大字天王（6）、御厨村大字百頭（13）、御厨村大字島田（9）、山辺村大字借宿（3）、山辺村大字朝倉（10）、山辺村大字堀込（1）、山辺村大字八幡（2）、足利町（38）

〈群馬県〉

邑楽郡郷谷村（11）、渡瀬村大字下早川田（11）、渡瀬村大字上早川田（18）、渡瀬村大字傍示塚（14）、渡瀬村大字大新田（1）、多々良村大字日向（13）、多々良村大字木戸（44）、大島村（18）、西谷田村大字西岡（15）、西谷田村大字除川（9）、西谷田村大字離（8）、西谷田村大字大曲（6）、西谷田村大字荷(大)場（2）、西谷田村大字細谷（22）、海老瀬村（6）

鉱毒議会議員は栃木県一三カ町村八一八名、群馬県六カ村一九八名の多きに達している。

なぜ、これほどまでに多くの青年層が結束し組織化を図り、闘おうとしたのか。国との中間に立ち、本来ならば地域の住民サイドに立って被害の解決を図る立場にある郡・県レベルの機関が、鉱毒被害問題が深刻化するに従いその任務を放棄し、国側に接近していったからである。すなわち、「被害地の状態が惨状をきわめた三二年には、両県会とも一本の建議すらださなかったのだ。すでに述べたことだが、被害民たちは三二年初頭から郡長に対して大衆交渉を行っている。これは県会すらも――ましてや内務省直轄機関である県庁なり郡衙なりが被害民の運動方針から遠ざかっていったことを如実に物語」（『資料』一五三頁）っていたのである。

では、第三回押出し後に見られる被害民の組織化の過程で、左部はどのような役割を果したのか。議会の結成に関わったことを示す史料は、管見の限り見当たらない。ただ、当該期、左部（を含め複数名）宛ての田中の書簡などから、その一端を推測することはできる。以下の書簡などがそれである。[1]

（ア）　左部彦次郎・櫻井與惣次ほか宛（明治三三年一月五日）。

横塚治作青年は東京で必要です。事務所ではどうしても必用です。老人は奔走を厭い困っていますので、必用な青年です。ただし、衣食に関しては正造が引き受けますので、ご心配なきように沿岸委員に伝えて下さい。食物のためにかれこれ申されては必用の人が欠乏します。くれぐれも念を入れて申しあげます。

（イ）　左部彦次郎・大出喜平・野口春蔵宛（明治三三年一月二七日）

従来東京および雲龍寺より通信する村役場および委員の中には、早くから古河市兵衛の奴となっている者が少なからずいる事実を発見しています。したがって通信名簿の改正を要します。なかでも、新田、山田両郡の実態は驚くばかりです。……ついては新田、山田のみならず九カ村といえども、通信すべき人はすなわち信用を基本とし、肩書の役名などは真理に用のないものですから、そろそろ内部で改めて下さい。また人々相互の交際でも、日常の訪問、応答の人々でも同じです。小生の愚案では、正直なるものは未だ村々の青年中に見られるように考えますが如何でしょうか。

（ウ）　左部彦次郎宛（明治三三年七月一八日）

村中の老壮年および委員は大きく破壊された河身の大復旧工事の請願に専心・運動すること。暴威的な奸商のために被害激甚地の小児が死亡するのは、即ち殺されたのと同じです。これを等閑に付しておくようでは、人類社会とはいえません。卑しくも心ある者ならば専心調査に尽力すべきです。これには青年諸氏のご尽力が必要ですが、岩崎佐十氏が目下ひとりこの問題に従事しているだけです。青年は専心ご助力あらん事をと、大至急沿岸激甚地の調査の督促はもちろん、その附近の人びとにも心得として通知のため、はがき六・七〇枚、大至急用意して下さい。

（エ）　左部彦次郎・加藤兼吉宛（明治三三年一二月二四日）

過日来雲龍寺にご滞留中に起こったこと、その他の出来事および珍事なども日記に必ず記しておいて下さい。

萩原進は青年部の創設者・指導者を左部と指摘しているが（後述、『足尾鉱毒事件』一二四頁）、断定にはさらなる検証が必要に思われる。とはいえ、以上の書簡などからも、左部が、田中の指示もあり青年層の活動、「鉱毒議会」の創設に深く関わっていたことは容易に推測することができる。

鉱毒議会の創設と併せ、この時機左部の果たした役割として留意しておくことがある。何か。被害民を大いに鼓舞した「鉱毒悲歌」の創作である。

（二）鉱毒被害民の鼓舞—「鉱毒悲歌」の創作—

二〇一五（平成二七）年一二月一一日、東京日比谷コンベンション大ホールで、映画「鉱毒悲歌」が上映された。同映画上映の案内（チラシ）の文面は、次のようであった。

日本最初の公害事件
足尾銅山鉱毒事件
制作開始から四〇年　幻の記録映画が甦る
特別有料試写会
鉱毒悲歌
制作：甦る『鉱毒悲歌』制作委員会

足尾銅山、谷中村、

強制移住させられた農民の
移住先・北海道佐呂間……。
田中正造と最後まで行動を共にした
島田宗三さんへのインタビューなど、
鉱毒に追われた人々の人生と
風景の貴重な記録である。

同映画の上映は『朝日新聞』（一二月九日、夕刊）でも報じられ話題を呼んだ。映画の内容はチラシの通りで、谷中村廃村に伴い強制移住を強いられた関係者の辛酸の記録である。筆者が瞠目したのは映画の題名「鉱毒悲歌」である。すなわち映画の主題となっている同名の歌が左部によって創作され、今に伝えられているからである。

筆者はかつて「被害民の蹶起」の表題で書いた論考の中で、「鉱毒悲歌」について触れたことがある（鹿野政直編著『足尾鉱毒事件研究』〈三一書房、一九七四年〉第二章　天皇制国家権力意志と被害民　第二節）。同論は被害民の四回に及ぶ「押出し」の様態について論述したものである。が、当時はまだ『田中正造全集』が発刊されていなかったこと、筆者の史料収集作業が不足していたこと、また論集刊行の意図が群馬県議会図書館所蔵の史料の紹介・活用であったこと等々から、現時点で見ると検討・修正・加筆されなければならない箇所が多々ある。「鉱毒悲歌」に関する叙述もその一つで、第三回押出しと第四回押出しの際に歌われたとされる歌の歌詞の違いについては同論考でも触れた。しかし、さらなる多様な鉱毒悲歌があることについては寡聞にして知らなかった。序章でも触れたが、左部について考える場合、「鉱毒悲歌」は、左部の諸作業の中でも最も重要な一つであり、彼の業績として大きな位置を占めている。そこで以下「鉱毒悲歌」全体について触れ、次いで左部作といわれる「悲歌」について言及することにしたい。

ちなみに、ここで「鉱毒悲歌」としたのは「和讃」の類を含め鉱毒被害（民）の悲惨さを詠った歌すべてを指している。管見の限りその数は二三に及ぶ。次にそれらを、創作された年代が明らかなものは年代順に、不明なものは内容から早いものと思われる順に挙げ（1）～（23）、それぞれ収載の文献名（A～）を記した。また同文献でコメントがある場合には適宜記した。

なお、前述の映画に関しては、参考文献として野添嘉久「長編記録映画『鉱毒悲歌』を語る」（田中正造大学ブックレット『救現』〈創刊号、随想舎、一九八六年〉があり、二〇一九年に続編「鉱毒悲歌そして今」も製作・上映されている。

（1）「国土の興亡」（「鉱毒悲歌」明治二三年一月）

（A）萩原進『足尾鉱毒事件』（上毛新聞社、一九七二年、一二五～九頁）
・出版・発行　明治二三年一月三〇日出版、明治二三年二月発行、明治二三年一二月三日再版、昭和一一年一月二八日再々版。
＊後掲『板倉町史別巻一　資料編足尾鉱毒事件』掲載と発行年月日に違いがある。
・作詞　青木金次郎・山本栄四郎・大出喜平。
・編輯兼出版発行人　栃木県安蘇郡佐野町百六十六番地。
・印刷人　栃木県安蘇郡植野村大字船津川椿田　舘野宗三郎（後述「B」の文献では「栄三郎」）。
・印刷所　栃木県佐野町常盤町二七一四　文栄社印刷所。
［萩原記］

表紙に「国土の興亡」とあり、足尾鉱毒悲歌とは記されていない。青木金次郎、山本栄四郎、大出喜平共述とあり、この三名の手で作詞されたことを明らかにしている。山本は群馬県邑楽郡大島村（現在館林市）の住民で後に県会議員として活躍しているし、大出も青木もおなじく大島村のものである。「発行所、渡良瀬壮進団」とあるから多分鉱毒問題のために結成された青壮年のグループであった渡良瀬壮進団が発行して頒布したものであろう。「内務省納本済」とあるからこれが出版法に触れたとは考えられないが、あるいは昭和十一年になってからの納本済のことで、その前に発禁処分に付されたかどうかは不明である。一枚の新聞ザラの一面に印刷し、四つに折ってある一枚ものであるが、鉱毒闘争史における地元民の動きを伝える貴重な資料であることはたしかであると思う。

これは永島与八の「鉱毒事件の真相と田中正造翁」によれば三十一年の秋に歌われた鉱毒悲歌であるとしているが、一方三十三年の正月に雲龍寺で左部彦次郎が指導した鉱毒悲歌は後記のように全然別のものだった。この歌詞には、革命歌的な内容は極めて少く、むしろ当時の学校唱歌風のものであった（一二九〜一三〇頁）。

＊森長英三郎は本悲歌について、「萩原進『足尾鉱毒事件』は、この歌の昭和一一年一月二八日再版とあるものを所持されており、その奥付による初版は「明治廿三年一月三十日出版」とあるとのことであるが、明治二三年には、この歌詞にあるような事実はないので、この奥付はでたらめである」（『足尾鉱毒事件　上』日本評論社、一九八二年、一八一頁）と指摘している。筆者も森長と意見を同じくする。が、同記述への疑義を解消する史料をもたないので萩原の記述に従っておく。重要な今後の検討・検証課題である。

（B）板倉町史編さん委員会翻刻編集『板倉町史　別巻一　資料編・足尾鉱毒事件』（板倉町、一九七八年、

四二〇～二一頁）
・青木金次郎・山本栄四郎・大出喜平共述
・出版　明治三三年一月一〇日
・発行　明治三三年二月二日
・再版　明治三三年一二月三日
・編輯兼発行人　栃木県安蘇郡佐野町百六十六番地　船江純一
・印刷人　栃木県安蘇郡植野村大字船津川椿田　館野栄三郎（前掲Aでは「宗三郎」）
・発行所　渡良瀬壮進団

（C）永島与八『鉱毒事件の真相と田中正造翁』（明治文献、一九七一年、三二〇～三一頁）
＊永島書には、発行年・作詞者などの記載はない。

（D）群馬県議会事務局編『群馬県議会史　第二巻』（発行群馬県議会、一九五三年、一七五四～六頁）
＊出典は永島前掲書。

（E）館林市立図書館編・発行『館林双書　第二巻』（一九七二年、二八〇～一頁）
＊題「鉱毒悲歌」。

（2）「怨の焔――鉱毒殺人の悲歌――」（明治三一年一月）

（A）前掲『板倉町史　別巻二』（四二一～二頁）

（B）前掲『館林双書　第二巻』（二八六～八頁）

・編輯　渡良瀬壮進団。

・作者　邑楽郡大島村大出喜平　邑楽郡大島村山本栄四郎　邑楽郡西谷田村永島与八。

・印刷　明治三一年一月二九日。

・発行　明治三一年一月三一日。

・栃木県安蘇郡佐野町一六五番地。

（C）『救現』（田中正造大学ブックレット創刊号、一九八六年、五五頁）

＊野添嘉久「長編記録映画『鉱毒悲歌』を語る」末尾に掲載。

＊作者は群馬県邑楽郡大島村大出喜平、山本栄四郎、西谷田村永島与八の記述。

＊「楽譜」一部記載。

（3）「鉱毒被害惨状の悲歌」（明治三三年一二月）

（A）前掲萩原書（一三一～五頁）

・悟　毒海居士述

・明治三五年一月一四日『毎日新聞』掲載

［萩原記］

左部の指導した悲歌は全く内容が一変しているもので、明らかに革命歌である。悲歌というのは永島の記憶ちがいか或いは三十一年のものと別に三十二年に新作して題は同じく「足尾鉱毒悲歌」とつけたものか兎に角館林警察署記録に云う鉱毒悲歌は別に確たる裏付をもって遺されているのである。それは「毎日新聞」明治三十五年一月十三日付に、「彼英国の工女等が貧しき生活辛き露命を繫ぐの様を写したるの歌は国中到る処として歌はれざる処なかりき。（歌略）誰か足尾鉱毒の歌を詠じて天下の同情を喚起するものぞ」という記事を見て、地元の読者より投書したものである。

鉱毒悲歌

毎日新聞足下　本日御発行の紙上第三面に於て、「外人の眼に映ずる鉱毒地」と題し国民新聞英文寄書欄より訳出せられたる一文を拝見致候処終りに至って「彼の英国の工女等が貧しき生活辛き露命を繋ぐの様を写したるの歌は国中到る処として歌れざる処はなかりき」の一句を読むに至って我等被害民は実に羨望の至りに御座候、我等被害民は一昨三十三年の春兇徒嘯集事件の以前に於て「鉱毒被害惨状の悲歌」を作り候処各村の青年児童は競ふて其の悲歌を号呼し学校の往復にも恰も軍歌を詠ずると同様に流行致し候処、図らず駐在の巡査は路に擁して其の声を止め学校の教師は生徒を捕へて其の口を禦ぎ若し強いて唱ふる者あれば必ず威嚇を以て加へらるゝの干渉相始まり候ため折角流行の悲歌も全く唱へられず相成候。然るに近頃又各村に於て其悲歌を唱ふる者有之候処又もや警察の干渉教師の叱責相始まり候由如何にも残念至極の到りに御座候本日の記事を拝して英国の例が余りに羨ましきに堪へず別紙「鉱毒悲歌」を添へて右干渉の始末を申上候願くは貴紙を割愛して悲歌御掲載の栄を得候はば我等被害民一同の喜悦之に過ぎず伏して懇願仕候（一被害民）（一三〇～三一頁）

歌詞掲載後に、萩原はさらに次のように記している。

この鉱毒悲歌の原本（著者所蔵）によると「鉱毒被害惨状の悲歌　悟毒海居士述」という標題があり、一枚の和紙に清朝体の活字を用いて印刷してある。ほとんどルビがついている。一部には左脇に意味を解釈してあり、平仮名の読める者にはすぐ歌えるようにしてある。作者の「悟　毒海居士」はおそらく当時のリーダーであった左部（さとり）が「悟（さとり）」ともじったものであろうから左部彦次郎である。毒海は鉱毒の海の意であろう。標題の振仮名は歌舞伎の芸題の仮名をまねて脇に「こうどくにかいされしきわみにかなしきかづ〱」とあり、悲歌の意味を現代のようなエレジーの意味でなく「害され し極みに悲しき数々」の悲歌であることがわかる（一二五～六頁）。

（B）前掲萩原書（一三六～四〇頁）

・悟　毒海居士述
・和紙・清朝体活字
・印刷・出版　明治三二年一二月四日印刷、明治三二年一二月七日出版
・編集兼発行人　栃木県足利郡毛野村大字川崎七番地　岩崎佐十
・印刷人　東京市京橋区新富町一丁目七番地　浜田伝次郎
・非売品

＊（A）の原本とされるもので、萩原氏所蔵

［萩原記］
「毎日新聞」の報道は字句において誤られている。いま原本のままをあげると次のようである（前掲歌詞）（一三六頁）。

これは革命歌であって内容的にも永島の記したものとは別ではるかに意識的反抗が含まれているから弾圧されたであろう（一四一頁）。

＊（A）の歌詩より二行多い。

（C）前掲『群馬県議会史　第二巻』（一七五七〜八頁）

・『毎日新聞』明治三五年一月一四日。

（D）前掲『板倉町史　別巻二』（四一七〜八頁）

・悟　毒海居士述

・明治三十二年十二月四日印刷

・毎時三十二年十二月七日出版

栃木県足利郡毛野村大字川崎七番地

編集兼発行人　岩崎佐十

東京京橋新富町一丁目七番地

印刷人　浜田伝三郎

＊一部詩の脱落と字句の異同がある。

（E）『田中正造全集　第二巻　論稿二』（以下『全集』と略記、岩波書店、一九七八年、五二八〜九頁）

＊詩の末尾に次の一文が記されている。

慈悲と徳義と義侠とを源とする我が四千万の同胞よ我々を憐みたまへ救いたまへ

＊解題（一六・「鉱毒文学」、七六八〜九頁）

「鉱毒被害惨状の悲歌」……この歌は明治三二年一二月で編集発行人岩崎佐十の名で出版されたものであり（萩原進『足尾鉱毒事件』、作者「悟」は左部彦次郎と推定されている。）田中はこの「悲歌」をもっと広めるため『女学雑誌』で紹介したものと思われる。しかしやがてこの歌は「船津川の青年、館林旧藩の旧跡祭りニ悲歌を売る。警吏之を止む。一月三日、寺岡の大師ニ悲歌を売る。警吏と衝突あり。」（明治三三年六月、日記）と述べられているように官憲の弾圧を受け、出版人は処罰されている。『館林双書』第二巻には、当時被害民によって歌われたこのような鉱毒悲歌がいろいろ紹介されており（布川了「鉱毒事件　秘録と悲歌について」）、その一つ「足尾鉱毒惨状歌　鬼退治」は、『佐野市史』『足利市史』にも収録されている。

（F）前掲『館林双書　第二巻』（二八三〜五頁）

（G）池田村史編纂委員会編・発行『池田村史』（一九六四年、六二七頁）

・題　足尾銅山鉱毒悲歌

・左部彦次郎詩

（H）『田中正造全集　第四巻』（月報16、一九七五年、五頁）

・悟　毒海居士述

＊天野茂「鉱毒悲歌と松岡荒村のことなど」に収載。

（I）布川了『要約　川俣事件　増補版』（NPO法人　足尾鉱毒事件田中正造記念館、二〇一一年、一三頁）

（J）『第40回　渡良瀬川鉱害シンポジウム資料集』（前掲I同記念館、二〇一二年、六頁）

（K）『第42回　渡良瀬川鉱害シンポジウム資料集』（前掲I同記念館、二〇一四年、一八頁）

・悟　毒海居士（左部彦次郎）

＊「中略」の語がなく「四二行」（Aは七二行、Bは七六行）と短い。字句にも異同も見られる。題・作者も同じであるが別の歌と扱うべきか。

（L）『鉱毒被告事件予審調書　第二』

(4)「鉱毒非命死者供養和讃」（明治三二年一二月）

・前掲『板倉町史　別巻二』（四一八～九頁）

・悟　毒海居士述

・印刷　明治三二年一二月一二日。

・発行　明治三二年一二月一五日。

・編輯兼発行人　栃木県足利郡毛野村大字川崎七番地　岩崎佐十

・印刷人　東京市京橋区新富町一番地　浜田伝三郎

＊注記「出典は、昭和四十八年九月十九日板倉町大字離　岡部保氏宅を調査の時発見したものである」。

(5)「鬼退治　鉱毒被害惨状の悲歌」(明治三三年一月)

(A) 足利市史編さん委員会『近代　足利市史　別巻史料編・鉱毒』(足利市、一九七六年、三九三頁)

・内務省納本済
・編輯　壮進団
・発行所　渡良瀬壮進団
・出版　明治三三年一月二八日　栃木県安蘇郡佐野町百六十五番地　(定価一銭)
・発行　明治三三年一月三一日
・編輯兼出版発行人　船江純一

＊「鉱毒被害惨状の悲歌」のサブタイトルがある。

(B) 佐野市史編さん委員会『佐野市史　資料編3』(佐野市、一九七六年、八三七〜九頁)

・高山町糸井巻蔵

(C) 前掲『板倉町史　別巻一』(四二二一〜二三頁)

・出版　明治三三年二月一〇日
・発行　明治三三年二月一四日
・発行所　渡良瀬壮進団
・編輯兼出版発行人　栃木県安蘇郡佐野町百六十六番地　船江純一

・印刷所　栃木県佐野町常盤町二七一四　　文栄印刷所
・定価一銭
＊「鉱毒殺人の悲歌」のサブタイトルがある。
＊発行年が（A）と相違する。
＊注記「四、怨みの焔と五、鬼退治の歌詞は　半紙大一枚刷ビラ（四ツ折小冊子仕立）表紙標題―壮進団発行―『鉱毒被害民大出喜平・山本栄四郎・青木金次郎合作』のものである。昭和三十八年十二月二十五日板倉町大字岩田　川野辺己代治宅より発見されたものである」。

（D）前掲『館林双書　第二巻』（二八九～九一頁）

(6)「毒砂の原」（明治三三年四月）

・前掲『館林双書　第二巻』（二九二～三頁）
・内務省納本済
・群馬県川俣大騒動
・印刷　明治三三年四月二〇日
・発行　明治三三年四月二五日発行
・群馬県邑楽郡大島村十八番地　　発行兼印刷人　見村房吉
・毒砂の原
一　憲兵巡査　三百余名
一　被害民　　五千余名

一　一傷者　負（「負傷者」の誤植か―注安在）三百余名
一　拘引者　　二十余名
（定価　金三銭）

(7)「鉱毒被害民救済の歌」（明治三三年）

・前掲『板倉町史　別巻二』（四二三〜四頁）
＊内容を異にするものが二首あり、「ただし　いまようふうに唄う」（前段の歌）、「全所の題へ　童謡になぞらへん」（後段の歌）の記述がある。
＊末尾に「右二首ハ同情会員　宮川保之三男　宮川次郎作　十四才」の記載がある。
＊注記「この二首の出典は　明治三十三年松本英一当用日記中に半紙一枚大のものに記してあったものを昭和四十五年一月十日発見したものである」。

(8)「足尾の毒波」（明治三四年一二月）

・みどり子

（A）前掲『板倉町史　別巻二』（四二五〜六頁）
・『毎日新聞』明治三四年一二月一八日。
（B）前掲『群馬県議会史　第二巻』（一七八七〜九頁）
・前掲同『毎日新聞』

＊出典・歌詞は同じであるが、詩の題が「足尾の毒流」となっている。
＊（A）（B）ともに出典を「『毎日新聞』明治三四年一二月一八日」としているが、同新聞にこの歌の記載はない。今後の調査・研究課題である。

(9)「明治惨事　足尾鉱毒唱歌」（明治三四年一二月）

（表紙）明治惨事　足尾鉱毒唱歌　島田三郎先生序文　小林儀衛作歌　東京文昌堂蔵版
（奥付）作曲者　こまのや主人
著作者　小林儀衛
発行者　磯部太郎兵衛
印刷者　山田英二
発行所　文昌堂
※一冊本として刊行

(10)「鉱毒地を訪ふの歌」（明治三四年）

（A）（文）布川了・（写真）堀内洋助『改訂　田中正造と足尾鉱毒事件を歩く』（随想舎、二〇〇九年、一二三頁）
＊注記「一九〇一（明治三四）年一二月二七日　都下の学生千百余名が内村鑑三、木下尚江等と被害地視察の時に歌ったもの。メロディは当時爆発的に流行した「鉄道唱歌」を援用したらしい」。
（B）前掲『館林双書　第二巻』（二九四～六頁）

(11)「鉱毒被害民の惨状を詠ずる歌一首(并)弁反歌」(明治三四年)

・長塚節

(A) 前掲『館林双書　第二巻』(二九七~八頁)

(B) 永瀬純一「長塚節と足尾鉱毒事件」(『季刊田中正造研究』一九七七年冬4、二九~三〇頁)

(C)『第40回渡良瀬川鉱害シンポジウム資料集』(前掲(3)J、二〇一二年、五頁)

(D)『長塚節全集』第五巻(春陽堂、一九七八年、三六~七頁)

(12)「鉱毒被害民を憐みて詠める歌」(明治三四年)

・伊藤左千夫

(A) 前掲『館林双書　第二巻』(二九九~三〇〇頁)

(B) 前掲『第40回渡良瀬川鉱害シンポジウム資料集』(前掲(3)J、一〇頁)

(C)『左千夫全集』第一巻(岩波書店、一九七七年、一六六~七頁)

(13)「渡良瀬川鉱毒救現和讃」

・『毎日新聞』明治三五年三月二二日。

※山口徹「塩田節三郎先生収集の鉱毒念仏、和讃について」(渡良瀬川研究会編集『田中正造と足尾鉱毒事件研究』10、一九九二年、八九頁)

(14)「嗚呼冥府の日本国」(明治三五年三月)

・佐藤儀助編「亡国の縮図」所載(東海林吉郎・布川了編・解説『足尾鉱毒　亡国の惨状(復刻)』(伝統と現代社、一九七七年、二六五～八七頁)

・児玉星人

・新聲社・明治三五年三月一五日発行

(15)「鉱毒被害地哀悼唱歌　渡良瀬川の歌」(明治三五年七月)

・『同志文学』一一二号(明治三五年七月三日)

・池田錦水

(16)「鉱毒のうた(あゝ　あわれ)」

・前掲『板倉町史　別巻二』(四二六～七頁)

＊注「この歌詞は『鉱毒地の惨状　第一編』目次の裏に作者不明で載っているものを転記した。編輯人鉱毒地救済婦人会　松本英子　明治三十五年四月二日発行のパンフレットによる」。

(17)「鉱毒悲歌」

・前掲『板倉町史　別巻一』(四二七頁)

＊注記「出典は三柴利平『渡良瀬川の風波と苦闘のあしあと』(昭和四十六年五月十日謄写印刷の小冊子)所収。作者不明。昭和四十三、四年ごろ田中霊祠祭(毎年四月四日挙行)の席上で、田中作次郎翁の歌ったものを筆写したもののようである。このことは『日本文学第二三六号鉱毒文学の源流』末文に比治山女子短大天野茂氏が述べている」。

(18)「鉱毒被害地婦人請願和讃」

・前掲山口徹論文(『田中正造と足尾鉱毒事件研究』10、八九頁)

(19)「渡良瀬河畔の悲劇」

(A)前掲『館林双書　第二巻』(三〇一～四頁)

・松堂　菊地茂

＊冒頭に次の一文がある。「こは余が谷中村事件に奔走せる当時、東京毎日新聞に掲載したものなるが、茲に録して自序に代ゆ」。

(B)栗原彦三郎編著発行『義人全集第四巻　鉱毒事件下巻』(一九二七年、同詩一～六頁)

・松堂菊地茂

＊冒頭同文

(20)「廃村谷中を弔の賦」

（A）前掲『館林双書　第二巻』（三〇五～一一頁）

・栗原彦三郎

（B）前掲『義人全集第四巻　鉱毒事件　下巻』（同詩一～九頁）

・栗原彦三郎

(21)「渡良瀬川の堤上に立ちて」

・前掲『館林双書　第二巻』（三一一～三一二頁）

・栗原彦三郎

(22)「鉱毒」

・松本隆海編「足尾鉱毒惨状画報」（前掲『足尾鉱毒　亡国の惨状』一一三～四頁）

・『読売』

(23)「鉱毒」

・前掲松本隆海編同書（前掲『足尾鉱毒　亡国の惨状』、一五九～六七頁）

・高橋嵐

・東京評論転載

ここに挙げた「鉱毒悲歌」のうち、左部の作として明白なものは⑶・⑷であるが、左部が創作する以前の悲歌はどのような内容のものであったのか。⑴・⑵について見てみよう。「国土の興亡」を最も早く作られた〝鉱毒悲歌〟として⑴としたのは、前述のように萩原進の指摘によっている。ただし、歌の題や発行年に関し『板倉町史』の記載とは異にする箇所も見られるなど、検討すべき課題がある。が、ここでは措く。⑴・⑵ともに前掲（A）の書より転載する。

⑴国土の興亡

足尾の山より渡良瀬の　流れを下りて南せば
大間々はね滝近辺に　到りて原野は開放す
是より東南下総と　武蔵に連る沃野をば
地質学上渡良瀬の（もと地理学にて渡良瀬の）　沖積層と名付けたり
水源樹木の豊富にて　肥泥を下流に致さるる
この天然の肥料にて　土地は自然に造られし
禾穀はために豊熟（よくみのり）し　農家賑はひ富みにけり
渡良瀬河水は清冽に　絹綿機業も発達し
漁家の利益も多かりし　沿岸無量の諸貨物を
呑吐に儲く（利子（もうけ）ず）る町民も　又此貴き渡良瀬の
水に命をつなぎけり　沿岸有らゆる財産は
皆渡良瀬の権化にて　無量無限の天産ぞ

かくて沿岸人民（々）が　命の親と頼みたる
渡良瀬川の其水に　毒注がれて絶間（間断（たえま））なく
沿岸田畑に殺到し　財産権利を奪ひ去り
尚あきたらず沿岸の　人跡絶えなん勢ひぞ
夫れ今にして渡良瀬の　火（ママ）の濁りを清めねば
坂東太郎の大江流　流域侵して太平洋
銚子に此方が東京湾　一府五県に連なりて
渺茫無辺（ひろくはてなき）の毒地域　滅亡（亡滅）破壊に至るべし
又渡良瀬を挟みては　興亡千古の歴史あり
北に篁（たかむら）経営の　足利学校遺跡（よ）あり
尊氏一人数（算）へねど　南に新田の左中将
勤王高山彦九郎　家康祖先も新田にて
徳川村の人なるぞ（り）　斯も国史を鏤むる
関東一の名地をも　若し此儘に捨置かば
宛ら天魔の怪力で　一槌微塵に砕（くだ）くべし
嗚呼諸共に覚悟せよ　山又川に罪はなし
相手（敵）は卑（賤し）き稼業人　国家の亡ぬ其内に
斯く成る事のあるべきぞ　憲法条規に則りて
恢復請願努めなば　此行く先は知れた事
艱難辛苦も（は）何のその　巌をも徹さで置くべきぞ

(2) 怨みの焔

―鉱毒殺人の悲歌―

さて今日の社会にて　悲惨の数は多けれど
渡良瀬川の岸に棲む　民にまさるものぞなし
濃尾の地震は言うも更　三陸つなみも悲惨なり
去りとてこれ等は天災で　人手で止まらぬ数のもの
鉱山被害は人のわざ　人と人にて止むものよ
しかし乱暴果てしなく　人の命を仆し行く

両岸被害の激甚地　海老瀬の（間田）を始めとし
底谷　大谷田　船津川　越名　高山　伊保内や
羽田　高橋　川崎に　奥戸　上下野田　茂木
凡そ三十四ケ字で　最近五年のその間
一千六十四人こそ　生きしにまさりて死にし数

毒死飢死溺れしに　窮して縊れる人もまた
均しく加害者古河の　刃の下に仆れしと
同じ最後の理りぞ　罪ごう深き彼が身に
未だ天網来らずや　白昼天下にかけまわり

横に車もあきたらず　跋扈横暴極みなし

彼のちく類を見ても知れ　蜂巣に棒先ふる時は
蜂は群がり怒りたつ　子を捕らわれし鳥けもの
その子を慕ふて親もまた　親も猟者の手にはつる
鳩も三枝の礼儀あり　烏に反捕の孝ぞある
虫鳥けものにおいてさい　情儀のほどや感ずべし
まして五常のそなわれる　人類社会においておや

親は喉を扼せられ　子は十二才で飢えて死し
わが身も不断に刻まる、　人の心はいかんばかり
鳴呼哀しまんか歎かんか　はた怨みんか怒らんか
さけび訴うその声を　聞けば全身粟がたつ

髪は逆立ち天をつき　日に腸は九回す
夜中の夢は破られて　枕は蹴仆し仁王立
鳴呼加害者をひつ捕え　四肢と五体を寸断し
肉を啖ふて血をすゝり、以て快哉と叫びたい

両歌に関しては、次の点に留意しておきたい。まず⑴では、萩原の「昭和十一年再版」に関わるコメントで、

国策に沿う歌に改題・利用されたという点である（ちなみに歌詞中の括弧の文言は萩原所蔵の〝原本〟のものという）。そして⑵は鉱毒被害民の意識が恐ろしいまでに〝怨念〟として噴出・表白されている点である。⑴と⑵の作詞メンバーに関して見ると、大出喜平・山本栄四郎が共通し、青木金次郎が永島与八に変わっている。歌の内容の変化と作詞メンバーの交代に因果関係があるのであろうか。興味がそそられる。

さて、以上のことはともかく、本書で特に重視するのは、記すまでもなく左部の作とされる前掲⑶「鉱毒被害惨状の悲歌」および⑷「鉱毒非命死者供養和讃」についてである。

管見の限り、⑶を収載している文献は一二点あり、そこには字句に若干の異同が見られる。萩原進は同氏所持のものが原本であって、広く知られる契機となった『毎日新聞』掲載のものには誤りがあると指摘している。そこで本稿では同氏が原本とした『足尾鉱毒事件』収載のものを掲載する（一三六〜四〇頁。同書での記載は二段書きでないが、紙数の関係から本稿では二段書きとする）。

「鉱毒被害惨状の悲歌」　悟　毒海居士述（左部彦次郎）

抑渡良瀬水源は　遠く流れを足尾より
関八州の沃野をば　貫き渡りて六十里
機業に名高き桐生町　足利佐野に館林
其他沿岸村々は　皆此河の賜ものぞ
頃は明治の三四年　渡良瀬川の水源に

「鉱毒被害惨状の悲歌」冒頭の楽譜（第42回渡良瀬川鉱害シンポジウム〈2014年〉配布資料）

採鉱業のありしより　昼猶暗き足尾山
野火煙毒と濫伐に　雨露堪る力なく
降る雨毎の洪水は　岩石崩れ砂流れ
かて、加えて流毒は　渡良瀬川をかき濁し
其害いとゞ著るしく　魚介の類は云ふもさら
沿岸田畑は害されて　芝芦竹や木の根迄
枯れて堤も岸もかけ　今は河身も荒れ果て、
少しく水嵩増す時は　両岸堤はかけ破れ
見渡す限りの良田は　皆毒波に浸されて
家屋人畜流亡し　田畑に一穂の稔りなく
家に喰ふの粟もなく　見るも哀れの枯野原
嗚呼我々の祖先こそ　皆渡良瀬の賜ものに
斯も賑ひたるものを　斯も尊き渡良瀬川
濁り濁りて※今は将た　人の体も毒に染み
妊めるものは流産し　育む乳も不足なし
二つ三つ迄育つるも　毒の障に皆殪され
又悪疾も流行し　悲惨の数は限なく
時の政府へ嘆願も　悪人輩に遮きられ
九年の長き其間　今に清めぬ渡瀬川
時の政府へ嘆願も　費用に今はつかれ果て

親子は非命に殪されて　　今に清めぬ渡瀬川
親子は非命に殪さるゝ　　早く清めよ渡瀬川
時の政府は何故に　　斯も我等を虐ぐる
嗚呼我々は身の為と　　人の為には死を恐じず
嗚呼我々は土地のため　　国の為には死を恐じず
嗚呼我々は憲法を　　守る為には死を恐じず
時の政府は何故に　　斯も我等を虐たぐる
早く清めよ渡瀬川　　清めて死人の処置をせよ
清めて我等を殺すなよ　　清めて我等を殺すなよ
嗚呼我々は皇帝の　　愛し賜はる国民ぞ
早く清めよ渡瀬川　　早く清めよ渡瀬川
慈悲と徳義と義侠とを原とする我が四千万同胞よ我々を憐みたまへ救ひたまへ

（注）『板倉町史　別巻一資料編　足尾鉱毒事件』では、※の箇所の文言は「今日はまた」（四一七頁）と記されている。

萩原は、この「鉱毒悲歌」について以下のように綴っている。

一連の歌詞の中に足尾鉱毒問題のいろいろな要素を探る記述がある。鉱毒がまず足尾の山の緑を奪い、そのために保水力がなくなり、大雨のたびに洪水を引き起こし、同時に銅の製錬による鉱滓が流れ出したこと。その毒水が棲息する魚類を絶やし、田畑を害し、岸の植物までも害を受けたこと。毒は田に流入して収穫皆無となったことなど、被害状況をうたっている。次ぎに、それが遂に人命にまで及んだことを強調し、政府への陳情嘆願をしてもさっぱりはかどらないことを訴え、「悪人輩」の介在を非難している。九年間の闘いに費用も底をつき窮地に追込まれたと叫んでいる。最後に被害地住民も斉しく天皇の愛される国民であるという法のもとにおけ平（ママ）等を訴え、その平等を差別することの怒りをぶちつけている。特に「我等を殺すな」という人命尊重に結んでいることが注目されるのである（『足尾鉱毒事件』一四一頁）。

萩原の指摘は的確と思われるが、さらに記せば、筆者はのちの左部の行動に関連する文言として、「枯れて堤も岸もかけ　今は河身も荒れ果て丶、少しく水嵩増す時は　両岸堤はかけ破れ、見渡す限りの良田は　皆毒波に侵されて」の連に惹かれる。土木吏への転身と、以後河川改修に尽くした生き方と連動するからである。状押出しの際に歌われた状況については、群馬県巡査北爪権平が予審での訊問調べで次のように答えている。状況を彷彿させる興味ある内容である。


（問）雲龍寺から館林へ赴く途中、人民は始終、隊伍を整えて進んだか、あるいは銘々随意に進んだか、どうか。

（答）隊伍を組んで鉱毒悲歌を唱えて進みましたが、訓練したのではありませんから十分に揃ってはおりませんでしたが指揮官が一人ずつ居りました。

（問）足並みを揃えて進んだという事はなかったか。

（答）自分はそこまでは気付きませんでした。しかし彼の悲歌というものは足並みを揃える為に言うのですから自然に揃う筈でした（『川俣事件をみる』六〇頁）。

前掲「鉱毒悲歌」は、「被害民を鼓舞し、共に大運動の原動力になった」（布川了『要約　川俣事件』〈増補版〉発行NPO法人足尾鉱毒事件田中正造記念館、二〇一一年、一〇頁）と指摘されるように、第四回押出しに際しての被害民の精神高揚に大きな役割を果たした。この悲歌には現地古老の録音テープもあるとのことであるが（天野茂「鉱毒悲歌と松岡荒村のことなど」『田中正造全集』月報16、六頁）、いずれにしても同悲歌が血気盛んな青年層のみならず子供にまで広く多くの人びとに歌われたこと、その状況が官憲を刺激し被害民の救済請願運動を〝治安〟の視座から見る姿勢に大きく変えていったこと、それは社会主義運動の勃興という当時の政治・社会状況の高揚の中で、〝革命歌〟と官憲には認識されたこと等々の点で大きな歴史的意義を有した。

谷中廃村問題が生じた時、田中が新たな鉱毒悲歌の創作を大出喜平らに促したことにも（後述）、そのことは示されている。ここで心に留めておきたいことは、〝治安〟の視座から見る姿勢は〝取締り〟であり、その視点から導かれる対象は〝兇徒〟であり、その輩の行動は〝兇徒聚集〟であり、少しでも官憲に逆らい批判すれば、それは〝官吏侮辱罪〟あるいは〝官吏抗拒罪〟へと導かれるということである。

ところで、左部はさらにもう一つの〝悲歌〟を残している。(4)の「鉱毒非命死者供養和讃」がそれである。次に前掲『板倉町史　別巻一資料編足尾鉱毒事件』（一九七八年）収載の同歌を掲げる。

「鉱毒非命死者供養和讃」

帰名頂礼諸人よ　　我等の受くる苦みは
地獄の責を此世から　　遠く足尾を見渡せば
悪鬼羅刹の数多すみ　　廻る車輪の音すごく
毒の煙りは山に満ち、　　青き物とて更になし

流る丶毒は絶間なく
田畑は更にみのりなく
見渡す限りの村々は
思ひ廻(まわ)せば其(その)のむかし
思い廻(まわ)せば其むかし
渡良瀬川辺の賑(にぎは)ひは
諸行無常(しょぎょうむじょう)と聞(きく)もの丶
寄(よ)る年波(としなみ)ともゞに
毒の利(きき)めの恐(おそ)ろしき
漸(やうや)く生(うまれ)し初孫(ういまご)も
地蔵菩薩(ぢぞうぼさつ)も見捨(みすて)てか
生き存(ながら)へる子供等(こどもら)も
救ひ給(たま)ひやもろ人よ
前世(ぜんせ)の因果(いんぐわ)は兎(と)にもかく
君(きみ)の御恩(ごおん)はかた時も
朝な夕なに御仏へ
父と母との其(その)なさけ
五戒(ごかい)十善身(ぜんみ)を守り
足尾に住める鬼(おに)どもの
我が同胞(はらから)は無残にも

はたとせ余(あま)り此方(このかた)は
次第に細るなりわいに
皆餓鬼道(がきどう)の苦しみぞ
我等の育(そだ)ちし其時は
我等の父母のいます時
極楽浄土(ごくらくじゃうど)もかくばかり
其楽(そのたのし)みは夢とさめ
かなしき数(かず)の限(かぎり)なく
乳の乏(とほ)しきその為(ため)に
遠(とお)きあの世の人となる
数多(あまた)の子供はころされて
見るも憐(あわ)れの其(そ)の相(すがた)
我等の受(う)くる苦(くる)しみは
此世(このよ)に生(うま)れ出(いで)しより
忘(わする)るひまはなきものを
回向供養(えこうくよう)も怠(おこた)らず
世間に尽(つく)す義理(ぎり)あるも
行(おこの)ふもの丶なさけなや
日毎(ひごと)に流す毒水(どくみず)に
多く非命に殪(たを)さる丶

死に残りたる我々は　殪れし孫や子供等の
頓証菩提のその為に　慈悲ある人の力かり
明日にも殪る嫁や子の　施療の為に村々を
廻り〳〵て浄財の　供養を願ひたてまつる
助け給ひやもろ人よ　慈は人の為ならず
三世諸仏の御経にも　布施する人は次の世に
天上界に生る、と　説き遺されしありがたき
助け給ひやもろ人よ　救ひ給ひやもろ人よ

〈漢詩〉

〈訓読〉

願わくば此の功徳を以て　普く一切に及し
我等衆生とともに　皆ともに仏道に成ぜん

〈通釈〉

願わくは、この御仏の恵みが、すべての者（鉱毒被害民）にゆきわたるよう、我等はすべての人と共に、仏道の修行に精進したいものである。(2)

布川了は前掲『要約　川俣事件〈増補版〉』で、「『鉱毒非命死者供養和讃』は、女性向けにつくられた。女たちは成田詣でと言い、この和讃を誦し、鐘をたたきながら東京へ入った」（一〇頁）と記している。いずれにしても前述の〝鉱毒悲歌〟が鉱毒被害民全体に対して注がれた左部の眼差しとすれば、ここに挙げた歌は、布

川が指摘するように、子を産み育てる女としての女性＝母親へ注がれた左部のもう一つの心情を示しているといえる。『池田村史』は、前掲⑶の〝悲歌〟にも触れて、⑷の歌について次のように記している。

明治三十一年の秋又々渡良瀬川は大洪水に見舞われ、被害民の窮状は日に増し、老人婦女子は餓死する者も多かった。見るに見かねた彦次郎は、死にもの狂いの活躍をくりかへした。左部彦次郎をリーダーとする青年尖鋭隊を結成して、自ら革命歌として鉱毒悲歌を作り、明治三十三年一月十八日に館林在の雲竜寺に青年二百八十余名を集めて、僧侶十八名を招き鉱毒被害非命者の施餓鬼を施行し、終って左部彦次郎の先達によって革命歌を合唱して気勢をあげた（六二六〜七頁）。

同文より⑶の「鉱毒被害惨状の歌」は、被害民の精神を鼓舞する「革命歌」として、また⑷の「鉱毒非命死者供養和讃」は「鉱毒被害者の施餓鬼」施行のために、創作されたことを窺い知ることができる。

以上、左部の作に成る〝悲歌〟二点を見た。特に確認しておきたいことは、一般に、鉱毒悲歌といえば左部作の⑶を指しているということである（ただし、削除や文言の異同など、原本とは相違している箇所も多々あることを承知しておく必要がある）。先にも触れたが、かつて筆者は「被害民の蹶起」（『足尾鉱毒事件研究』所収）の論考で同悲歌に論及した。しかし現在では再考・修正すべき箇所があることを、あらためて認識する。第一は、引用に際し長文のため意識的に歌詞を一部省略したが、全文収載し歌詞にこめられた意味や左部の意識に触れるべきであったこと、第二は、「鉱毒悲歌」全体の検討を行わずに『群馬県議会史　第二巻』からのみ安易に引用・叙述したことである。前掲論考で記した筆者の一文は次の通りである。

「鉱毒被害惨状の悲歌」は被害民の怨念がそのまま、全く自然に「言葉」となったものであった。それは古河を、そして政府を呪う歌であった。ちなみにこの歌は「(明治三十三年八月)二十八日川井署長ノ告発ニ依リ鉱毒悲歌出版人佐藤留吉、見村房吉、大沢新八郎ハ各罰金ノ処分ヲ受ク」(「館林警察記録」『議会史』第二巻)とあるように、「出版法」によって処分され、一時被害民によって歌われ、流行し始めたにもかかわらず、いやそれゆえに闇に葬られてしまっていたのである(鹿野政直編著『足尾鉱毒事件研究』三一書房、一九七四年、三二一頁)。

〝鉱毒悲歌〟全体に関する筆者の認識はいまも変わらない。しかし、前掲冒頭の一文については「〝鉱毒被害惨状の悲歌〟は、鉱毒被害民の実状を正視した左部が、被害民の実状と怨念にも似た思いを自然に文言として表象、綴ったものであった」と記すべきであったとの思いを抱く。

ところで左部の郷里の史書は、〝悲歌〟にも触れて左部の活躍を次のように讃えている。検証すべき記述もあるが、左部に寄せる村史執筆者の心情が伝わる一文である。

警察はこの歌は治安を乱すものとして、出版したものを罰金刑に処し、農民学童など一般に歌うことを禁じた。この歌を高唱して士気を鼓舞した。青年を決死隊と名づけて一団を組織した、これが中心となって五十名の「鉱毒青年請願上京委員」ときめ、五十名の決死隊は入獄を覚悟し素志貫徹を誓い再三再四ホラ貝を吹き、ミノ笠草鞋に身を固め鉱毒悲歌を歌いながら、続々と上京途中、警官と衝突しながら一揆的直接行動に走り、いつも左部彦次郎が中心となって指揮した。明治三十五年頃には政府及び古河市兵衛も、世論に従って対策を講じ、補償問題も具体化されて、さしも天下を賑した足尾鉱毒事件も、表面は静まり、永い間の農民運動の権利擁護のためにたたかった左部彦次郎の功績は、群馬県農民運動の第一人者として特筆に価する人物であった(『池田村史』六二七~八頁)。

〝鉱毒悲歌〟については、田中正造も日記に左記のように書き留めている。日記の記述のみでは、どの〝鉱毒悲歌〟を指しているのか不明である。が、時期を思えば、左部の作詞になる〝悲歌〟を指していると考えてよいと思われる。鉱毒被害地域において〝悲歌〟を綴った書(一枚もの?)が売られていたことは、被害民にとって同歌がいかに精神を慰め、また鼓舞するものであったかを示している。官憲が躍起となってこれを抑え込もうとしていたか、田中の次の日記の一文からも窺い知ることができる。

○鉱毒悲歌ヲ妨害スル巡査アリト今泉米造氏ヨリ承ル(一九〇〇〈明治三三〉年二~六月、『全集』、第十巻、一四二頁)。
○館林其他小学教員悲歌を忌む(『全集』第十巻、一七八頁)。
○小学教育(員)悲歌を与へて進退伺を出す(『全集』第十巻、一八〇頁)。
○正月初市、新里庄藏さ(佐野)の市ニテ、鉱毒のはなしを路上ニ語る。二十人余の警官之を止む。
○船津川の青年、館林旧藩の旧跡祭りニ悲歌を売る。警吏之を止む。
○田沼の初市ニ悲歌を売る。コウグ(香具カ)を煽して喧嘩させたるあり。
○一月三日、寺岡の大師ニ悲歌を売る。警官と衝突あり(『全集』第十巻、一八五頁)。

右の各文は「鉱毒悲歌」の果たす運動での役割を証明するものでもある。田中が充分このことを認識していたことは、次章で触れる「谷中廃村問題」が生じた折、廃村反対運動に奔走する大出喜平に密かに「谷中村の悲歌を早く作ってくれ」(大出宛書簡、明治三七年一〇月一日『全集』第十六巻、二七〇頁」)と依頼していることからも分る。(3)

また『群馬県史』も「悲歌」の意義について次のように叙述している。

翌三十三年に入ると、押出しに向けての準備が活発化し、被害地には緊張した空気が張り詰めていた。一月に邑楽・山田両郡二五か町村の村長・人民総代から関係大臣にあてて提出された請願書には「而も尚流毒ノ根絶ヲ絶ツ能ハズ、水ヲ清ムル能ハズ、土地ヲ復スル能ハズ、権利ヲ保全スル能ハズ、生命ヲ救フ能ハズンバ、寧ロ我等臣民ヲ殺戮セヨ」（資料編20、六五七頁）とあり、被害民のせっぱ詰まった気持ちが表れている。この請願書も「不穏の文字多く、事実と相違している」として郡長の段階で却下された。一月十八日に雲龍寺では僧侶・鉱毒委員・青年ら約二八〇人が集まり、鉱毒犠牲者である「鉱毒被害地非命者（死）」の施餓鬼の法会が行われ、鉱毒悲歌が歌われた。この後、押出しの中心部隊となる青年行動隊が組織され、鉱毒悲歌はその団結と士気を強めるのに役立った。二月四日の集会では請願書提出のための先発上京委員が選ばれ、一般農民の動員態勢も固められた（通史編、四一一～二頁）。

紙幅および主題の関係から⑸以下の〝悲歌〟についての言及は省くが、「鉱毒悲歌」と一括した上で歌全体について言えることは次のようなことである。第一に、管見の限りでも二三種にも及んでおり、今後調査を重ねればさらに増えると思われること、第二に、第一のことはとりもなおさず作詞者の多様性と知識の豊かさを示していること、第三に、したがって歌の内容も多岐に亘っていること、第四に、先にも触れたが、「国土の興亡」など、アジア・太平洋戦争へ向かう過程で国民の士気高揚に再生もされたということ、第五に、しかし何といっても鉱毒被害民を含む多くの人びとに広く歌われ、被害民の意識の鼓舞に大きな影響をもたらしたのは、左部の作詞による「鉱毒被害地惨状の悲歌」であったということ等々である。事態を客観的に見る冷静な視座が貫かれ、かつ「ああ我々は憲法（くにをまもるおきて）を守る為には死も恐ぢず」、と憲法論まで含ませている〝鉱毒悲歌〟には、東京専門学校に学んだ左部の真骨頂が示されている。教養と専門のバランス感覚の吐露である。

さて、「悲歌」に込められた鉱毒被害民の思いも空しく、鉱毒は根絶されず、水は清められず、毒に汚染された土地は復旧されなかった。財産・生命を守られていない被害民の、悲壮にして切実な願いも、〝不遜の文字が多い〟〝事実と違っている〟などとして突き返された。そのような切迫した状態の中で、左部の創作した「鉱毒悲歌」は、被害民に心の拠り所を与えるとともに、運動を大いに鼓舞・激励する役割を果たした。一九〇〇（明治三三）年明けの雲龍寺周辺は極度の緊張状態に包まれていた。第四回押出しの予兆である。それは川俣事件の悲劇を生む前兆でもあった。

二　川俣事件の発生と連座

（一）川俣事件の発生

東武伊勢崎線川俣駅で下車し西へ約〇・八キロメートル歩くと、佐野・行田線七号線・大佐貫の交差点に出る。そこを左に折れ南の方面へ向かって歩を進め「邑楽用水」を越えると、「川俣事件衝突の地」「川俣事件記念碑」という二つの碑に心が奪われる。江戸時代船宿が並び、いまなおその面影を漂わせている川俣宿、その数百メートル先が利根川で、同川の突き当り左側に、警官の弾圧に遭い負傷した鉱毒被害民が運ばれた「真如院」がある。川俣事件とはいかなる事件であったのか。事件を伝える記念碑の一部を次に掲げる。

川俣事件記念碑　碑文

（前略）

一九〇〇（明治三十三）年二月十三日足尾銅山の鉱業に関わる諸問題を解決するために、被害民たちは決死の覚悟で第四回目の東京押出しを決行した。

前夜から邑楽郡渡瀬村（現館林市）の雲龍寺に集結した二千五百余名の被害民は翌朝九時頃大挙上京請願のために同寺を出発、途中警察官と小競り合いを演じながら正午頃佐貫村大佐貫（現明和町）に到着、ここで馬舟各一隻を積んだ二台の大八車を先頭に利根川に向かったが、その手前同村川俣地内の上宿橋（現邑楽用水架橋）にさしかかったところで待ちうけた三百余名の警官隊に阻まれ、多くの犠牲者を出して四散した。これが川俣事件である。

この事件で負傷し、現場及び付近で捕縛された被害民十五名は、近くの真如院（お寺）に連行された（翌日以降の捜査で総数百余名が逮捕され、うち五十一名が凶徒聚衆罪等で起訴された）。この事態を重くみた佐貫村の塩谷村長をはじめ郡・村会議員区長らの有志は村医を呼び負傷者に応急手当を施し、炊き出しを行いにぎり飯を差し入れるなど被害民の救恤につとめた。この手厚い扱いに被害民関係者は深く感銘し、これを後世に伝えている（布川了『要約　川俣事件　増補版』（発行：NPO法人 足尾鉱毒事件田中正造記念館、二〇一一年、二四頁）。

足尾銅山鉱毒事件史において重要な位置を占める川俣事件に関して触れた著書は多い。その中でも同事件について簡潔にまとめられた、いわば入門の手引きともいえる恰好の文献がある。前掲引用書がそれである。また、事件関係者の訊問調書を翻刻・編輯した布川了編『川俣事件をみる　田中正造と雲龍寺に集う人々』（発行前掲同NPO法人、二〇一〇年）は、川俣事件について詳述した論考も収録した貴重な文献である。前節の（一）（二）の記述と関係付けながら、事件に至る経緯を整理、年表にしてみると以下の通りである。

一八九九（明治三二）年

九月　七日　被害民が集会を開き（雲龍寺大会〈四県二〇カ町村〉）、第四回押出しを決定。

同月一二日　雲龍寺で被害民全権委員会が第四回押出しの具体的事項決定（①百戸につき五〇名の割で参加、②費用は小字単位で負担、③九月二〇日、日時・方法を決定〈実際は延期〉、④会計は庭田恒吉・家富元吉）。

一〇月一六日　雲龍寺鉱毒委員会開催。被害民死亡調査報告など。小野政吉の「天皇勅願」発言など。

一二月　四日「足尾銅山鉱毒被害地生死者統計報告書」公表。「非命死者一〇六四名」と報告され、押出しはこれら非命死者の「仇討請願」とされる。この日彦次郎作の「鉱毒悲歌」が印刷され、七日発行・発売される。

　同月二三日　鉱毒議会開設（その経緯・議会規則などに関しては前述）。

一九〇〇（明治三三）年

一月　四日「青年行動隊」組織結成計画。

同月　五日　多々良村飯島高蔵外五名が邑楽郡役所に出頭し郡長に「請願書（総理内務大蔵農商務文部陸軍各大臣及法制局長官宛）提出のため依頼。→却下→行動を掻き立てる契機。

同月一八日「鉱毒被害犠牲者施餓鬼法要」の名目で僧侶一八名、鉱毒委員青年等二八〇余名が雲龍寺に集合、対策を協議。会合終了後「左部彦次郎ハ嚮導トナリ青年百余名ト鉱毒悲歌ヲ唄ヒ運動シタリ」（『議会史』第二巻、一七五四頁）。

同月二一日　青年行動隊、別名「青年決死隊」を結成。

二月　四日　雲龍寺総決起集会六〇〇名。

①出発員の通知次第出京できるようにしておくこと。

②請願書提出の出京委員、押出し役員を決定のこと。

〈この日本堂に貼られた掲示〉

一　美服を着する者あらば売却し上京費となすこと。

一　九月七日決議に基き各村各字の指揮者は各部下の規律を厳に取り締むること。

一　粗衣粗服のこと。

一　蓑笠草鞋のこと。

同月　六日　県警部長、全県下の警察署へ八日までに巡査・警部の出勤命令。

同月　八日　県警、逮捕用の役員名簿検事に提出。警戒配備。

〈警戒配備態勢〉

	警部	巡査
雲龍寺	3	50
川俣	7	72
館林入口	1	10
離	1	11
相の川	1	12
大久保	1	11
間田	1	11
合計	15人	177人

（布川前掲書　一二一頁より転載）

同月　九日　群馬・栃木両県、憲兵派遣の儀、陸軍大臣に照会。即日回答、憲兵司令官および警視総監に取締方訓令。

同月一〇日　警視庁・埼玉県警打ち合わせのため来館。

「川俣宿」の面影を残す「川俣事件」発生の現場

同月一一日　午後六時、押出し委員らが雲龍寺に集合、一三日午前零時集合、押出し敢行を決定。
同月一二日　原田英三郎（正造の甥）ら川俣で舟の手配。今鉄平警察署長、夜雲龍寺を巡回。

川俣事件発生の予兆は、一八九八（明治三一）年九月の第三回押出しの際の警察の対応にすでに見られた。その状況を加速化させたのは、世紀の転換期を迎えた国内外の政治・社会状況の大きな変容である。すなわち、国内について触れれば天皇制国家秩序の確立（その一つとしての立憲政友会の誕生）および第一次産業革命の成就であって、視点を換えてこれを見れば社会矛盾の顕著化＝近代的労働者の形成と、運動＝社会主義思想の普及である。このような経緯の中で官憲が明確に打ち出したのが治安の強化であった。このことは足尾鉱毒被害民の損害補償・救済運動に対する姿勢の変化にも当然ながら表れた。かれらの動向は、〝兇徒〟の〝聚衆〟であり、その行動は治安の対象となったのである。治安の最眼目は〝兇徒の帝都侵入を防ぐ〟ことであった。したがって被害民の大挙利根川越えは、官憲の側からすれば絶対に阻止しなければならない課題であった。官憲の対応が従来のそれとは著しく異なったのもそれゆえである。前掲『要約　川俣事件　増補版』や、永島与八『鉱毒事件の真相と田中正造翁』（宗教法人田中霊祠奉賛会編、明治文献、一九七一年）の記述などから、永島が語る各押出しでの対応の相違を要約して記すと次のようである。

第一回の押出し（一八九七年三月初旬）
東京の警官に状況を話したところ同情を寄せられ、東本願寺を旅館に斡旋してくれた。
第二回の押出し（一八九七年三月下旬）
岩槻で数百名の巡査に制止させられ抜刀する警官も一名いたが同僚が連れ去り、押出し者には一名の怪我人も出なかった。

第三回の押出し（一八九八年九月）

保木間で公園に露宿した際、相当の処置に及ぶ恐れがあるので請願は代表者とし大方は帰郷した方がよいと説諭され、村役場に命じて炊出しをさせるなど非常の厚遇を受けた。

第四回の押出し（一九〇〇年二月）

警官の方から暴行した。

前節でも触れたが、永島は四回の押出しすべてに関わり、特に第四回の押出しでは「先頭に立ち警官に最もひどい暴行を受けた」（前掲・布川『要約　川俣事件　増補版』四頁）とされる人物である。それだけにかれの記述には説得力がある。警官の暴力について述べた前掲の一文は、当日の状況を伝えていて興味深く、その情景を容易に浮かび上がらせる。この情景を前掲布川著は次のように記している（一四頁）。

野口等の一行は郡役所を出ると、南へ進んだ。通りの東側に警察署がある。中には総指揮官の小磯警部長がいた。今（今鉄平―注安在）署長は、川俣へ連絡に人力車を走らせていた。川俣へ全力を集中したので、署内には一〇名ほどの巡査しかいない。それでも野口を逮捕しようとしていた。事件後の三月に警官を辞めた関口政八は、「野口が騎馬で通るさい、馬からおろして警察署へ引き入れろと云う命令があったと申すことで、その際巡査は少数にて馬もろとも引き入れんとしたので、騒ぎが始まりました」と証言している。

さて、川俣事件発生当日の状況はいかなるものであったのか。三月一三日、被害民が行動を起こすまでの動向を整理してみよう。

・午前零時　被害民が雲龍寺に三々五々集結。
・午前一時　今署長が集会及政社法第十三条五項により解散を命じたが永島与八ら抵抗。警察は本堂にいた左部彦次郎・万朝報記者らを実力で排除しようとした。が、野口春蔵らの反抗に遭い私服を残して退散。被害民約七百名参集。
・午前六時過ぎ　被害民二千余が集結。
・午前八時　本堂前にて黒崎禅翁・左部・永島・稲村与市・庭田恒吉・山本栄四郎らが演説。岩崎佐十の発声で「天皇陛下万歳」「被害民万歳」を高唱。

右記以後の動きについては「館林署記録」が記録している。記されていることをフレーズに従い箇条書きにして示すと以下の通りである。

・急報に接し警部二名・巡査二五名が直ちに雲龍寺に至ったが、雲龍寺ではこの時すでに（午前八時三〇分）隊伍を整え、野口春造(蔵)が騎馬で先頭に立ち、左部彦次郎・山本栄四郎そのほかが指揮役として隊伍に入り、大出喜平を最後尾に二五〇〇余名の大部隊が雲龍寺を出発・進行していた。
・出張した警部・巡査は、早川田橋の南岸に退却し極力行進を止めようと努めた。しかし彼等の突貫に遭って警察の隊伍は破れ、川俣に向かって後退した。
・彼等は勢いに乗じて館林町に直進して郡役所に闖入し、さらに進んで警察署に乱入し、引致していた農民を解放し、午前一〇時には川俣に向って進行した。
・一隊は大佐貫の長い一本道の所で一時全隊の前進を停め、船二艘を荷車に積み竹槍四本を左右に載せると、青年百余名が先鋒となり車を挽き突貫しようとする動きが見られた。防禦側の巡査合わせて一八〇余名と憲兵一〇名は全力をこの場に注ぎ、その暴進を防ごうとして五段に組んで備えた。午后一時頃、果して暴民の大部隊は勢い鋭く突進してきた。
・箕保安課長は大声で叱呼、解散を命じたが、馬上の野口春蔵は「南無阿弥陀仏」と書いた指揮旗を携え、その他の指揮官が竹杖を振りかざして「進め」と号令すると一隊は猛進してきた。その勢いに抗し難く、第一段の備えは将に破られようとした。
・防備に当たる巡査らが必死で船二艘を押し倒すと同時に、二段目以下の防備の警部・巡査が喊声をあげて並進し進行を止めようとした。すると暴民は腕力で端無くも一端の衝突を起こし、格闘数時間終に抗し切れず、あたかも蜘蛛の子が散るようにたちまち四散した（萩原進『足尾鉱毒事件』一五四〜一五五頁）[4]。

「暴進」「暴民」の呼称、「闖入」「乱入」の認識、「潰散」の表現等々、そして〝非〟が被害民の側にあるような記述など、典型的な官憲側の記録である。永島与八は、被害民の結集や館林警察の動向などについて次のように伝えている。

愈々二月十二日の夜、鉱毒事務所なる雲龍寺へ集合して大挙上京するのだと云ふ通知が各村に伝はると、響の声に応ずるが如く一斉に沿岸一帯に梵鐘の音が鳴り渡つた。之を合図に被害民は五六日分の弁当を用意して、五六十人宛組みを成して雲龍寺に集つて来た。
而して午前一時頃までに約一千人に達した。（中略）
一方館林警察署長今鉄平は巡査四五十名を引率して雲龍寺に入り来り、民衆の真つ只中に立つて大声を発し、「集会政社法に依り解散を命ずる」と怒鳴つた（『鉱毒事件の真相と田中正造翁』三六四～五頁）。

鉱毒被害民は警察の居丈高な抑止命令に屈することなく東京を目指して歩き始めた。請願行動の開始である。そして悲劇が起こった。利根川に差し掛かった折の官憲による鮮血飛び散る大弾圧である。なぜ利根川を渡る場が選ばれたのか。〝帝都〟の治安を乱さず、その空気を汚さないためには、入り口に位置し取り締まりにも至便な渡船場は、まさに絶好の場所であったのである。

(二) 川俣事件への連座

一九〇〇（明治三三）年二月一三日、鉱毒被害民は鉱業停止の請願書を提出のため東京へ向かった。しかしその途次、利根川に差し掛かる直前の佐貫村川俣で警察官の大弾圧に遭い、翌一四日指導層の野口春蔵らが捕縛され、前橋地方裁判所予審に付された。罪名は、凶徒聚衆罪・治安警察法違反・官吏抗拒罪・官吏侮辱罪等々で、総括して川俣事件と呼称される。予審の法廷に付されたのは六八名であった。しかし大出喜平・原田英三郎らは未逮捕のまま予審請求がなされ、全員逮捕までに約半年の月日を費した。被害民の運動弾圧に対する官憲の執念の証であろう。次に裁判の経過を見てみよう。以下の通りである〈栗原彦三郎編『義人全集』〈第四編、鉱毒事件・下巻、中外新論社、一九二七年〉より整理〉。

①前橋地方裁判所予審判決
明治三三年七月九日。有罪五一名〈兇徒聚衆罪・治安警察法違反〉、免訴一七名。

②前橋地方裁判所判決
明治三三年一二月二二日。有罪二九名〈治安警察法違反罪二名、官吏抗拒罪二六名、官吏侮辱罪一

川俣事件被告団。前列左から５人目が左部（NPO法人足尾鉱毒事件田中正造記念館提供）

名）、無罪二二名。検察・被告双方より控訴。ちなみに検事論告→兇徒聚衆罪＝四九名、治安警察法＝五名、官吏抗拒罪＝四名、官吏侮辱罪＝一名。

③東京控訴審判決

明治三四年二月二二日～三月一日の間（か）。被告全員保釈出獄。

明治三五年三月一五日。永島与八ら三名を除き無罪判決。検事・被告双方より上告。

④大審院判決

明治三五年五月一二日。東京控訴審判決を破棄し宮城控訴院へ。

⑤宮城控訴院での処理

明治三五年一二月二五日。手続きに不備があるとの理由で宮城控訴院、控訴不受理のため裁判消滅。

官憲は兇徒聚衆罪などの〝大罪〟として被害民の行動を処断しようとした。しかしその意図を司法権は認めなかった。すなわち、第一審（前橋地方裁判所）では二九名が有罪判決を受けた。が、有罪認定はほとんどが官吏抗拒罪であった。検察・被告の双方より控訴を受けた第二審（東京控訴院）では、永島与八・野口春蔵両名が治安警察法違反（集会解散命令違反）で各罰金五円、小野寅吉が同罪で重禁錮一五日・罰金二円五十銭、と三名のみが有罪とされ、ほかの人びとはすべて無罪となった。裁判は大審院に持ち込まれ、さらに宮城控訴院への差し戻し審となった。しかし手続きに不備があり、結果的に控訴不受理・裁判消滅という形で幕を閉じた。足尾銅山鉱毒事件史に残る社会的関心を集めた重大事件であったが、捕縛された被害民に心身の傷を残したまま、不透明な幕切れとなったのである。

では、本事件で左部はどのような措置を受けたのか。左部は「五十一名中被告左部彦次郎を除き其他は孰れも渡良瀬川沿岸地方の住民」（第一審判決事実及理由、前掲『義人全集』三五頁）と指摘されているように、唯一鉱毒被害地以外の被告という特異な存在であった。かれの立ち位置が推量される事実であろう。まず前橋地方裁判所の予審において兇徒聚衆・治安警察法違反の両罪で有罪判決を受け第一審に付された。同審での判決は官吏抗拒罪の罪名により重禁錮一年・罰金十円であった。しかし、第二審で無罪となり、結果は罪に問われないことで終結した。〝押出し〟実行の幹部として兇徒聚衆罪に問い重罪に処したいという官憲の思惑は司法権によって阻まれたのである。裁判に付された左部の声を、第一審での尋問調書から直接聞いてみよう（以下訊問関係の史料の出典は布川了編『川俣事件をみる―予審二調書・公判始末書・未発表書簡から―』NPO法人　足尾鉱毒事件田中正造記念館発行、二〇一〇年、二八～三六頁）。

前橋地裁（予審・一審。明治三三年二月一四日～三月九日、一二月二二日）において、まず氏名・年齢・身分・職業・住所・原籍・出生地に関する訊問に対しては、それぞれ、左部彦次郎・三十四歳・平民・農・利根郡池田村大字奈良村・同所・東京市京橋区木挽町、と答えている。次に訊問に関し、時系的・内容的に整理して見ると以下の通りである（永島「公判始末書」以外はすべて前橋地裁予審調書）。

（1）裁判所への出頭に関して。
（問）その方が当裁判所検事局へ出頭したのはどの様な趣意か。

（答）自分どもに対し鉱毒事件で拘引状とかが出ているということ故、罪状の覚えはないが、お手数を掛けても恐れ入ると存じ自首の為、出頭しました。

（問）拘引状が出ているということはどこで承知したか。

（答）自分が風説で承知したのであります。

（2）二月一三日の集会・押出しに関して。
（問）十二日の夜より雲龍寺へ参り十三日に押し出すということはいつ決まったのか。

（答）十一日の夜と思います。

（問）各村の上京者には誰かに通知したか。

（答）それは十一日には多数が寄ったので十三日に出る事になったのです。

（問）その出ることは誰がどの様に通したのか。

（答）自分は知りません。

（問）その会にはどの様な者が寄ったのか。

（答）そうです。各村の鉱毒委員などが寄ったのです。

（問）その際の重なる者は分からぬか。

（答）それは本日来た人などは慥かに居たのですが、他は分かり

警察の弾圧で負傷した鉱毒被害民が運ばれた真如院

ませんです。

（問）早川田雲龍寺の事務所にあった集会等に関する書類は、その方がどこかへ持参したということだが、どうだ。

（答）その様なことはありません。

（問）その方その様なことを口外していないか。

（答）自分は知りません。言いません。

（問）その書類は今どこにあるか。

（答）知りません。

（3）三月一二日深夜〜一三日未明の雲龍寺集会に関して。
（問）十二日の夜半頃に雲龍寺へ集会した人員は約幾人か。

（答）自分は事務室で萬朝報記者と話をしていた故、知りませんが堂の内に四十人前後の者が寝ていましたが、庭に来ていた人は分かりませんでした。
＊その後「萬朝報記者というのは誰か」との訊問に対し、左部は「山田伊之助」名義の名刺一葉を提出している（三五頁）。しかし、『川俣事件をみる』に収載され、訊問を受けている萬朝報社員（特派員）富田太郎次（三一歳、平民、新潟県西蒲原郡東太田村大字大野〈三六頁〉）は、後述のように萬朝報記者または通信員として派遣されていた者は「外には一人もありませんでした」（四七頁）と述べている。山田と富田との関係の検証が求められる。
（問）右多数の人民が集会した時にその方は演説をしたか。

（答）自分は十二日には為しません。

(問) 然らば、その日、他に演説者はないか。

(答) 十二日の夜明（十三日の言い間違いと思われる―注安在）頃迄はありませんでしたが、十三日の朝八時頃にありました。

(問) その八時頃に演説した人は幾人か。

(答) 自分は三、四人かと思います。

(問) その内にその方も加わったか。

(答) 自分も請願に出る話をしました。

(問) どの様な趣意か。

(答) 他に意見はないが正義の兜と鎧を着て出るのであるから心配はない。十分に良民の態度を守って出ると申しました。

(問) その際に、なおどの様な事があろうとも、それには構わず押し破る決心を以て出ろということを申しはしなかったか。

(答) 自分は申しませんでした。

(問) 十二日の夜、十三日の朝迄の間、警察官がその場に臨み解散を命じたということであるが、その方それを承知か。

(答) 自分はその際、萬朝報記者と共に襖を閉めて事務室にいたところが「ガタガタ」するので記者が何だろうといって明（開―注安在）けて見たところ署長さんが土足で来ていた故、自分は事務室にどの様な用事で来られたのかと伺ったところ、縛れと言われたから余り酷い事だと思い、ここにはおりませんと記者に言ってそこを立ち去りましたから総数などという事はどうなのか知りませんでした。

(問) その事は、記者は慥かに承知しおったか。

(答)そうです。見て知っております。

(問)それはその夜の何時頃の事か。

(答)はっきりしませんが十一時頃かと思います。

(問)警察署長が縛れと言ったのはその方を縛れと言ったのか、あるいは他の者に対して言ったのか、どうか。

(答)只縛れと言っただけで、その誰に対して言ったかは分かりませんでした。その時は縛れではなく「しめろ」と言ったのです。

(問)そうしてその方はそこを立ち退いてからどこへ参ったのか。

(答)庫裡の方へ来て寝てしまいました。

(問)館林の警察署長が本堂に昇った頃には余程の大騒ぎであったというが、その方、他に見聞きしたことはないか。

(答)人声でやかましく早く出てしまえ、早く出てしまえ、早く出てしまえということは耳に這入りましたが外は知りませんです。

(問)警察官が携えていた提灯を打ち壊したとか又は本堂の前にあった火鉢を覆したという人は承知か。

(答)自分は知りません。

(問)それから十三日の朝より多数の者が雲龍寺から出る時にその方も同道したか。

(答)自分は多数の者が出終えてから、いちばん最後に中学生と一緒に出て参りました。
(4)館林に来た目的、〝押出し〟への参加と川俣事件に関して。
(問)当三十三年二月十二日の夜、早川田の雲龍寺へ多数の人民が集会して翌日川俣方面に押し出した時その方はその内に加わったか。

（答）自分が十日に東京から来てそこへ泊まったから十二日もいましたが、十三日には新聞社等へ通信を出す為に館林へ来ました。

（中略）

（問）その方の目的は多数の人と共に右請願に出ようということであったか。

（答）自分は東京へ帰る時でしたから吹上へ参り、それから上京する気でした。それ故、多数の者と一緒に上京する気はなかったのです。

（中略）

（問）それより進行して午前十時頃館林警察署門前に到った時に一同の者が警察署に押し入ったということは承知か。

（答）自分は館林町の郵便局へ立ち寄り郵便を出したり電信を出したりして同所を立ち出で、警察署の門前迄来ると多数の人がおりましたから、どうしたのかと聞いて見ると被害民が怪我をしたり縛られたということですから、それはどうしてその様な訳になったのかと申したもので自分が参る時は最早その様な始末になっていたのです。

（問）その時その方は警察署へ這入り警部等に面会して何か話したか。

（答）自分は一番後ろから参ったのですが警察へ這入り保安課の長谷部警部に予って知っている者に、その者はどうしたのだと聞いて見ると被害民が怪我をしたので、それを出せと言って来ていたのだが、この様に多数来ていては困るから一つ話をして立ち去らせてくれということ故、自分で被害民が承知するかしないか分からないが話してみようと申しただけでした。

（問）その方が警察署へ立ち入った頃には警察署の門から玄関迄は人民が充満する迄に這入っていたか。

（答）靴脱ぎのところ迄はおりましたが、それからは途切れながらも外にはいました。

（問）この時警察署に於いては少数の人で防ぐ事が出来ない故、捕えていた三人の者を放して初めて衆人が立ち去ったということだが、どうか。

（答）それはその様ではありませんでした。

（問）人民の解散したのはその方の説諭に拠ったかも知れぬが三人の者も引き返して目的を達したからではないか。

（答）そうではありません。

（問）然らばどうなのか。

（答）多人数の事故、どの様な考えであったか知りません。

（問）その方の考えはどうか。

（答）自分は川俣へ参る為と又この言い付けを自分が話した為と思います。


以上、（1）〜（4）の項目に整理して訊問調書の重要部分を示した。掲載史料からも、左部が館林に来たのは鉱毒被害民の多数集会の状況を東京の新聞社に伝えるためであって、決して集会の指導・指揮のためでなかったことが判明する。また、左部以外の訊問調書に見られる左部に関連した応答から、該場所での左部の極めて冷静な言動も読み取れる。関連の箇所を摘記・例示すれば次の通りである。

（一）富田太郎次（萬朝報特派員）
（問）請願中に加わっていた左部彦次郎なるものに面会したことはないか。

（答）自分は面会を求めた事はありませんが、実際上京するのかどうかと申して聞いたことがありました。

（問）その時に、その方は萬朝報の記者なりと申していたか。

（答）そのようなことはありません。

（問）左部彦次郎と警察官の間に、何か問答したことを聞かなかったか。

（答）聞きませんでした。

（問）問答と言うに至らなくも、左部より警察官に対して何か話を為したことはないか。

（答）何もありません。ごたごたしておりました。

（二）北爪権平（群馬県巡査）

（問）本堂内に居たものは皆、草鞋穿か、そうではなかったか。

（答）事務員の左部彦次郎とか申すものの外、五、六名は普通の風でしたが、外は、草鞋穿きで居りました。

（問）その方は、その際どのような場合に左部彦次郎を認めたのか。

（答）それは事務所の内へ今警部が呼んで説諭を加えた時、見ました。

（問）それは解散命令を下す前か後か。

（答）それは前でした。

（問）それは何時頃の事か。

（答）雲龍寺へ着するとすぐの時でした。その時、今警部は本堂の入り口のところへ参ったところ、左部がそこに居て、何しに御出でになったと言います故、今警部は、集会があるというから来たと申したところ、左部は、その様な事はありませんと申して一旦引き返してしまいました（ママ）。それで今警部が、そこに居た若い男を案内者として草鞋を脱いで事務所へ戻り左部と一緒に出て来て左部は本堂の縁の上から庭に居る者に対し、警察官の訊問に対しては答えなければならぬと申したので、それにては自分は無教育だから名も知らず住所も知らぬと言っていて返事しなかったのでしたが、ようやく答えるようになったのでした。

（三）今鉄平（館林警察署長）

（問）それから右解散の命令をすると人民の方では何と申したか。

（答）不当な解散命令だから応ずる訳はないと申して大声を出す者があり、ついには本堂へ多人数上がり大声にて申し、庭にいるものはそれを聞いて益々騒ぎ始めました。

（中略）

（問）左部彦次郎が証人の面前に来た時に諦めろ（前掲左部訊問書では、「しめろ」と言ったとある〈三一頁〉。「諦」は「締」の誤記か誤植と思われる――注安在）とか縛れとか申したか。

（答）申しました。解散命令を命じてもいまだ本堂の方にいるものがあり、又、下から上がって来るものがあって、自分が本堂へ上がった時、彦次郎が出て来て解散も何もあるものかと申すに付き、自分は煽動して命令に応ぜないものと思い集合（ママ）政社法違反者としてただちに取り押さえようと彦次郎の手を押さえました（後略）。

前掲館林署記録には「左部彦次郎、山本栄四郎其ノ他ノ指揮役隊伍ニ介在」など、左部がいかにも集会開催→押出しのリーダー的存在であるように記されている。判事による警察への訊問の中にも、左部を兇徒聚衆の首魁として処断しようとしたことが明瞭に示されている。しかし、官憲によるこの捏造を、さすがに司法権は認めなかった。すなわち第一審で左部は官吏抗拒罪で有罪判決を受けたものの、第二審では「被告　左部彦次郎・庭田恒吉・栗原宰次郎が、雲龍寺における警察官の解散に応ぜざりしとの事実は之を認む可き証憑充分ならざるを以て刑事訴訟法第二百二十四条に依り、右三名に対しては無罪の言渡を為す可きものとす」(『板倉町史　別巻一(資料編足尾鉱毒事件)』板倉町史編纂委員会、一九七八年、四三六頁)と、無罪となったのである。宜なるかな、の判決である。

川俣事件に連座して捕縛され、最終的な終結を迎えるまでの左部の言動の一端は、この間に認められた本人の書簡から垣間見ることができる。例示すると以下の通りである。(5)

(ア)田中唯一郎・武田重三郎宛(明治三三年一二月一九日　差出地・芝口)

謹啓

仰せに従い、別紙被害地の道案内記一枚差し上げます。ご出立の際には、お手数ですが当事務所へ前日でも前々日でも結構ですので、ご一報くださいますようお願い申しあげます。

敬白

(イ)田中正造宛(明治三五年三月二六日　差出地・芝口)

今日二六日、鉱毒事務所より岩崎佐十、大出喜平の両人が永田町の首相官邸に行きました。首相は多忙ということで中島秘書官が代わって面会しました。両人は、鉱毒調査会より被害地視察のため出張の際には被害者総代を案内者に命ずること、免訴地以外でも渡良瀬川の毒水が氾濫するところはすべて視察すること、視察は肉眼で見えるだけに止まらず土壌の分析鑑定まで行うように命じること、調査会に被害に関する参考書類を提出したいことなどを申しいれました。これに対し秘書官からは、被害地視察のことは既に決定していること、要望の件に関しては一つ一つ首相に伝えること、また参考書の類は内閣法制局へ差し出すようにとの話があり、二人は引きあげました。

（ウ）田中正造宛（明治三五年四月八日、差出地・芝口）

謹啓

先ほどは失礼致しました。その折申しあげたいと思っていたことを失念致しました。

今回被害地調査のため出張した政府委員たちに婦人が飛びつくことはまさにあるべきことで、私はまだまだもどかしいと思っている次第です。そのような折、一昨日黒澤氏が島田夫人にお会いになった際、夫人の意見として攻撃された由に聞きおよんでおりますが、どのようにお聞きになっておりますか。誤解されているのではと存じます。

黒澤氏が推測するところでは、黒澤氏が行く前に永島与八氏が話しておりました。そのため思いがけない攻撃もあったと申しておりました。私が被害地で聞いた永島氏の巡査の説は尤だとの思いから推断してみますと、島田夫人の説も永島氏からの話に基づくものと思います。誠に困ったことです。

右聞いたままに申しあげます。　頓首

謹白

（ア）の書簡は、「東京専門学校幹事・田中唯一郎様より武田重三郎様　貴下」宛となっており、同封されていたのは、「往復三日間の鉱毒被害地視察早見案内」・「東京上野停車場より下野国足利町迄の汽車賃倹約」である。（イ）は「田中さま」「彦」、（ウ）は「田中老台様　侍史」「左部彦」など、受取人・発信人に関し興味ある表記をしている。

書簡からは、被害の実態を見てもらおうとする「被害地現地調査・視察」への努力や、その過程での苦悩が伝わってくる。なお、川俣事件に到る経緯については、『川俣事件をみる』収録の松本美津枝の論考「みえてきた川俣事件」が詳述している。また、同事件に関する新聞報道などに関しては、萩原進『足尾鉱毒事件』が多く収載している。

三　著述活動

松本隆海は、『足尾鉱毒惨状画報』の中で、川俣事件で保釈された折の左部の言動に触れ興味ある記述をしている。次の「左部君の獄咏」（復刻本『足尾鉱毒　亡国の惨状』〈伝統と現代社〉所収、一六七〜八頁）がそれである。

左部彦次郎君は群馬県利根郡の人、専門学校出身にして、鉱毒問題を今日に至らしめたるもの与って力あり。昨三十三年二月、兇徒聚集の故を以て捕はれ、獄にあるもの一年余、去る日漸くにして保釈の身となり堂に会して互に其の無事を祝す。談は獄中の事に移り、余其の獄咏を聞かん事を望む。君再三辞したりと雖も、余の強いて欲するが侭其の咏を告ぐ。

検証も済んで、いよ〳〵公判と成ったのは去歳の秋九月某日だったが、この日は本当の日本晴れと云ふ可き快晴。殊に秋の気の清爽にして、何となく精神の勇み立つような心地がし、公判廷に往く足も自然と進み勝ちであった。途中遙かに望み見れば、赤城、榛名、妙義の三岳も、雲を払ひ去って心地よげにスマシテ居て、藍を色どれる空に沖し、恰も昊を我物顔に動若たるも又一興を添へて殊更に心地よく、ソコデ思ふやう今日よりは、イヨ〳〵我々の正義の挙に出しことを以て天下に表白し得らるゝであろう。嗚呼テモ快ナル哉快なりと。思はず傍らの看守に喋舌った。時に浮かんだのが一首ある。

何となく今朝は心も勇みたち
見れば三岳に雲は晴れにき。

前橋の公判も終ったが、無罪となることが出来ず、遂には年も改まりて三十四年の一月一日を迎へねばならぬ事と為った。極夜秘かに思ふやう、世間では改暦の御慶などと騒ぎ狂い廻るが例なるに、実に獄やは別世界なるかな。社界は別なりと雖も、我れは歳を加へずと偽はる訳にも行かず、これ即ち別社会なる所以かと、夢未だ瑞を見ざるに早や今日ぞ元旦の朝となれり。スルト獄やにある被告一同に、例に代りし祝ひの餅を不公平なく配り与へられた。時に余は感じた。天恩の優渥なる此の獄やに迄及ぶかと。ソコデ口すさむだのは

大君の年の祝の御恵みを
今朝ひとやにて受るうれしさ

年の改まった精か、獄やすら何となく陽気だちて見へる。元より彼等は正義の為めに苦しみを受るなれば、心に一点の曇りなければ、打沈むべき思ひもないのであるが、年の改まるこそ幸ひ、来る控訴審にて開かる、公判には必ずしも、白日の身となり得べしと思って嬉しかった。ソコデ一句出来たのがある。

〈漢詩〉

〔訓読〕

二餅改暦を祝す　獄舎更に新しきを添う
悲境に楽地あり　寒さを凌ぎ蓄春に発す

〔通釈〕

元旦を迎え獄舎でも新年を祝うお餅が皆んなに振る舞われた。年が改まったせいか、刑務所内も

なんとなく明るくなったようだ。悲しい境遇の場所（刑務所）にも安楽な所がある。厳しい寒さを凌げば、必ず春はやってきて（釈放されて）蕾はほころびる（活動できる）のだ。(6)

左部の心境を伝えている前掲の短歌も興味を惹くが、本章が対象とする時期、左部は後世に残る重要な編著を三点著していることも明記しておかなければならない。一つは川俣事件の起こる前年に上梓した『歳費辞退田中正造翁』である。同書は田中の歳費辞退をめぐる全国各紙の新聞報道記事を収載しており、〝世論喚起〟という左部の活動の真骨頂を示している一例として注目される。このような左部の才は川俣事件においても充分発揮されている。すなわち他の二点『足尾銅山鉱毒被害地臨検分析鑑定書』『明治三十四年九月 足尾銅山鉱毒被害地検証調書』の刊行である。左部は、事件の被告の身でありながらも、「保釈」の身を最大活かし裁判に関する鉱毒被害地の調査・検証に主体的に関わるだけでなく、その貴重な報告書を後世に残しているのである。それぞれの目次および一部本文を抜粋し巻末の「関係史料」の中に収めておく。

注・引用・史料原文

(1)（ア） 左部・桜井與惣次・阿部・亀田・塚島宛（明治三二年一月五日）。

（大当りニ付更ニ御注文）

菜麦等の盆植、横塚、野村両氏等ニ五、六杯早々御遣し可被下候。

大隈伯ニ　一

谷子爵ニ　一

神鞭元法律局長江〔法制局長官〕　一

日本新聞　一
読売新聞　一
　外三、四ケ所なり。
大至急ニ相願候事。
尚々横塚治作青年ハ東京ニて必用なり。事務所ニて大々的必用なり。老人ハ奔走を厭へ困り候ニ付、必用の青年なり。但し衣食ハ正造ニて引受候間、御心配なきよふニ沿岸委員御披露可被下候。食物のためニかれこれ被申てハ必用の人ニ欠乏あり申候。クレ〴〵念入申上候。
○前書盆さいハ早く御持参被下度候。頓首

　五日　　　　東京ニ而　　正造

　櫻井君

尚々貴下御心付被害地の土と菜と麦の盆さいニハ皆感動いたし申候。
尚八〔ママ〕関州中鉱毒地の図面ハ御入用の方ニハ差上可申候。
　三十二年一月

（『全集』第十五巻、五～六頁）

（イ）左部・大出・野口宛（明治三二年一月二七日）

従来東京及雲龍寺より通信せる村役場及委員中、疾くに市兵衛の奴となり居るもの不少る事実発見いたし候。依て通信人名帳の改正を要し申候。就中新田、山田両郡の実体に付驚入候。小生の巡回せる方面は尓来交通すべき人名を御報申上候間、帳面中改正御取捨被下度候。

就ては右新田、山田のみならず九ケ村中と雖、通信すべき人は即ち信用を基として、肩書の役名には真理に用なきものに候へば、そろ〳〵内部にて御改良御加ひ被下度、且つ又人々相互の交際も日用の訪問応答の人々にも同断に候。小生の愚案には、正直なるものは未だ村々字々青年中に相見え候よふに相考申候事如何可有之哉。

三十二年一月二十七日　　藤岡町途上　田中正造拝

大出喜平様
野口春蔵様
左部彦二郎様

（『全集』第十五巻、一二～三頁）

（ウ）　左部宛（明治三三年七月一八日）

最大急務

通　知

村中老壮及委員は河身全面大破壊大復旧工事の請願に専心に運動の事。

暴威奸商のために被害激甚地の小児死亡せしは即ち殺されたると同じ。之を等閑にせば人類社会にあらず。

苟くも心あるものは専心尽力調査すべし。

之には青年諸氏御尽力、岩崎佐十氏目下独り之に従事し居り候。青年は専心御助力あらん事をと、右大至急に沿岸激甚地に調査の督促は勿論、其附近にも心得のために御通知方、端書六、七十枚、大至急御取計被下度候。

十八日　　順天堂より　正

彦二郎殿

（『全集』第十五巻、五一頁）

（エ）　左部・加藤兼吉宛（明治三二年一二月二四日）
過日来雲龍寺ニ御滞留中之事ども、其他の出来事及珍事のつまみ書ハ日記ニ必ず御記入いたし置被下度候。
○芳名訪問人帳ニ未だ武田氏等未だ記入無之候。
○請願部面の印刷物ハ少々可有之か。帰京早々入用ニ候。
○今夕九時さの川田方着ニ候事。
○原田定助殿、二十六、七日必ず加藤君方ニ参り候。いろ〳〵加藤氏ニハ御相談被下度候。
実老人二人を事務所の留守居ニいたし候ハヾ、双方のため如何之ものニ可有之か。尤大勢参り候事もあるべくも、稀れニ候。老人二人同居ハウルサクモ又調法ナラントモ被思候。右ハ経済問題ニ候。二十四日
（『全集』第十五巻、九九〜一〇〇頁）

(2)　願　以　此　功　徳　　普　及　応　一　切
我　等　与　衆　生　　皆　具　成　仏　道
（板倉町史編さん委員会翻刻編集『板倉町史　別巻一　資料足尾鉱毒事件』板倉町　一九七八年　四一九頁）
※「訓読」「意訳」は元福島県立安達高等学校校長小島喜一氏のご教示による。注(6)も同じ。

(3)大出喜平宛田中書簡　（明治三七年一〇月一日）
大出喜平様しんてん（群馬県館林より大島村起居）（封書）
新田郡行き途上より御願

谷中村の悲歌一ツ、卑近ニ解し易く御作り被下度、希くハ早く御願申上度。実ニ谷中の戦争ハ難戦なり。

（中略）

○去る三十二年の悲歌、板倉雷電、寺岡大師ニ読売の大成蹟ハ、憲兵となり、兇徒の汚名となり、判事の臨検、新聞の出張となり、社会に広く漸く訴へ出でたるものなり。

○谷中の惨状、来る見る人なし。社会之を知らず。甚敷ハ九ケ村の人々すら来らず。又案内をすゝめず。悲歌の急なる所以ニ候。

右急々御願申上候。明日強戸ニ参り、早々谷中ニ帰ります。

十月一日　正造

大出喜平様

御他言御控ひの事。

（『全集』第十六巻　二七〇〜一頁）

(4)

急報ニ接シ警部二名巡査二十五名時ヲ移サズ到着セシモ、雲龍寺ニハ此ノ時已ニ（午前八時三十分）隊伍ヲ整イ野口春造騎馬ニテ先頭ニ立チ、左部彦次郎、山本栄四郎其ノ他ノ指揮役隊伍ニ介在シ、大出喜平最後ニ副司二千五百余名ノ大部隊ハ雲龍寺ヲ出発前進シタリ。依ツテ出張ノ警部巡査ハ早川田橋南岸ニ退却、極力妨制ニ力メタルモ、亦彼等ノ突貫ニ遭ウテ破レ川俣ニ向ケテ背進セリ。彼等ハ勢ニ乗ジ館林町ニ直進、郡役所ニ闖入ヲ極メ進ンデ警察署ニ乱入シテ引致シタル農民ヲ放還セシメ、午前十時ニ至リ川俣ニ向ケ進行シ、大佐貫ノ縄手ニ於テ一時全隊ノ前進ヲ停メ、船二艘ヲ荷車ニ積ミ竹槍四本ヲ左右ニ附シ青年百余名先鋒トナリテ挽キテ突貫シ来ル状況ヲ認メ、防禦側ノ警部巡査合セテ百八十余名憲兵十名全力ヲ茲ニ注ギ、其ノ暴進ヲ防ガントシテ備ヲ五段ニ立テタルニ、午後一時頃果シテ暴民ノ大部隊ハ勢鋭ク突進シタリ。筧保安課長ハ大声叱呼解散ヲ命ジタルモ、馬上ニ在ル野口春造（ママ―注安在）ハ南無阿弥陀仏ト書シタル指揮旗ヲ携へ、其ノ他ノ指揮者ハ竹杖ヲ振リ「進メ」ノ号令ニ諸共ニ猛進スル勢ヒ当リ難ク、第一段ノ備イ将ニ破レントスル刹那、衝ニ当ル巡査等必死トナリ船ニ艘ヲ押倒スト同時ニ、二段以下ノ警部巡査喊声ト共ニ並進防止シタルニ、暴民等ハ腕力ニ訴ヘ端ナク一端ノ衝突ヲ起シ、格闘数時終ニ敵スル能ハズ、宛モ蛛子ノ子ノ散ル如クタチマチ四方ニ潰散シタリ（萩原『足尾鉱毒事件』、原文にも句読点があるが、引用者が追記、一五四～五頁）。

(5)（ア）田中唯一郎・武田重三郎宛（明治三三年一二月一九日、差出地・芝口）

謹啓　仰ニ従ひ、別紙被害地道案内記一葉差上申候。御出立の際は御手数様なから、当事ム所へ前日なり、前々日なり御一報煩し度奉願上候。敬白

足尾銅山鉱毒事務所　左部彦次郎

東京専門学校幹事

田中唯一郎様ヨリ

武田重三郎様　貴下

（同封文）

往復三日間の鉱毒被害地視察早見案内及旅費

東京上野停車場ヨリ下野国足利町迄汽車賃倹約

三等　壱円弐銭

足利町ヨリ毛野村の川崎、富田村の奥戸、久野村の下野田、吾妻村の下羽田、右四ケ村ノ被害地を踏査シ

テ（久野村大字下日向設楽常八泊り）、仝所ヨリ安蘇郡植野村の舟津川、界村の高山、夫レヨリ群馬県邑楽郡大島村堤外、西谷田村二十九年、三十一年の破堤先藤岡町底谷、海老瀬村に至り同村松本栄（英の誤記カ―注安在）一方泊り。同所より同村の間田を見、夫れより谷中村堤外を経て埼玉県河（川の誤記カ―注安在）辺村を巡視しテ、茨城県新合村ノ堤上を見、利根川の鉄橋ノ下マデ行キ橋下を南に渡り埼玉県栗橋停車場ニ出デ、夫レヨリ帰京ノ汽車ニ乗ス。栗橋場より上野迄汽車賃四十銭。

宿泊料　二泊分六十銭

中飯料　四回分六十銭

往復トモ踏査日数三日間ニテ、費用ハ弐円六十弐銭、極メテ短日数ノ極メテ倹約ノ予定費に御座候。但シ、此内宿泊料ノ内、減少スルコトモ時キトシテ有之候（『川俣事件をみる』九九～一〇一頁）。

（イ）田中正造宛（明治三五年三月二六日、田中・芝浦海水浴ニ而、封書、左部・芝口二ノ六越中屋方）。

今廿六日、［以下六行他筆］鉱毒事務所ヨリ岩崎佐十、大出喜平ノ両人ハ永田町ナル首相官邸ニ出頭セシニ、首相多忙ノ故ヲ以テ中島秘書官代テ面会シ、両人ハ鉱毒調査会ヨリ被害地視察ノ為出張ノ際ハ被害者総代ヲ案内者ニ命ぜラレ度事、免租地以外ト雖モ渡良瀬川毒水汎濫ノ及ブ限リハ悉ク視察ヲ遂ゲラレ度事、而シテ其視察ハ肉眼鑑察ニ止マラズ土壌採収分析鑑定ヲ命ゼラレ度事、調査会へ参考書類提出シ度事等ヲ申述タルニ、秘書官ハ被害地視察ノ事ハ既ニ決定シ居ル事故、右ニ関シ其希望スル所ハ一々之ヲ首相ニ申上可く、参考書類ハ内額（閣）法制局へ差出スベシトノ事ニテ両人ハ引取リタリ。

三十五年三月廿六日　彦

田中さま

刑法百四十一条
「官吏ノ職務ニ対シ其目前ニ於て形容若シクハ言語ヲ以テ侮辱シタルモノハ一月以上一年以下ノ重禁錮ニ処し五円以上五十円以下ノ罰金ヲ附加ス」
「其目前ニ非ズト雖モ刊行文書図面又ハ公然ノ演説ヲ以て侮辱シタルモノ亦同じ」
右申上候。大ニ遅く相成り御海容奉願上候。

（『全集』別巻、四九頁）

（ウ）田中正造宛（明治三五年四月八日、田中正造様御直披（京橋区越前堀和田病院）左部彦次郎（芝口二ノ六越中屋方）四月八日夜

謹啓　先き程は失礼仕候。其の節申上べきの処遂ニ失念仕候。

今回の被害地調査の儀ニ付き出張したる政府委員共ニ婦人の飛つきたるは、将ニ斯くあるべき事ニて、而かも不肖等は未だもどかしく存居りたる次第ニ御坐候。

而して一昨日、黒澤氏、島田夫人ニ御面会なせし際、夫人の仰せとして御抗撃なされ候由ニ聞及び候得共、如何なる御聞込みニ御坐候や。誤解の御事ニ奉存候。

黒澤氏の推測する処に依れば、黒澤氏が行くより先きに永島与八氏談話なし居りたり。故ニ案外なる御抗撃も出で来りたりと被申候。小生が被害地に於而聞込みたる永島が巡査の説は尤もなりと致したる点より推断すれば、島田夫人の説も永島氏より来たりと奉存候。誠ニ困り申候。

右聞くがまヽ申上候。頓首

四月八日夜　左部彦

田中老台様　侍史

（『全集』別巻、五一頁）

（6）　二餅祝改暦　獄舎更添新
　悲境有楽地　凌寒発蕾春
（東海林吉郎・布川了編・解説『足尾鉱毒　亡国の惨状』復刻　伝統と現代社　一九七七年　一六八頁）

第四章

谷中村廃村問題の中で

渡良瀬遊水地「想い出橋」付近より眺めた旧谷中村中心地遠景

西暦	和暦	月・日	事項
1903	明治36	10・13	『鉱毒ト人命』を著す（非売品、著者左部彦次郎　芝区愛宕下町二丁目五番地）。
			鉱毒被害地や東京で鉱毒被害民救済のため諸活動。
1904	明治37		谷中村廃村遊水地化問題が浮上、反対運動に奔走。 ＊栃木県第八回通常県会、秘密会を開き「堤防修築費」名目に谷中村買収案可決。
1905	明治38	10	栃木県の土木吏に就く。
1906	明治39		谷中廃村反対運動のリーダー川鍋岩五郎を勧誘、などの噂が流れ出る。 ＊七月一日谷中村、藤岡町に合併。

一　谷中村廃村への過程

（一）第二次鉱毒調査委員会の設置

一九〇〇（明治三三）年に生起した川俣事件は、鉱毒事件のもつ重要性をあらためて社会に提起することとなった。田中正造の怒りはますます高まり、帝国議会において矢継ぎ早に質問書を提出した。以下の通りである。

①「院議を無視し被害民を毒殺し其の請願者を撲殺する儀につき質問書」（二月一四日）
②「政府自ら多年憲法を破毀し曩には毒を以てし今は官吏を以てし人民を殺傷せし儀につき質問書」（二月一五日）
③「亡国に至るを知らざれば之れ即ち亡国の儀につき質問書」（二月一七日）
④「良民の請願を目して凶徒と為すの儀につき質問書」（二月一九日）
⑤「内務省は陛下の臣民を虐殺するかにつき質問書」（二月二〇日）

右記諸質問書の中でも、特に③は「亡国演説」として知られている。しかし、同質問に政府は充分な回答をせず、対応もしなかった。このような状況下、田中においては鉱毒事件認識と、同事件に取り組む自分の立ち位置について大きな変化が見られた。前者について記せば、憲法の視座から捉え訴えるという姿勢を一層強めたことである。この意識は前掲②の質問書や、翌年の「憲法無視に関する質問書」(三月一六日提出)で明確となった。後者は帝国議会議員を辞し文字通り被害地に入り被害民の立場に立つ、ということである。議員辞職の決意はすでに一月の段階で示しており、一〇月二三日正式に辞した。田中は鉱毒事件の解決に本格的に身を投じる覚悟を決め行動に移したのである。そして辞職から間もない同年一二月一〇日、田中は世間一般の人が予想だにしなかった行動に出た。いわゆる「直訴事件」で、帝国議会開院式より帰る途次の天皇に対し、鉱業停止と被害民救済を求め直接訴えようとしたのである。

田中が天皇に直接渡そうとした「直訴状」に関しては、検証されるべきことが少なくとも三点ある。第一は直訴状の起草者をめぐる問題、第二は直訴の意図・計画・実行の問題、第三は実行が果たした意義・役割に関してである。以上の点に関し、従来の研究では、第一の点については幸徳秋水、第二の点については石川半山らによる立案であったことは明確であるにせよ、田中には「大日本帝国憲法・第九条」の施行を求めた優れて立憲主義的な行動との意識が存在したこと、第三の点に関しては、〝世論の沸騰〟など国民の関心が高まったこと、などが指摘され(小松裕『田中正造の近代』現代企画室、二〇〇一年、第二部第三章)、各認識がいわば通説となっている。

しかし近年、第一の問題についてきわめて重要な問題が提起された。すなわち最初の起草者を左部とする説である。今までも、幸徳以前に直訴状の起草に関わった人物がおり、それが左部ではないかという指摘があった。根拠とされたのは次の二点である。一つは左部の娘大場美夜子の「正造翁が直訴した文案も父の稿になるものだと私は聞かされている」(『残照の中で』一〇〇頁)という一文であり、他は島田宗三の「幸徳さんに頼む前に、某さん(筆者、その名を忘る)に頼んだところ、寒中(実は初冬であったが、翁は寒中と表現した)水垢離をとって書き上げたそうで大変よく出来ていたが、誰(筆者、その名も忘る)かにチョット洩らしたというものですから、お気の毒でしたが返してしまった」(『田中正造翁余録　下』〈以下『余録』と略記〉三一書房、三五七～八頁）という指摘である。しかし、いずれもこれを証明する史料を得ず、特に後者に関しては左部のほかに想定し得ないことは明瞭にしても、断定するまでには至らないままで来た。このような研究状況下、〝左部説〟を裏付ける史料を示し、同説の信憑性を説く書が出されたのである。序章でも触れた赤上剛の『田中正造とその周辺』（以下『周辺』と略記、随想舎、二〇一四年）がそれである。

赤上は前掲二書に関し、大場の記述については「小さな娘に、最初の起草依頼は私だったが幸徳秋水に変わってしまったなどと複雑な事情をいえないので、簡略化して左部がこのようにいったのではなかろうか」（四一八頁）と推量している。また、島田の記憶・叙述については「最初の直訴状起草依頼者名も、洩らした相手名も『その名を忘』れたという不可思議。これはいかにも不自然である。直訴状に絡む重要人物だから忘れるはずはありえない」とし、「谷中を見限った憎っくき左部彦次郎」の思いから、「わざと『忘れた』ふりをしたのではなかろうか」（四一八～九頁）と指摘している。そして田中の日記の一文「麹町十一ノ二十二　齋藤うたさとり〔左部〕氏の母支配人　上奏ノトキ餅一備（供）」（『田中正造全集』〈以下『全集』と略記〉岩波書店、一九七八年、第十巻、四四九頁）を取りあげ、「『上奏ノトキ餅一備（供）』の意味は、正造が直訴した後に、斎藤うたが越中屋へ届けたのだろうか。しかし、事の後で『お供えを持っていった』というのはおかしい。事の成功を祈って、事前に神仏に『供える』のが普通だろう」（四一八頁）と読み解き、以下のように指摘したのである。

> 左部は、正造から直訴を打ち明けられ直訴状の執筆を依頼された。
> 思い起こせば、第三回大挙請願運動の時、正造が保木間で「今は我々の政府・憲政党内閣だ。私が先頭にたって解決にあたるから、代表のみ残してみんな帰ってくれ」旨の演説をした。同席した左部は、正造にそんなことをいって責任を取れるのかと詰問した。直訴は、正造がこの時の言動の責任を取ったのだともいわれている。

とすれば、正造の直訴は左部が一番感づいていたはずである。

左部は、母（斎藤うた）の家にこもり垢離水をとって直訴状起草にあたった。ただならぬ気配に心配した母が問い詰め正造の直訴を知った。いつ直訴するかわからないが、命がけの正造の成功を祈って、母が秘かに正造宿舎へ「餅一供え」を届けた。

正造は、直訴計画が洩れてしまったので左部への依頼を取りやめた。

このように解釈できないだろうか（四一八頁）。


赤上が注目した日記の一条は、一九〇三（明治三六）年六月下旬、記載内容は鉱毒事件に心を寄せた人びとの住所・名前を列記しているに過ぎない。通常の読みでは見過ごしてしまう記述である。同文に目を止められた赤上の慧眼、これを一年半前の直訴一件に関連させて読み込む洞察力など、史料解読力に筆者は脱帽する。直訴に関わる赤上の仮説は、直訴研究に新たな一石を投じる刺激的で興味・関心を大いに誘う問題提起である。なお、付言すれば、筆者は田中が最終的に幸徳に起草文を依頼したのは、当時の社会主義の隆盛（いわゆる初期社会主義）、そして「今ノ社会主義ハ時勢ノ正気ナリ。当世ノ人道ヲ発揚スルニアリ」（「日記」明治三六年一〇月、『全集』第十巻、五五二頁）とする田中の社会主義認識も大きく関わっている、との思いを抱いている。直訴をめぐる研究は、近年都市における反応・状況の検証にまで及んでいる。赤上の知的興奮を喚起する仮説の実証を含め、直訴研究の緻密にして総合的な研究の成果が待たれる。

さて、直訴事件の社会的衝撃とこれを報じるメディアの諸活動、川俣事件の公判とそのための被害地臨検等々により、鉱毒事件をめぐる社会の関心はますます高まった。それは被害民への同情・支援の広がりと政府・古河への批判の深まりを示すものでもあった。政府もこのような動向を無視できなくなり、何らかの対応をしなければならない状況に追い込まれた。そこで採られたのが第二次鉱毒調査委員会（以後「第二次」の語を省略）

の設置である。

鉱毒調査委員会は、第一次桂太郎内閣時の一九〇二（明治三五）年三月一五日に開設された。谷中村廃村＝遊水池化の方針を決定した委員会で、構成メンバーは次の通りである。

鉱毒調査委員会委員長　法制局長官　奥田義人
鉱毒調査委員　東京帝国大学工科大学教授工学博士　渡辺渡
土木監督署技師　日下部弁二郎
農商務省鉱山局長　田中隆三
東京帝国大学理科大学教授理学博士　神保小虎
大蔵書記官　若槻礼二郎
営林技師　村田重治

（他に東京帝国大学工科大学教授工学博士河喜田能達、東京帝国大学農科大学教授林学博士本多静六、内務技師野田忠広、内務書記官井上友一、東京帝国大学工科大学教授工学博士中山秀三郎、農事試験所技師坂野初次郎、東京帝国大学農科大学教授農学博士古在由直ら。四月二三日東京帝国大学医科大学助教授橋本節斉任命）

鉱毒調査委員会に関し注目される点および特色としては、五十嵐暁郎の次のような指摘がある。まず前者に関しては、「各省委員の中に若槻や井上など新官僚が含まれていることであり、藩閥政府・政商にたいする正造・被害民という、この事件に関する従来の構図は崩れて、鉱毒事件が近代的官僚制度の中で処理されるようになったこと」、後者については、「官制の第一条に『鉱毒調査委員会ハ内閣総理大臣ノ監督ニ属シ』とあるように、それが総理大臣に直属する委員会であったために、調査の進行中にその内容を公開する必要がなかったことである。鉱毒問題の処理は非公開のベールに包まれたまま進められ、その結果、その間の問題解決の主導権は内閣が握ることになるのである。具体的には、強力な指導権限を与えられた委員長奥田に、世論の手から奪ったこの主導権が集約されていったのである」（五十嵐暁郎「内閣鉱毒調査委員会と〝鉱毒処分〟」鹿野政直編『足尾鉱毒事件研究』三五六頁）。

かくして足尾鉱毒事件問題は政府主導のもとでその解決が進められることになった。

では、新設された鉱毒調査委員会はいつ、いかなる理由から「谷中村廃村＝遊水池化」案を決めるに至ったのか。本問題を検証する恰好の史料が、東京大学出版会より「影印本」として刊行された。福井淳・堀口修・安在邦夫編『足尾銅山鉱毒事件関係資料』（二〇〇九年、以下『影印・関係資料』と略記）がそれである。国立公文書館所蔵の文書で、全三〇巻に及ぶ膨大なものである。同史料に関しては、その一部は『栃木県史』（史料編・近現代九）などに翻刻・収載されている。が、同影印本の刊行によって鉱毒調査委員会に関わる関連史料のすべてを容易にみることが可能となったのである。同文書によると、鉱毒調査委員会は、一九〇二（明治三五）年三月一八日の第一回の会合を皮切りに、以後一九〇三年一〇月までに二〇回の会合が開かれている。遊水池問題が登場するのは第八回委員会である。以下、委員会記録より重要な箇所を摘記しその経緯を見てみよう（「（第二次）鉱毒調査委員会・機密記録」『影印・関係資料』第一七巻）。

鉱毒調査委員会関係の記録を収めた影写本・全30巻

明治三五年一一月二五日　第八回委員会

（委員長）

本日は前回の決定に基き仮にでも大体の解決方法を協定したい。日下部、中山両委員より。

（日下部委員）

本員の分担事項は調査が甚だ困難で、ほとんどその正確な材料を獲得することは困難である。が、種々渡良瀬川・利根川について水量を測った結果、治水上二つの方法を案出した。何分出水の時は破堤の為め、平水の時は減水の為め必要量を検定する術がなく、要するに基本の最多大の水量を知ることは困難であるが、第一の方法は、渡良瀬川の氾濫個所に堤防を作り、その水を利根川に流すこと、即ち新川を開鑿して利根川に水を落とすことである。第二の方法は渡良瀬川の沿岸に水溜を造り、以て之を利根川に流出することである。

第一の方法を仮に実行しようとすれば、目下為しつつある利根川の管理体制を変更しなければならない。大事業を惹起する困難は免れない。それならば止むを得ないが第二の方法を実行するほかないであろう。貯水池経営の方法に付ては、中山委員が種々調査したものがある。この方法は完全に渡良瀬川の水害を除去することはできないにしても、まず大災害がなければ大凡は水害を防ぐことが可能であると信じている。即ち十中の七八は効果が見込まれる。（三五三〜四頁）

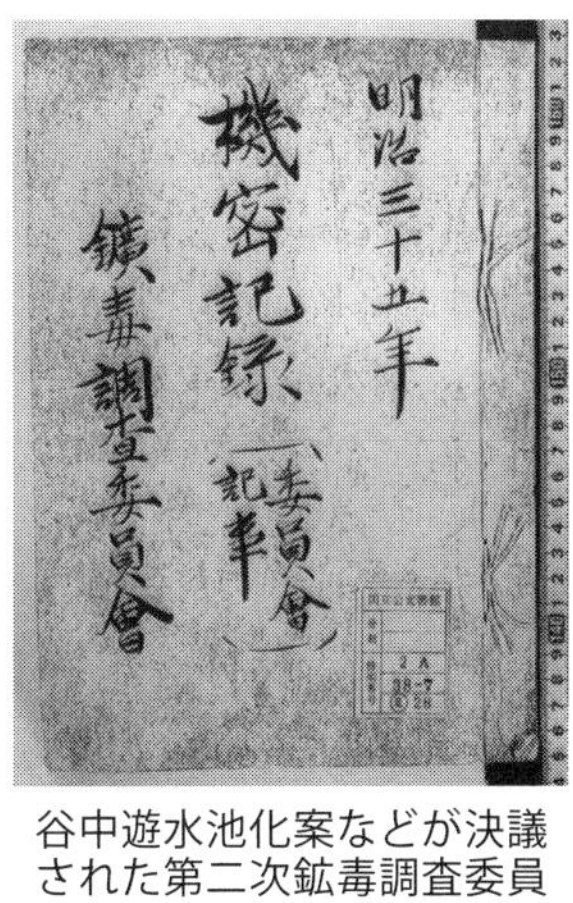

谷中遊水池化案などが決議された第二次鉱毒調査委員会記録

掲載史料の日下部委員の発言で留意しておきたいことは四点ある。第一は、鉱毒問題を完全に水害・洪水問題として認識し貯水池案を提起していること、第二は、解決の基準を事業経費の多寡の問題で考えていること、第三は、当事者自身が解決の度合を当初から精々七・八割程度と考えていること、第四は、第一の点と関連するが、鉱毒問題・鉱毒被害民の問題が全く視野に入っていないことである。

明治三五年一二月一九日　第一〇回委員会

（委員長）

前回御協議の点に付、委員に御報告を煩わす

（中山委員）

治水事業に付ては、未だその目的に従って基本的な測量を行ったに過ぎない。よって確固たる計算によるものではない。が、仮に高低測量の結果本会で調整し………谷中村へ引水するとしたならば、堤防を取り払うため局部に超水などが生ずる。この洗堰を一五〇間として九万円、樋門七〇間、一間三〇〇〇円とし二一万円、現在の堤防の補修一〇万円、新築五万円とすると総計四五万円。以上の上流地域に対しては、尚農地の関係上諸般の工事を必要とする。この概算総計は一四〇万円、土地買収および家屋修繕費等を除き、前記三口の合計だけでも三〇〇万円となる。仮に遊水池の三〇〇〇町歩とその他の地二八〇〇町歩を合算し、一反歩六〇円とすると土地買収費として三六〇万円が必要である。

（委員長）

本多委員より欠席のため解決の意見を書面で郵送された。よってこれを報告する。……その要領は、鉱毒問題が関連することが甚だ複雑で、どんな手段や方法を尽くしても英断を下さない限り際限がない。ゆえに数多の事情を排斥し、既往の損害は政府がこれを賠償し、被害民に対しては北海道へ移住することを奨励し、以て将来の紛擾を絶つことである。

（古在委員）

上流、即ち鉱山に対し如何なる設備を命じても、到底鉱毒の流下を絶つことは不能であろう。したがって下流の被害地に対し処置をなすことが急務と考える。

（若槻委員）

鉱業と農業との関係上、被害地を買収すべきとすれば、将来何れの鉱山に対しても同様に政府が買収しなければならないことになるであろう。ゆえに買収の理由を攻究する必要がある。

（古在委員）

現在、自然の遊水池となっていれば、被害地として買収せず、ほかに治水等の理由を付ければ可ではないか。


（中略）


（坂野委員）

要するに、救済の責任は鉱業人にあるのか政府にあるのか、判断するのはこの二点にある。若し政府にあるとするならば、国家がこれを負担するのは当然である。

（委員長）

既往の怠慢に付ては、要するに何れにおいても不注意があったと評するほかはない。したがって何人にも責任はなかったものと考える。ゆえにその損害は別の問題で、治水を行うか否かは将来の保護上の問題であり、これを河川法によって対応するのか、または特別法を設けるか否かを決定しなければならない。


（中略）


（委員長）

特別の理由があるということで、治水が必要とすることに決議して異議はないか。

（各委員）

異議なし。（四三五～四九頁）

第一〇回委員会で注目されることは、①鉱毒問題を正式に治水問題として処理することに決め、河川法で対応・解決することに決定したこと、②谷中村を遊水池造成の候補地として具体的化したこと、③谷中村々民の北海道移住計画が同時・並行的に検討され始めたこと、④買収費問題まで検討されるに至ったこと、⑤鉱毒問題は政府にも鉱業人にも責任はないとしたこと、などである。

◇明治三五年一二月二三日　第一二回委員会

（若槻委員）

鉱毒問題は法律上政府および鉱業人において何等責任はなく、政府が買収すると言う理由も見い出せない。ゆえにこれは河川法によって河川敷地等の明文を設け、それを根拠に処分すべきである。

（井上委員）

要するに治水上遊水池として土地収用法を適用し、強制買収の方法を取るほかないと考える。

（中略）

（若槻委員）

鉱毒による窮民とは如何なる者を言うのか。

（井上委員）

地方庁の調査によっても、その原因は判明していない。しかし、耕地の不良より生まれる貧民があることは認知することができる。即ち鉱毒被害のために農業を営む上で窮民に陥った者を窮民と呼ぶことができる。

（若槻委員）

それを細別すると、自作農もおり、小作人もいる。また農業が不良の結果商業が不振となり波及して窮民となった場合もあろう。その程度は如何か。

（井上委員）

判明していない。

（若槻委員）

総じて見れば、一般に窮民なる者は存在する。しかるに特に鉱毒地域を政府が救済するとすれば、公正を失するものと言わざるを得ない。

（井上委員）

しかし、この例のような場合は窮民中でも特別な例と見なければならない。民業の改良の範囲で救済が必要となる。調査の結果農業の被害が甚大であるという理由からこれを救済することになる。したがって移住問題も必要になる。

（本多委員）

適当な方法を考えるということになると、移住は最も必要で至当と信じる。

（日下部委員）

井上委員の提案は事実上一般論としての議論なのか、単に鉱毒被害民についての言なのか。この点が先決問題であると考える。

（本多委員）

民業改良問題のようなことには全く賛成できない。なぜかというと実に怠民を増長させるだけであるからだ。

（委員長）

民業改良の問題を鉱毒調査に結びつけることは、問題として適当であるか否か決議する必要がある（四七八〜八三頁）。

以上の委員会の記録は、委員会の立ち位置をよく示している。〝鉱毒問題については、政府も鉱業人も何等の責任もない〟・〝鉱毒被害地を政府が救済するのは公平性を欠く〟という若槻委員、〝治水上遊水池とし土地収用法を適用して強制買収〟という井上委員、〝移住は最も必要で至当〟・〝民業改良は怠民を増長〟という本多委員などなど、委員の鉱毒問題認識には唖然とするばかりである。いずれにしても、第一二回委員会で、遊水池化・土地の強制買収という基本方針が決められた。すなわちその後実行に移される権力の暴力的解決の基本方針が、一九〇二年末までに決められたのである。かくして鉱毒調査委員会は全二〇回の会合を重ね、一九〇三（明治三六）年一二月四日解散した。

右のような経緯のなか、では、一九〇五（明治三五）年末〝川俣事件被告〟の汚名から解き放された左部はどのような言動を見せたのであろうか。彼は鉱毒被害民の声を委員会に報告するなど、精力的な活動を行っている。例示すれば、群馬県勢多郡東村の被害民が匿名で記した調査報告書に関し、左部は「ぜひ読んで頂きたい。該報告書の執筆者の名前が必要であるならば、何時でも私に問い合わせて頂きたい」と、鉱毒調査委員会委員長宛ての「添え状」を認めている。鉱毒被害民の被害状況の報告書の執筆や提出の手続き等々において、左部は重要な役割を担い、その務めを果している のである。左部にして可能な面目躍如たる活動といってよいであろう。ちなみに同報告書には「古河鉱業所は道義心が全くなく、私欲のみを逞しくすることを以て良しとしている」などの一文が記されている。(1)

（二）谷中村廃村と村民の対応

鉱毒調査委員会の谷中村廃村＝遊水池化案が県に非公式に伝えられると、一九〇三（明治三六）年一月栃木県会はこれを否決した。しかし国は同案を進める方針を変えず、同年六月三日政府案として正式に公表した。当初国の方針に反対の姿勢を見せた栃木県も、政府案公表後はこれを受け容れることとした。すなわち一九〇四（明治三七）年五月四日谷中村の堤防が洪水により流失すると、県は復旧に名を借り、その実護岸取り壊しに着手したのである。そして一九〇四（明治三七）年八月、県は「谷中村民地ヲ買収シテ瀦水池ヲ設ケル件稟請（上部に請求すること—注安在）」を国（内務省）に提出するに至ったのである。

その要点を箇条書で示せば次の通りである。

①下都賀郡南部の渡良瀬川・利根川合流地域は、地勢的に洪水被害を受けやすい地帯で、これまで年内でも再三の被災に遭っている。

②明治三五年、県は水害防止策として谷中村の地域に貯水池を設ける計画を立て、谷中村土地買収国庫補助費の名目で災害復旧工事予算案を策定、県会に提出した。が、鉱毒調査会が開会中であったので、同調査会の決定を待つことにし買収案は否決した。

③谷中村は周囲が川に囲まれているため堤防を築いてもすぐに破壊され、田園は荒廃する。村民は困憊の極に陥るだけでなく、将来安全だという保証もなく不安を抱いている。

④鉱毒調査会の計画案を見てみると実に緻密で、同案を着実に実行すれば、渡良瀬川一帯の治水問題の解決が確信できる。困憊した現在の谷中村への対応は焦眉の急となっており、一日の遅れも許されない状況となっている。そこで火急の策として前の事案を再提出する。

⑤この計画は莫大な費用がかかる上、近年災害対策費として巨費を消費し、加えて社会変動への対策経費も嵩んでいるため、県費だけでは到底賄いきれない。
⑥事態の性質や全体への効果という点から考え、谷中村廃村＝貯水池造成案はただ県南部の禍害の除去というだけでなく、利根川本流の流勢を緩和し関係諸県の災厄を軽減することにもつながる。
⑦以上のことから、国や県民の利害について多様な視点から考え、国家事業として行うべきか、または相当の補助を受けて県の事業として実施すべきか、検討・議論が必要である。しかし、いずれにしても貯水池建設という目的を速やかに実現することを切望する。
⑧ロシアとの戦時下、国家多端な折ではあるが、止むを得ない次第なので検討頂きたく、別紙を添えて請求する。

右の稟請書提出後の九月一日、県は下都賀郡書記猿山定次郎を谷中村村長職務管掌に任命した（翌年同郡書記鈴木豊三と交代）。また一二月一〇日第八回通常県会は秘密会を開き、谷中村買収案を可決し、即日閉会した。そして、この決議を待っていたかのように、同月二四日第二一回帝国議会は、「災害土木補助費（谷中村買収費）」を可決したのである。

かくして足尾銅山鉱毒事件は治水問題に置き換えられ、一村を潰すことにより解決が図られることになった。肥沃で住み慣れた土地、先祖代々守ってきた大切な生活の場を、谷中村民は追い出され、失うことになった。足尾銅山の経営のため、古河資本の蓄財のため、谷中村の人びとは創造し育んできた歴史も文化も奪われ、棄民とされたのである。ここで留意しておくべき重要なことは、政府のこの施策が、日露戦争という国策に目を向けさせられている非常事態の下、また地域の青壮年層が戦場に駆り出されている中で強引に遂行されたことである。

では、反対運動を起こし難い状況下で、村民はこの事態にどのように対応したのか、また、世間・識者はどのように認識したのか。まず前者から見ると、前掲稟請書を県知事が提出する二週間前、態度曖昧な村長に対し谷中村民は総意として辞職勧告を行っている。

谷中村村長大野東一に対する「辞職勧告書」は、①谷中村の疲弊は鉱毒被害にあり、加害者古河は天下唯一の大悪党であること、②鉱毒激甚地の村長であるにも拘わらず、鉱毒問題として騒がれることや、新聞記者が〝鉱毒視察〟を目的に来訪することは困ると言っていること、③以上の言動は、鉱毒被害村の村長としての職務を果たしていないだけでなく、鉱毒除害の運動を行っている村民と相反目し、自治制および村民の生命財産の破壊を喜ぶものと受け止められること、④渡良瀬川水源の河身改良工事という根本的問題には目を向けず、枝葉末節的な堤防拡築工事のみを行おうとしていること、⑤疑義の多い「五万円債」を県庁に献上しようとしていること等々を列記、谷中村の深刻な状況を伝えている。このような中、谷中周辺では注目される動きも見られた。その一つが、かつて買収の対象とされこれを拒否した隣村利島・川辺村の両村長が、買収案採決直後の一九〇五（明治三八）年一月一六日「谷中村買収廃止請願書」を衆議院・貴族院に提出したことであり、貴族院がこれを採択したことである。

では、世間、いわゆる世の〝識者〟たちはどのように受け止めたのか。結論から記せば、①キリスト教徒（キリスト教婦人矯風会・鉱毒地婦人救済会）、②仏教徒（臨済・曹洞・真言宗）、③学生、④東京鉱毒調査救済青年会、⑤青年同志鉱毒調査会、⑥鉱毒問題解決期成同盟会、⑦市民有志（鉱毒幻燈演説会開催）等々、これを非とする多くの団体・機関の活動が見られた（鹿野政直編『足尾鉱毒事件研究』第三章「内閣鉱毒調査委員会と〝鉱毒処分〟」）。特に記録に残るものとしては、内村鑑三らの陳情（一九〇五〈明治三八〉年一月三〇日）や、菊地茂の『毎日新聞』における報道が指摘できる（「谷中村買収断じて不可也」、一九〇五年一月三〇日）。その結果谷中廃村問題は当該地域およびその周辺のみならず、都市の宗教団体・市民・青年・学生から帝国議会まで、広く世の関心を集めるようになった。
このような状況・経緯の中で、左部はどのような言動を執っていたのか。

二　廃村反対運動の展開

一九〇四（明治三七）年一二月、栃木県会が谷中村買収案を可決すると、政府の谷中村廃村＝遊水池設置方針は確実に暴力的に実行された。村長に「辞職勧告書」を突きつけた廃村反対運動のリーダー川鍋岩五郎は、県会が買収案を可決した月に予戒令を受ける身となった。予戒令は「公共ノ安寧秩序ヲ保持スル為」として、一八九二（明治二五）年一月二八日勅令第一一号として公布された治安法である。運動家が集会などへ立ち入ることを禁ずる命令権を警視総監・地方長官に与えたもので、主な条項を示すと次の通りである。

第一条　警視総監北海道庁長官府県知事ハ公共ノ安寧秩序ヲ保持スル為メ左ノ事項ニ該当スル者ト認ムルトキハ予戒命令ヲ為スコトヲ得
一　一定ノ生業ヲ有セス平常粗暴ノ言論行為ヲ事トスル者
二　総テ他人ノ開設スル集会ヲ妨害シ又ハ妨害セントシタル者
三　公私ヲ問ハス他人ノ業務行為ニ干渉シテ其自由ヲ妨害シ又ハ妨害セントシタル者
四（略）
第二条　予戒命令ハ左ノ如シ
一　一定ノ期間内ニ適法ノ生業ヲ求メテ之ニ従事スヘキコトヲ命ス
二　総テ他人ノ開設スル集会ニ立入リ妨害ヲ為スヘカラサルコトヲ命ス

三（略）
四（略）
第三条　予戒命令ヲ受ケタル者其現住居ヲ転スルトキハ転居ノ前二十四時間以内ニ其旨ヲ旧住所ノ所轄警察署ニ届出テ転居ノ後二十四時間内ニ其旨ヲ新住居ノ所轄警察署ニ届出ツヘシ（以下略。松本昌悦編『原典　日本憲法資料集』創成社、一九八八年、三三一～二頁）

掲載条文の「一定ノ生業ヲ有セス平常粗暴ノ言論行為ヲ事トスル者」「公私ヲ問ハス他ノ業務行為ニ干渉シテ其自由ヲ妨害シ又ハ妨害セントシタル者」との規定は、命令を受けた者は常に言動が官憲の監視下に置かれることを意味している。換言すれば、予戒令の被適用者は日常の言動の自由を失うこと・奪われるということであり、官憲による運動家の極限の活動封じ込めである。ちなみに田中正造は一九〇六（明治三九）年六月に適用されている。このような状況下、田中は一九〇三（明治三六）年四月～六月の日記に、「左部氏妻子を忘る。窮民をおもふ」（『全集』第十巻、三八二頁）と、左部の活動の様子を書き残している。左部が鉱毒被害地鉱毒委員会の中心メンバーとして演説活動などを精力的に行ったことは、次の知事報告書（鉱毒調査委員会委員長宛）も伝えている

鉱毒委員会ニ於ケル左部彦次郎ノ演説

旧谷中村住民の合同慰霊碑

諸君も新聞などでご承知の通り、谷（干城―注安在。以下名前記入同じ）、島田（三郎）、花井（卓蔵）さんらが組織された鉱毒問題解決期成同盟会という民間の調査会が、種々の方面より研究された結果、鉱毒があるということを確認され、どうしても足尾の鉱業は停止させなければならないと言い、今回意見書を作り政府に提出して解決を迫るということで、同時に神田の青年会館で演説会を開く手筈になっている。そして政府の調査会はどうかと言えば、正月までには解決するとか、五月には解決案を発表するとか言っているが、今日まで何の音沙汰もない。そこで被害地の状況を見ると、昨年の大災害後大変動を来し、被害民の気力が消え失せている。そこを見計って政府は地方官に命じて買収工作を進めさせ、その足りないところを政府が解決する積りでいるのではないかと思う。

川辺村、利島村のやり方といい、谷中のやり方といい、如何にもそのような風に思われる。既に谷中村買収事件は栃木県会において否決したにも拘わらず、同村民の中の有力者の一部、即ち地主派の者が、さらに県庁に向って買上げを請願する模様である。このような動きは被害地一般に大影響を来すことになるので、皆さんには合同一致して運動するように願いたい、云々。(2)

掲載史料は一九〇三（明治三六）年二月三日付のものであるが、本史料から分かる重要なことは三点ある。第一は、東京の識者によって結成された「鉱毒問題解決期成同盟会」が〝鉱業の停止〟を求めることを決めたこと、第二は、土地の〝買収案〟に賛成し〝買い上げ〟を要求する有力地主（いわゆる売村地主）が村内にいたこと、第三は、左部が政府の施策・姿勢について実に的を射た指摘・批判を行っていることである。左部のこの姿勢は、買収に応じようとしている村民への強い憤りにもなって噴出する。次の前掲同様の報告書（二月五日付）が、それを示している。

「龍蔵院ニ於ケル鉱毒委員会ノ状況」

次に左部彦次郎は左の意味の談話を為した。

自分は余計な事は言わない。谷中村被害民は土地買収の契約書に調印したと言う。まことに馬鹿々しい人びとだ。果して事実ならば、これまで鉱毒事件に対しては東京などより日々送られてくる救助の金品を受け取りながら、そのようなことをする者は実に人面獣心の者で、右のような調印は一日も早く取消さなければならない（この時調印は取消すよ、と発言した者もいた）云々。

右彦次郎の談話は、会合に集まっていた谷中村民の感情を痛く害した様子で、その談話中に三々五々退席し、次に記載する契約書に調印の際には、僅に総員二〇名位が残っていたに過ぎない。左部彦次郎の談話の後、予て調製して置いた左記の事項を記載した契約書なるものを持ち出し、出席者の調印を求めた。

その事項は左の通り。

一　足尾銅山鉱業を停止すること。
二　渡良瀬川の水を清めること。
三　天産を回復すること。
四　今後人命を害されないようにすること。(3)

鉱毒被害民が安易に土地買収に応じていることに対し、左部は「馬鹿々しい人びと」と述べ、これは被害民救済者への「人面獣心の者」と言い放ち、「一日も早く取消さなければならない」と強く論じている。冷静沈着と思える左部にしては、珍しい言動である。ある意味では、往々にして現実に目を向けない知者のもつ弱点の一面の表象ともいえる。それだけ政府案には反対であったのである。買収契約書に調印した者の中から、「取消すよ」との声が発せられた風景が目に浮かぶ。しかし、左部のこの言は、さすがに村民に違和感も生じさせた。後段がそれを語っている。すなわち集会に参加していた谷中村民の感情を痛く害し、途中退席する者が続出し、銅山停止・渡良瀬川浄化・天産回復・人命守護などを求める請願書へ署名する者が減ったというのである。ただし、収載の史料は官側の「報告書」なので、記されている文言については検証の余地がある。

いずれにしても史料から判明することは、左部は、政府の谷中買収→遊水池（この時点では貯水というべきか）化案に反対する姿勢を強く有し、足尾銅山の廃止まで訴えていたことである。このことをさらに伝えているのが当該期の田中書簡であり、また田中宛の左部の書簡である。以下少々多くなるが、そのような内容の書簡を摘記、時系的に示し、左部の言動を追ってみる(4)。

（ア）左部・黒澤宛　田中（明治三六年一月二日）

遅ればせながらお見舞い申し上げます。寒気の折柄、遠路ご宿継の折は不潔極る牢獄および拘留所に堂々ご宿泊なされ、太った鼠と虱との襲来、汚吏の残虐など、一々御察し申し上げます。○但し、福島県に入ってからは、大いに文明的な取り扱いでありました由。

○これに反し下野の途次は至るところ、市兵衛奴輩の毒手を以ての対応、ご窮苦は一々言外に述べ得ないものと窺い申しあげます。○憤慨心はいよ〳〵増幅しております。○地方官虐待の程度のご研究の材料として、ご調査記録上の大事実と成して下さい。○時下ご自重されます事をお祈り申しあげます。

左部君

（イ）野口・左部・大出宛　田中（明治三六年三月二〇日）

貴下もしご出京が出来るならば、左部氏に代り、左部氏には地方運動にご尽力頂き、互に事情を一つにされることを、大出氏にご面会の時この儀をご相談頂き両君一時ご出京、左部氏と交代されては如何でしょうか。左部氏の地方での運動は非常に希望がもてるものです。右とりあえず申しあげます。

（ア）・（イ）の書簡は、いずれも田中がいかに地域での左部の活動に期待と信頼を寄せていたかを示している。

（ウ）田中宛　左部（明治三六年四月二六日）

三〇日古河町で演説会を開かれますこと、川鍋、井田両君より通知がありました。なにとぞ万障お繰り合わせの上ご出講願い上げます。

九カ村は財政上の都合により東京事務所を閉鎖の次第、近日出京する予定です。須藤氏も何れ奉職のことに成り、先日来野口氏および小生に暇乞いの次第にて、本月九日の会議で各村委員も余儀なく承知致すことに成りました。ご了承下さい。田中さんのご意見もお伺い致したく、特使を差し向けます。

九カ村の財政の都合によっては、小生も引退致す場合にも成ります。大出君、大島助役に、小生と山本君と交渉中です。田中さんよりもお勧め願います。大出君は承諾しております。

運動に関わる費用負担と町村財政との関係はどのようになっていたのか、検証を要する課題で、本書簡はこの問題の重要性を伝えている。すなわち、掲載史料は財政的にもはや運動がかなり深刻な状態に陥っていることを示しているのである。後に触れるが、左部が運動から離脱した要因の一つには、このような事態を勘案してのことであったとも推測される。いずれにしても留意しておくべき書簡である。

（エ）田中宛　左部（明治三六年五月一九日）

別紙の如き研究案（別紙欠―注安在）ですが、事務所で六人の重な弁護士にそれぞれ差し上げました。なお、この間私は運動に努め、本問題の事実について陳述、弁護士の参考に供する成案を得たところにご召喚があり、汽車賃を都合し出張しましたが、また東西袖を分けるに至っております。この冬期の議会では如何なる行動を執るべきでしょうか、さらに方針確定致さず混沌としております。運動の末端にいる輩は如何に行動したらよいのか困っております。

ご多忙と推察致しますが、先日お願い致しました巌本先生の方へぜひ書面だけでもお願い申しあげます。

在地において運動に奔走する左部の活動の一端とその苦労、現地の人びとと在京支援者との運動姿勢の乖離、方針の定まらない県会の動向、行動の指針を失って苦悩する末端運動員の様子を伝える左部の貴重な書簡である。

（オ）左部ほか宛　田中（明治三六年七月五日）

形式と宗教とを以て争はないことを祈ります。

大恩人である潮田千勢子様が御病死されたことについては、それぞれの村々がご配慮中とは思いますが、右については時節柄努めて冗費を省くようにされる方が、かえって潮田様の御霊に叶うものと思います。何事も慎重に行い節約に努めて下さい。もっとも村々の大恩人ですので、小さくとも神として祭る程度のご計画は立てられ、人道の教育、後輩への奨励は諸君の重い任務ですので、それについては村々で杭を建て丶、神霊として遥拝するようにしては如何でしょうか。文字は左部、大出、野口三氏らでお考えください。

潮田千勢子の存在が地域における活動にどれほど大きな役割を有していたかを伝えるとともに、左部が現地の運動で占めていた位置も知り得る書簡である。

（カ）田中宛　左部（明治三六年七月一九日）

山林調査も先般申し上げました通り済みましたが、絵図に苦心致しております。役場が消失のため絵図が無く、また区役場にも無く、小林区は元より不可、百方苦慮し漸く整えることができました。そこでこれら山林に対する前後の処理方法を説いておりますが、いずれにしても御拝顔の上いろいろ申しあげ、なおご指示を仰ぎたいと思います。

当方よりの林道は足尾に通じております。松木村の村民が当地へ移住するとの相談もあるように聞き及んでおります。相当な悪手段もすでに講じられており、小生も実に困りきっておりましたが、誤解は晴れました。万事は拝顔の上に致します。明日中島祐八氏を訪問の上、出京致します。

珍しく、利根郡池田村の実家から田中に宛てた左部の書簡である。山林調査を地道に行っている様子が読み取れる。

（キ）田中宛　左部（明治三六年七月二三日）

本月（七月）二一日に鉱山監督署長中村清彦が古河潤吉に命じたこと、即ち鉱毒調査会が、先きに発表した救済方法中の一である一五の命令を、実に本日当地で拝見致し、慷慨の至りです。

鉱毒調査会の鉱毒被害解決策に対し、これを「慷慨の至り」と認識するなど、絶対に許せないという左部の強い怒り・憤りが表白されている書簡である。

（ク）田中宛　左部（明治三六年九月二〇日）

当地方は県会議員選挙の競争で、今や日時も間近くなった折柄、益々気勢相加わって来ています。（中略）黒崎氏が小生に言うには、県会は地方のことなので新井君を推薦しなくとも差支えなく、国会議員に推薦するのがよいのではないか、との意見をもっている人もいるとのことですが、しかしそれは大きな間違いで私は否認しました。

国会議員（当時は「帝国議会」議員―注安在）を重視し、地方議会の議員を疎んじる姿勢を、左部は厳しく戒めている。人びとの生活に密着した問題の処理には、地域の議会（県会や町村議会）の果たす役割はきわめて重要である。左部の議員認識は、国会議員を一段高いステージにいる上位者として重視し、地方議員を下位者とする現代の風潮への批判としても生命力をもつ。

（ケ）鉱毒残務取扱所宛　左部（明治三六年九月二一日）

古在由直、町田技師ほか五名の鉱毒調査委員会委員は、茨城県新郷より古河・谷中・藤岡・西谷田・高山・舟津川を経て下羽田を視察、足利に泊りました。今日は間田・川崎を視察、久能(野)より柴田方面を視察して足利町泊りです。そして山田郡境野村で古在氏は帰京、他は二手に分れて精細に視察、追々下流に進み帰京します。小生も同伴致します

鉱毒調査委員会の委員の視察に同伴し、広く各地を視察していることを伝えている。〝同伴〟と表現してい

るが、単なる随行ではなく、〝案内〟の任を担い、主体的に参加し意見を述べている左部の姿が目に浮かぶ。

（コ）田中宛　左部（明治三六年九月〈日不明〉）

蛮踊りの儀に付いてお尋ね頂いておりますが、該件について種々聞き取り早くご報道しなければなりませんところ、何分にも大きな騒ぎで、実にご報道出来兼ねる有様です。もっとも小生がその当時聞知したところでは、俗に言う子供踊り位とのこと、樽でも叩いて踊ったように聞き及んでおります。段々その踊りのあった村の委員に問い合せてみますと、「初めは左様のことと私共も存じておりましたが、終りにはその字だけに止まらず、無害地各村々よりも大勢押しかけて来て、如何ともし難かった」とのことで、委員も呆れている様な次第です。

警察は不認可の方針ですが、ともかくも各村々では大きな騒ぎのため、黙認の姿勢となったとは、渡瀬村駐在官の談話です。

田中も左部も実態不案内で、かつ〝大騒ぎ〟になっている「蛮踊り」とはいかなる踊りなのであろうか。地域住民と当該地に伝わる伝統的民俗の存在・関係は、地域運動史を見る場合きわめて重要なファクターである。〝踊り〟と鉱毒被害地住民との関係の検証が求められる。いずれにしても、鉱毒被害地現況把握という作業においても、左部がきわめて重要な役割をはたしていることが、本書簡から読み取れる。

旧谷中村役場跡

（サ）左部彦次郎・大出喜平・野口春蔵他宛　田中（明治三六年一〇月二四日）

東京にて巡回演説八カ所、ほか一カ所、既に六カ所済ませました。地域にいながら隣りの家にも行かず、下々の者にこの新しい土地問題のことを説き聞かすこともせず、ただ委員のみ雲龍寺に集まり費用のことなどを相談しているのは、殆ど葬式後の残務整理のようなものです。願わくば、生きた運動こそ天の賜物、粗略にしてはならない仕事です。

田中の運動認識が示されていて興味をそそり、左部ら在地運動委員の活動への苛立ち、批判も垣間見ることもできる。左部らはどのように受け止めたのか、検証すべき課題である。

（シ）左部彦次郎・大出喜平・野口春蔵宛　田中（明治三六年一一月一七日）

天産論・天然論が漸く今日に至って価値が出てきました。東京は用事多端、諸君も盆踊りが済みましたら出京員となり、東京にて一踊り（一働き）を願います。

従来の天産論について欠点のないようにする必用があります。なお、お考えがあれば添えて下さい。足尾の視察書は出来次第さらにご逓送下さい。非常に急いでいます。

前掲（サ）の書簡とは内容を異にし、左部ら在地の運動家と田中の連携の様子、見方を変えれば左部らの調査が田中の活動を支えていたことが読み取れる。

（ス）田中宛　左部（明治三七年四月一七日）

一三日の久野村演説会は手違いが生じまことに残念でした。

一五日西谷田村に出頭、明一八日に演説会を開く手順に致します。昨日足利町および佐野の玉生氏に申し兼ねておりましたところ、唯今大出氏より別封が届きました。明日は万難を排しご出席のほどお願い致します。

被害地での演説会開催などに奔走する左部の様子が看取される。

（セ）大出喜平宛　田中（明治三七年七月九日）

（前略）

議員を辞してより、なお幾数倍も用務は増え、運動費は自ら無くなりました。足は弱り、老朽の身に取っては近年の苦痛は旧に比べ倍化、幾倍にもなりました。また往々左部・野口二氏からは交々お叱りを蒙り、雲龍寺よりは門外に立寄ることを禁ぜられました。

（中略）

三十四年正造議員を辞すと、群馬の警部長は号令して言いました。「田中は普通人となった。巡査等は今より敬礼する必要はない」と。

（中略）

今春折角立てた小生の策戦計画も、無法にも左部氏の心中疑うところとなってよりは、自然左部氏より中島氏を疑わせることになりました。……正造は今日といえども中島を徳のある人と考えています。その彼れが一身過去のことを忘れ俄に正造を疑うのはそもそもまた愚か悪か。正造は心中益々このことを理解できません。

本書簡が認められた頃より、谷中廃村問題は焦眉の急となり、田中は同問題に専念のため谷中村に入り（七月三〇日）、川鍋岩五郎方を根拠地として活動に一層邁進することになる。本項冒頭で触れた川鍋が予戒令の対象にされたという事態も、このような経緯の中で生まれたできごとである。本書簡は左部の田中宛書簡でも、左部宛の田中書簡でもない。が、前述のような状況下の左部の言動を伝えるものとして重要である。谷中廃村反対運動が厳しさを増す中で、左部はどのような活動をしていたのか、また重要な位置にいたか。以下、（チ）の他は第三者宛の書簡であるが、ここに挙げてこの点について見ることにする。

（ソ）石井清蔵宛　田中（明治三八年五月二九日）

谷中村々会議員決議の上、内務省に本二九日出京しますす。左部、田中のうち一人が上京します。

（タ）大出喜平宛田中（明治三八年六月六日）

一昨日左部氏より承ったことですが、西谷田村の大塚氏ほか一人が下宮に正造を訪ねて来られたが不在のため左部氏が面会、来意は大島村の特別条例で話は大出氏の品格にまで及んだとか。この件については正造はもとより少しも関知していませんので、このことを申しあげておきます。

（チ）左部彦次郎他宛　田中（明治三八年八月八日）

土木吏が旧堤を破り、八百間の長い堤防を弱体化したのは大罪です。大声で疾呼、その罪を言い立てなければなりません。

（ツ）宮内喜平宛　田中（明治三八年八月九日）

（前略）

村中の事は左部氏は勿論、北村君に万事御相談下さい。自身の権利によって本村全勝の運動へもって行くように努めることを願っています。

（テ）木村忠吉ほか宛　田中（明治三八年八月二〇日）
只今破堤の報に接しました。大声で疾呼、四カ年の損害一三六万円と今回分を合せ、御同志にて大声疾呼、その罪を責めなさい。書外の左部氏にも御指図を乞うべきです。

（ト）飯塚伊平・山岸直吉宛　田中（明治三八年八月二〇日）
（前略）

左部氏一人では何とも間に合いません。災を転じて幸とすべく人事の機会を失わずにこの機に投ずる一術があります。

（ナ）大出喜平ほか宛　田中（明治三八年八月二二日）
（前略）
左部氏も病後にても奔走、寸暇のない状況と察せられますので、突然ですが直接諸氏に向けて東京より本手紙を差し上げます。左部氏の手を経ていませんが右お含み置き下さり、自然左部氏にもお図り下さい。そのお願いの趣旨は左の通りです。（中略）
土地収用法に反対があるときには、地方知事は起業者として内務大臣の許可を仰ぎ、内務大臣はこれを内閣に図ります。内閣がもし受け容れなければ、村民は幸いです。けれども、もし受け容れられゝば、収用は実行されるでしょう。不幸にも軍人は出兵し、かつ三年の水害、壮丁健康者は他郷に出稼ぎに出、残るは老若のみで法律上の争いに堪えず、土地を奪い取られることにも至るでしょう。我々の奔走もこの際には日夜となり、また疲れ果て、見す〳〵奪い取られるという大災害にも至るでしょう。

今、もしこれを予防するには、周囲の村々より事実を内務大臣および内閣に建言することです。建言書はご承知の通り、いかに悪事を直接に記載しても欠礼には至りませんので、十二分の事、十三分の条理をありのまま陳述することも出来ます。内閣のほか大蔵、農商務および大本営にも実は提出をお願いしたいと思います。（中略）

なお建言書は粗末でも、一日も早く直筆で、直言を以てご提出を願います。時局は急を要します。内治にはまたこの大盗（おおどろぼう）がおります、大変お手数を請うこと止むを得ない次第です。谷中村方面は人が少いため、常に理を以て非に陥ることが多々あります。憐れにもご助勢を得れば、あるいは理を以て理を得るか、あるいは達するかです。敢て懇願致します。

（二）山岸直吉ほか宛田中（明治三八年八月二二日付）

大至急のお願い、左に。

一、先刻下宮の川鍋氏臨時に帰りましたので口上にて申しあげました。茨城、群馬の有志、三県連合して一通早く内閣および内務大臣に建言書提出をお願い致します。

一、谷中破堤については悪魔の術数、あるいは老弱を侮ってはいないか。帰りたくとも東京よりなかなか帰れず、ご尽力いよいよまたお願い申し上げます。

（中略）

［冒頭欄外］左部氏も多忙と思われます。この手紙は自然に同氏にお図り下さるはもちろんの事です。

（ヌ）島田熊吉ほか宛　田中（明治三八年八月二二日）
破堤していれば、これで官吏の罪悪もまた大きく、明白に見えるようになります。左部氏に万事お任せ下さい。

（ネ）大出喜平宛　田中（明治三八年八月二九日）
（前略）

目下止むを得ない事情で左部氏が留守にしているのに取り込み、悪魔は破堤に乗じて俄か慈善者の顔を装い、買収の名の下にいよ〳〵土地を奪い取ろうとしています。危うし危うしです。それでは谷中村・海老瀬村には一人も人類がいないのでしょうか。否〳〵です。決してそうではありません。

（中略）

国家は実に危うし危うしです。左部氏野口氏に対しては、時々ご奨励を頂きたく、左部氏も非常の決心です。


布川了は、正造の谷中入村（一九〇四〈明治三七〉年七月三〇日）をもって、「『谷中の死戦』の始まりです。左部もそれに従って入ったようです」（『その聲をきく』前掲同書、一〇六頁）、と指摘している。左部が谷中村に入ったという具体的月日については確認できない。しかし、ここに収めた各史料から、川俣事件終結後の左部の活躍の様子を窺い知ることができる。特に谷中廃村が県会で可決されて以降、左部が演説・諸交渉・堤防修築等々に尽力していることが分かる。

田中の信頼を強く受けていたことは一九〇五（明治三八）年七月、官憲側の村の有力者を殴打した事件、いわゆる「古沢繁治殴打事件」で田中とともに部屋分署で取り調べを受け、不起訴釈放になった折、連名でそのことを伝える書簡を認めていることからも(山岸直吉等宛書簡、七月二四日『全集』第十六巻、四一三頁)読み取れる。ここでは左部と田中の、それぞれの発信書簡を中心に見たが、関係者の書簡などをさらに精査・点検して左部の言動を復元すれば、左部の果たした役割と位置がより鮮明になると思われる。

このような経緯と状況下、しかし、左部は一九〇五(明治三八)年一〇月、運動から離れ、県の土木吏に就いた。左部に一体何があったのか。周囲には〝突然〟に思えたできごとも、左部においては〝熟慮の末〟の行動であったのか。「左部彦次郎は鉱毒反対運動に最初から関わり田中正造を支えますが、谷中村強制破壊のとき運動から離れ栃木県の土木吏となったため、評価は様々です」(市川博美「気ままなフィールドワーク一人旅⑦」『田中正造に学ぶ会・東京　会報』No.220、二〇一七年六月二〇日)という指摘は、序章でも触れたように、左部評として長い間続いている。どのように見たらよいのか。

三　県土木吏就任をめぐって

谷中村廃村・遊水池建設計画が進行した当初、左部がこの施策の非を唱え反対運動に大きな役割を果たしていたことは前節でも見た通り明らかである。時期が下がるが次の新聞報道も見られる(句読点引用者)。

太田(大)原土木工区黒羽出張所員工手佐取(ママ)彦次郎は、下都賀郡谷中村の者にて、谷中滅亡の初期には非常に県庁に反対し、所謂谷中義民の首魁となつて、県庁及び藤岡町役場の為せる土地建物買収行為を妨害した者であつた。佐取が飽迄頑張るに於ては、到底容易に買収を行へぬ許りか、県庁の土木吏抔は打ツ殺せと云ふ騒ぎなれば、一歩だつて藤岡近傍へ踏込たものぢやなかつた(「県吏疑獄事件」『国民新聞』〈栃木版〉

明治四三年七月二二日、佐野市郷土博物館・嶋田宗三家文書）。

しかし、一九〇五（明治三八）年一〇月末左部は反対運動から身を引き、県の土木吏に就いた。これもまた確かな事実である。このことについて前掲新聞は続けて、「其処で拠ろなく佐取（ママ）を買収して県土木吏となし、不相当なる支給をして買収係となさしめた為に、第一期の動産不動産の買収が出来るし測量も出来るし、次で第二の立退命令、第三期の強制破壊が行はれたので有た」（前掲新聞。句読点引用者）と、記している。左部の〝引き抜き〟によって、田畑の買収・測量・村民の移住・家屋の破壊がスムースにできたかのような記述である。「佐取」と誤記していることなど、同新聞の記者が廃村問題および左部についてどれだけ正しい認識を有していたか、いささか気になるところである。前段の事実から、後段の記事には記者のかなりの思い込みが感じられる。

果たして左部は、不相当な給料で買収係として雇われ、谷中村の土地買収、村民の立ち退き、不転居者の家屋の強制破壊に努めたのか。田中が「〇谷中もいよ〳〵盗賊腕力にて侵来せり。今ハ総理大臣までくり出しの総掛り。谷中残留民皆出京。（中略）〇サトリ、川ナベ今悪魔」（黒澤酉蔵宛書簡　明治四〇年二月九日『全集』第十六巻、五九〇頁）と感情を吐露した背景には、どのような状況・経緯があったのか。「悪魔」の語は、田中が買収派すべてに冠したことばであって、特定の個人を指したものではない。人権・個人の尊厳に関わることの評価・叙述に関しては、多くの史・資料に基づく検証と冷静な分析が必要である。以下、左部の運動からの離脱と土木吏就任について検討する。

西野辰吉は運動からの離脱と以後の動向について、「かれはまた東京でも鉱毒地救済の演説会をひらいたり、『鉱毒と人命』という本を出版するなど様々な活動を行った。そして田中正造が谷中村の問題にとりくむようになってからは、かつての幹部でただひとり行動をともにして村にはいり正造を助けたのだが、一年ほどして、左部はとつぜん県の土木課に雇われ反対派のきりくずしをはじめるという、奇怪な離反をした」(「知らざりき大衆運動の本質」『日本及日本人』一九七九年爽秋号、八四頁)と記している。前掲新聞の報道を追認したような書き方で、これを「奇怪な離反」と認識している。

いずれにしても、田中が発した「今悪魔」という語は大きなインパクトをもった。また、「同件(残留民家屋の強制破壊―注安在)落著までには佐取も売節漢として村民衆怨の標的にされてゐた」(前掲『国民新聞』)などと報じられたことから、〝売節漢〟としての左部像が造形された。左部が土木課に雇われるに至ったのは、官憲の執拗な切り崩しや買収派に転じた面々からの強い勧誘があったからなのか、また本当に高給で雇われ、その見返りとして谷中住民の土地買収・転居・家屋強制破壊等々に積極的に関わった文字通りの〝売節漢〟であったのか。序章で本問題についての研究を概観したが、田中正造周辺研究が顕著な近年、その牽引者である布川了・赤上剛・山口徹の研究成果について、次に整理してみる。

□布川了の見解

足尾銅山鉱毒事件・田中正造研究に長く取り組まれてきた布川了は、研究の一環として早くから左部の言動にも関心を寄せ検証・言及してこられた。晩年左部に特に関心を寄せ、多くの業績を残されていただけに、二〇一三(平成二五)年物故されたことが改めて惜しまれる。いずれにしても、左部の〝歴史的評価〟に関しては、布川なりにかなりの葛藤があったことが推測されるとともに、定説とすべき見解を提示したいとの思いが強くあったことが窺われる。主な論考を示すと以下の通りである。

(1)「左部彦次郎の『背反』」(『足尾銅山鉱毒事件　虚構と事実』一九七六年)

(2)「救現堂の位牌と左部彦次郎」『田中正造記念館ニュース』創刊号、二〇〇七年)

(3)「雲竜寺と請願派のゆくえ」(田中正造記念館編『その声をきく　田中正造と雲龍寺に集う人々　未発表

書簡から』二〇一〇年二月）

（4）「左部彦次郎論（続）」（田中正造記念館　第2回学び舎研究会　二〇一〇年二月）

（5）「正造と彦次郎の〝鉱毒政談〟の差」（田中正造記念館　第5回学び舎研究会　二〇一二年九月）

（6）「鉱毒事件に対する正造と彦次郎の差異」（『追悼　布川了文集』所収）

本文集には次の論考が収録されている。

①「鉱毒事件に対する正造と彦次郎の差異（1）―左部が正造に離反した理由―」（『田中正造記念館ニュース』第一一号　二〇一二年四月）

②「鉱毒事件に対する正造と彦次郎の差異（2）―左部が正造に離反した理由―」（『田中正造記念館ニュース』第一二号　二〇一二年一〇月）

③「鉱毒事件に対する正造と彦次郎の差異（3）―離反、その後の彦次郎と娘―」（『田中正造記念館ニュース』第一三号　二〇一三年四月）

布川は「田中正造と、鉱毒事件に早くから取りくみ谷中まで行を共にしながら、最後は全くそむいた男、左部彦次郎は、正造に『アクマ』と書かれる。……「レッテル」をはがして、状況の推移の中から把握することが必要です」（前掲（1）・八三頁）と、レッテル貼りを止め、客観的な視点から検証・把握することを説かれている。そして、当初は「正造を嘆かせたのは、左部彦次郎の変身でした」（前掲（3）、一〇八頁）と、「変身」を認めつつ、しかし一方で「普通人なら正造に敢て弓引くような、泥をかぶるような、谷中の買収員に変身する事はしないと思うのです」（同、一〇九頁）と、「変身」と見ることに疑念も呈されている。

左部への評価の迷いが払拭されない（と思われる）中、布川に「変身」認識の検討を迫る事態が起こった。その時何か。雲龍寺の救現堂に残されている〝恩人名〟を記載した位牌に、左部の名を発見したことである。その思いを布川は、「単に裏切り者・転向者と扱うことも、又、彦次郎の『復権』をよびかけることも政治、行政の歯車に刻まれながら生きようと悩む者には当てはまる事ではないと、つくづく思うに至ったのです」と吐露している（同、一一三頁）。谷中廃村問題では「裏切り」「転向」「アクマ」のレッテルを貼られた左部が、鉱毒被害地全体では被害民の救済に身を捧げた〝恩人〟として受け容れられ、評価されているのはなぜか。

布川はこの問題の解明を自らの課題とし検証に努められている。その結果左部の言動には、次のような自主性・主体性があったことを〝発見〟したのである。

・示談交渉は筋違いだという正造と、被害民に有利な示談をもたらすべく奔走する彦次郎とでは、あきらかに差がありました。彦次郎は正造の手代として働いたのではありませんでした（前掲（6）、『文集』四六頁）。

・谷中在村の前途に絶望した村のリーダーたちは、次善の活き方を求めて、県の方針を受け入れます。（中略）彦次郎も、こうした状況を判断して抵抗を放棄します。「より多数の鉱毒被害民のより有利な救済策」と考え、正造とは異なる路線を走る事にしたのです（前掲（6）、『文集』四八頁）。

・正造につぐ存在だった彦次郎は、喜平たちを束ねる立場でした。それだけに重責を感じていたと思われます。谷中村にたどりついたのは、彼なりに被害民救済を貫こうと勤（努）めて来たからで、正造の命令、依頼ではなかったのです。権力によって、村を護る展望がなくなったからには、次善の策として、県の提案を呑むしかないと、方向転換したのです。正造とちがう路線だという事が露出したのです（前掲（6）、『文集』四九頁）。

布川は足尾銅山鉱毒事件に向き合う左部の独自の論理の発見に努め、その回答を田中の日記の一文から検出した。すなわち、「鉱毒の政談ハ悲ミヲ訴ル政談、政府乗リ取ル政談ト異ナレリ」（「日記」一九〇三年四月四日、『全集』第十巻、三三二頁）という記述である。本叙述より布川は、左部＝悲しみを訴える政談、田中＝政府乗り取る政談、と把握し、そこに両者の違いがあることを認識したのである。かくして布川は、左部は、第一に、村・村民を守る最善の策を採ることは不可能となった、第二に、そのため次善の策として方向転換を図り県の土木吏に就くことによって新たな立場より鉱毒被害民に尽力しようとした、第三に、その行動は「悲ミヲ訴ル政談」という左部の中で一貫していた、第四に、したがって左部の行動は田中への裏切りではない、との認識を示されたのである。

□赤上剛の見解

田中正造研究の近年の動向の特色は「周辺研究」にあると、前述した。その最前線に立って研究を牽引しているのが赤上剛であり、『田中正造とその周辺』（随想舎、二〇一四年）は、その到達点・集大成である。本書において左部に関しては、（1）直訴状の最初の起草者は左部彦次郎か、（2）左部彦次郎の離脱、（3）左部彦次郎雑件、として触れられている。（1）は、注目を惹くテーマである。現在は仮説の段階としているが、「直訴事件」の研究に一石を投じる重要な問題提起であり、研究の進展が待たれる。（2）に関しては、序章で触れた主要な各論（者）について以下のように指摘している。

①田村紀雄説：「思想面」だけで論じている。左部の人間性が感じられない。「大衆運動のダイナミズム云々」はことば遊びのようだ。

②五十嵐暁郎説：田村説に似ている。生きている場での左部像が伝わってこない。

③森長英三郎説：「現実派」の中身をいわないと納得性に欠ける。

④大場美夜子説：「生活費」のためだけなら、敵方の土木吏にはならなかったろう。そっと谷中を去り東京などで働くことを選んだのではなかろうか。
⑤布川了説：残留問題を正造主体に考えているようである。私は逆に残留民あっての正造だと思う。田村説、五十嵐説同様の抽象性を感じる。
以上のように整理した上で、〃徹底抵抗＝谷中残留〃の姿勢を変えたことに関し、自己の見解を以下のように述べている。

食糧問題が決定的要因だと思う。（中略）谷中村買収が法的に決着してしまったからには、村民の自助努力で仮堤防を築いても権力はそれを許すはずはない。（中略）（村民を――注安在）早く他に移転させて〃食える生活〃にしたほうが村民のためになる。土木吏になるのは裏切りのように見られるが、事情を知る自分だからこそ村民の移転促進に役立つだろう。こう左部は確信したのではなかろうか。飲み水も食べるものもない地獄では抵抗は続けられないのだ（『周辺』四二九頁）。

以上の諸指摘を踏まえて赤上の見解を整理すると、左部は谷中村民全体の生活の〃成り立ち〃を考えるとともに、自己の精通する土木事業を通して被害民・谷中村民を支援していこうとした、と評価・認識していると言える。本指摘に関しては、「官憲の弾圧、買収工作が左部の離脱の背景にあったことを絶対に忘れてはならない。その前提にたっての論議である」（『周辺』四三〇頁）とも述べている。
ちなみに左部に関する赤上の初出の論考などを示すと以下の通りである。
（1）「足尾鉱毒事件　運動初期からの支援活動家　左部彦次郎は谷中村事件のさなかになぜ離脱したのか」（田中正造記念館・まなびや二〇一〇講座　第16回二〇一〇年六月）

（2）「直訴状の最初の起草者は？」（『田中正造に学ぶ会・東京　会報』第一三六号　二〇一〇年六月）
（3）「左部彦次郎の離脱」（右同『会報』第一三七号　二〇一〇年七月）
（4）「左部彦次郎雑件」（右同『会報』第一三八号　二〇一〇年八月）
（5）「左部彦次郎をとおして鉱毒事件を探る」（田中正造記念館　第一回「学び舎研究会」二〇一〇年一一月）
以上のうち、（1）は講座のレジュメ集で、左部に関する基本的文献を網羅しており、左部研究入門の関係文献・史料集としても貴重なものである。また、（4）「左部彦次郎雑件」で取り上げられているのは、①出自、②家族に関することである。今後のさらなる研究とその成果としての「左部論」、そしてその発展としての『左部伝』の公刊に筆者は大いに期待を寄せている。

□山口徹の見解
山口徹は、研究の全体に対し「厳しい、険しい選択をした左部の胸中に踏み込めない、私のもどかしさを感じる」、「谷中村民、田中正造と〝敵対〟する行動をとったことに、私は釈然としない」（『田中正造に学ぶ会・東京会報』、第一四〇号、七頁）とし、詳細な年譜の作成など履歴や行動に関し極めて実証的な研究を重ねられている。

管見の限り、現在まで左部に関し公にされている山口の論考などは以下の通りである。
（1）「連載　左部彦次郎を読む」（『田中正造に学ぶ会・東京　会報』第一四〇号　二〇一〇年一〇月）
（2）「連載　左部彦次郎を読む（補説）」（右同『会報』第一四一号　二〇一〇年一一月）
（3）「左部彦次郎の足跡を追う」（右同『会報』）
（4）「彦次郎・ゆわ・春江親子の墓に詣でる」（右同『会報』第一八三号　二〇一四年五月）
（5）「左部彦次郎年譜　試論　第1稿」（田中正造記念館　第二回「学び舎研究会」二〇一〇年一二月）

山口は「左部を論じる評者は、どういう位置、立場にあるのか」と、現在までの研究の視座を問い、①「離反」「裏切り」「転向」「変身」「離脱」など、田中正造からの距離を評価の物差しにしている点で、「正造」と同じ立場に立つ、②第三者として、「評論家」の立場に立つ、③鉱毒運動の総括として、「活動家」の目線から、左部を評価する、と指摘した上で、「左部論の多くは①と②の立場であり、『義人全集』や雲龍寺の位牌は③の立場のように見える」と述べる。そして、「『左部彦次郎の生涯』に迫るためには、左部に正面から向かい合い、左部の声に耳を傾け、左部に寄り添う、前述の（遠藤周作『キリストの生誕』解説—注安在）『心の中に分け入る』（高橋たか子）ことを、遠藤周作の小説作法から学びたいと私は思う。左部の悩み、苦しみ、喜び、生き甲斐に共感し、左部の人生を生き直すことから、始めたい」（学習会〈非公開〉報告レジュメ：「左部彦次郎ノート（2）」。山口の「学習会〈非公開〉報告レジュメ」については、巻末の「参考文献・資（史）料」参照）と、自身の研究の視座と抱負を述べている。

山口は「正義感に燃えた青春時代、鉱毒運動にかけた壮年時代、治水事業につき従う晩年」（前掲レジュメ）と、左部の歩み来た人生の軌跡を大きく三期として想定されているようである。前掲手法・視座に従う「左部の生涯像」の完成を鶴首して待ちたい。

各氏についての筆者の感想を記せば、布川については熟慮の末の結論として尊重したい。田中・左部それぞれについての断定を別言すれば、田中＝妥協を許さない理想主義的政治家として、左部＝妥協もやむなしとするリアルな社会改良家としての把握、と理解する。左部の内面分析に検証の余地を残した評価といえようか。この課題をクリアし、なぜ運動から離反したのか、なにゆえに土木吏として現地に残ったのかについて卓見を披瀝したのが赤上の指摘と筆者は受け止める。谷中村民全体の生活実態を見る時、村民が〝食べていける状況〟を作り出すことが優先されたという理解、また農民の生活破壊の要因が自然災害、特に洪水による被害＝堤防損壊にあると認定する時、土木工事に努めることは、左部にとって選択肢のない〝選択〟であったと思われる。

谷中問題をめぐる左部の言動に関するキーワードは〝治水〟と〝村民の生活〟である。山口の研究に関しては、まずその姿勢、特に左部に関わる事項・動向の一つ一つを史・資料の発掘によって丹念に検証していく取り組み方には教えられることが多い。

なお、以上三者のほか近年作家の水樹涼子も、田中を通して左部の生き方に言及し、その生き様の考察の必要性を暗に論じている。次の叙述である。

数々受けた衝撃の中でも、（田中が──注安在）一番骨身に応えたと思えるのが、長年共に闘ってきた者たち、信頼を重ねてきた者たちの離反であったろう。

鉱毒反対闘争の旗手だった野口春蔵しかり、川鍋岩五郎（谷中残留民、翁の当初の寄宿先）しかり、そして片腕とも言えた左部彦次郎しかりである。しかも後の二人は県の土木吏にまでなっていた。文字通り、半身をそがれるほどの苦痛ではあったはずだが、しかし田中正造という人は、自分から離れていく人自身の苦悩が分からぬ人ではなかった。

その人が立たされた位置や場所、つまり個人的な事情を解せぬ人ではなかった。が、だからといって一度交わした約束をうやむやにできる人でもなかった。

つらかったはずだ。キリキリと胃の辺りが痛んだことも一度や二度の話ではない（『岸辺に生う　人間田中正造の生と死』随想舎、二〇一二年、一六三頁）。

水樹は、足尾鉱毒事件に関し「第四者的視点に立って見ること」の必要性を説き（「『第四者』の視点も必要」『東京新聞』二〇一六年三月六日）、谷中廃村をめぐる問題の究明には、多様な視点からの考察・検証が必要・重要であることを指摘している。左部の研究も視野に入れての見解と理解する。

さて、左部が谷中廃村反対運動に尽くしていたことは、前掲新聞史料からも読み取れる。その左部が県の土木吏に就いたことを知った時、廃村反対運動に邁進していた村民が、「鉱毒問題以来ノ同情者トシテ谷中村買収反対ノ運動ヲ為シツヽアリシ左部彦次郎氏、栃木県ノ土木吏トナル。為メニ村民或ハ激昂シ、或ハ気力ヲ喪フ」（島田宗三『余録』上、三六九頁）状況となったことは、容易に想像される。

また自分の運動の理解者・協力者として考えていた左部の土木吏就任に、田中が「今悪魔」と呼び、その後「左部氏は已に逃げ去り、今は誠に助勢人少く、社会には離間され、普通人民の訪ひ来る人も無し。此沈没船の悲鳴を聞く人も無之候ほどに候」（高橋秀臣宛田中書簡、一九〇六年二月一八日、『全集』第十六巻、四六九頁）と、寂しさを訴えたのも理解できることである。反対運動から退くことがどのような状況を生み出すかについては、左部も充分承知していたと思われる。しかし、それでも左部は敢えて土木吏の道を選んだ。なにゆえなのか。解明が求められる課題であることを、改めて痛感する。

この問題で興味をそそられる点が一つある。それは、人の動向に関する問題については当該人の最も身近なところにいる者、すなわち家族の言が重視されるものである。しかし、左部の場合、「裏切り者」ではないという家族の指摘に言及しないのは当然としても、研究者が一家の「生きてゆく上には生活があり、生活には金がなければならない」という、家族の言い分についてあまり留意していないということである。家族の証言・認識とは記すまでもなく大場美夜子の次の指摘である。

若い頃は醸造業の御曹子として、社会運動にその情熱を燃やした父も、家は没落し母と結婚する頃にはすでに四十も越していた。いつ迄も田中翁と一緒に、この事件にかかり切って銅山や政府と闘っているわけにはいかなかった。母や姉に育ててもらっている先妻との間の一男一女の面倒も多少はみなければならなかったであろう。又新たな家庭を持ち、私の母のつれ子の一男をも養なわなければならなくなった。

父は長い間の、この鉱毒事件から止むを得ず手を引き、一勤め人として再びスタートを切った。大鹿卓氏をはじめ過去に幾人かの著者に書かれた鉱毒事件の中の父は、最後まで正造翁と行動を共にしなかったということで批判の目を向けられているが、謂ば裏切者という印象を受けている。私は、そうは思わない。生きてゆく上には生活があり、生活には金がなければならない。その金がもう破産した父にはないのである（『残照の中で』永田書房　一〇〇〜一頁）。

左部の土木吏就任について、「『裏切りだ』『そうではない』などと言葉だけで論じていたら、左部が投げかけた重い課題から何も〝学ばない〟ことになる」（『周辺』四二一頁）という赤上の指摘は的を射ている。赤上は自ら設定したこの問いに対し「左部や谷中残留民の生活現場からの判断が大事」（同上、四二一頁）と、生活現場の視座を重視し、前掲の見解を吐露している。

いずれにしても、左部の廃村反対運動からの離脱問題に応えるためには、谷中村廃村問題が有している構造的問題、すなわち、第一に、鉱毒問題を治水問題に置き換え河川法・土地収用法で対応していること、第二に、警察・県役人を総動員して暴力的買収工作を進め、かつ反対運動（者）には予戒令を含む徹底的な弾圧を加えていること、第三に、その過程で谷中村民の強制移住が着々と進められていること、第四に、同じ村民でも土地売却に積極的な地主層（売村地主）も存在すること、またこのことに加え、自小作・小作層においても廃村反対で一致している状況にはないこと、第五に、廃村反対運動の分裂・弱体化は、運動のリーダーを支える力（金銭的な面も含む）の不安定化ももたらすに至ること等々、の解明が求められる。

ここでは、以上の諸問題を左部個人に限定し、運動からの離脱について、（1）谷中村の客観的状況、（2）その中での左部の内面的葛藤、（3）左部の問題取り組みへの姿勢、（4）県の土木吏を選択した意図、などの点から筆者の思うところを記しておく。その上で、（5）左部の言動の評価について言及することにする。

（1）に関しては、次のことに留意したい。

①谷中村における混乱の事態。

たとえば田中は、猪熊國三郎に宛てた書簡（一九〇五〈明治三八〉年一〇月二四日）の中で、左部が離反した時期の谷中村の様子を次のように伝えている。

過日上野では大変失礼しました。さてさて下野地方もなんと幾千年も前の大野蛮な地帯と化してしまったことでしょう。国法も人道も人民も政府もなくメチャメチャです。ただ腕力主義がはびこり、泥棒は跋扈、強盗は横行し、良民の財産も生命も、これを奪っても何の憚りもない状況に至りました。(5)

右田中書簡から窺われることは、官憲の横暴下無法化した事態の中で呻吟する谷中村民の状況である。

②有力者、あるいは運動のリーダーの県吏就任。

例えば森鷗村の門下生で谷中村の助役を務めた田中与四郎が県の土木吏に就任している（大鹿卓『谷中村事件』、四八〜九頁）。〝売村地主〟の存在も無視できない。

③相次ぐ堤防の決壊。

繰り返される堤防の決壊・修復であったが、特に村民が築き、左部が不眠不休で修復・死守に努めた急水留堤防が、一九〇五（明治三八）年八月一九日の暴風雨で崩れさったことは、村民に衝撃を与えた。左部は、崩れさった現場の泥濘に崩れ落ちるように座り込み、村民が声をかけても動かなかったという。この時の左部の様子を大鹿卓は『谷中村事件』（新泉社、一九七七年第五刷、六四〜五頁）で次のように描いている。

誰からともなくのろのろと動いて、堤防の上をつながって帰りだした。島田熊吉が人々の最後から歩み

だして傍をふり返ると、そこの泥濘に独り坐り込んで、左部がうなだれている。歩み寄って、

「どうしたんです。何処か悪いのですか」

唖のように返事もせず、険しく眉根を寄せて下唇を噛んでいる。

「こうしていては体に毒です。さァ、行きましょう」

肩をたたいても反応がない。そこへ川鍋岩五郎や茂呂武一が引返してきた。

「シッ、しかたがない。新規まきなおしだ。おや、ど、どうしたんだ。左部さんらしくもない」

「左部さんが、そんなに悲観したら、村の者はどうするんだ」

だが、左部はしずかに菅笠の頭をふった。

「ぼくは、少し独りでこうしていたい。放ッといてくれ」

川鍋たちもその様子に、ただならぬ深刻なものを感じた。左部の無言の思いに、自分の胸が響応してくるような気がした。


大鹿の同書は小説仕立てなのでもちろん事実とは考えない。あくまでも〝風景〟を〝想像〟しての描写である。が、左部の心境・言動をきわめてよく描いていると筆者は考える。いずれにしても谷中村村民全体の生活問題への心配が顕著となり、運動のあり方を新たに模索するようになったと思われる。また、生活問題は左部自体にも生まれていた。（2）の問題である。

この問題に関しては、左部自身に生活基盤の揺らぎ・不安が生じたことを挙げたい。次の書簡や大場美夜子の記述に見られる一文である。

①九ケ村財政の都合ニては小生も引退いたす場合ニも相成り可申候。大出君、大島助役ニ小生と山本君と

交渉中ニ御坐候（田中宛左部書簡。一九〇三〈明治三六〉年四月二六日、『全集』別巻、六〇頁）。

②大学を出て鉱毒事件に若い血を燃やし、定職にもつかず、先祖伝来の酒造業をも破産させてしまった後、母と結婚し、私の出生となるに及んで、いつまでも渡良瀬川の鉱毒事件と取組んでいるわけにもゆかず、一応渡良瀬川の被害地の減税が政府に認められたのを期に、晩年の田中正造翁と、生活の為の訣別をしたのであった（『残照の中で』、七三頁）。

史料①は先に触れた書簡（一九五頁、ウ）の一部（原文）である。この書簡の記述で推測されることは、左部らの鉱毒被害民支援活動が各村の財政的支援・負担の基に行われていたということである。この実態について筆者は不詳で、今後の重要な検証課題である。いずれにしても各村が運動専従者を雇っていたとすれば、専従者の生活を担保する財政、運動資金の確保が不可欠となる。しかし、当初はまだしも一九〇〇年代半ばになると、鉱毒被害の様態も多様となり、したがって運動主体の姿勢にも変化が生じ亀裂が顕著化していた。この状況に拍車をかけたのが谷中村廃村問題であった。

運動のリーダー的立場にいた左部は、事態の深刻さを目の当たりにして自らの生活、己の身の処し方について考えなければならない、との思いに立ち至ったのではあるまいか。左部には、このことを強く意識する個人的問題も抱えていた。すなわち堀越ゆわとの結婚である。このことについて言及しているのが大場美夜子の一文前掲②の記述である。大場の生誕は一九〇八（明治四一）年であるから、左部の土木吏就任を「私の出生となるに及んで」に繋げる一文は事実と相違する。また、記憶違いと思われる箇所も見られる。しかし、この時期ゆわとの結婚問題を抱え、出産の可能性への思いもあったと推測すれば、左部が固定した収入の必要性を感じていたことは、容易に推測されることである。

次に（3）の問題に関しては、社会運動家、換言すればリアリストとしての資質の問題である。すなわち、絶対的な権力をもつ政府に対し多様な条件闘争を行い、その結果少しでも譲歩を勝ち取れば、次善の成果としてこれを是認したいとの思いが左部にはあったと推量される。この点が田中との相違であるとも言える。島田宗三が田中の言として記した次の指摘が、このことを言い当てていると思われる。

> 明治三十七年十二月二十三日、谷中村を買収する内務省の災害土地補助費というものが帝国議会に討議されることになり、翁の応援で群馬県から選出された代議士武藤金吉氏から、
> 「ヤナカジ　ケンアスキマルド　ウスルヘン」
> という通信料つきの電報を、筆者を連れて西高沙の木島剛氏方へ行く途中、翁は受け取った。
> 翁は「困ったな――」と二度ばかり独語したのち、筆者に対して、
> 「下宮の茂呂武一さんのところに、左部彦次郎さんがいるから、この電報を見せて至急大挙運動をするように言うてくれろ」
> とのこと、筆者は半道（一里の半分の道のり）あまりの堤上を走せて、左部彦次郎氏にこの旨を告げた。が、彼にはそれを実行しようとする熱意が見えないので、そのまま復命すると、翁は、
> 「左部さんは参謀格の将としては適当ですが、実戦になると村の川鍋岩五郎さんに遠く及ばない」
> と嘆息した（『余録』上、四一頁）。

左部は実践的な、闘争の先頭に立って運動を鼓舞・指揮するというタイプの指導者ではなかったように思われる。田中が「参謀格の将としては適当」と評したように、左部はあくまでも理論的指導者としての資質をもち、請願書の執筆や契約の交渉などで才能を発揮する人であった。したがって、谷中村での闘いが熾烈になり、前掲猪熊宛田中書簡に見られるような無法化状況になってくると、交渉型の人間には行動を抑止し被害民全体

のことを考える姿勢が強くなったと考えられるのである。そのぎりぎりの気持ちが、堤防の決壊とともに噴出したように思われる。社会運動家＝左部と、政治家＝田中の状況への対応の仕方の相違を筆者はここに見る。

（4）の県土木吏就任については、記すまでもなく極めて苦渋な決断であったと考えられる。

官憲の暴力的な、また巧妙な離間・買収策によって村民がバラバラに寸断され、谷中廃村＝遊水池化が急速に進められていく様子を目の当たりにした時、さらには堤防の修築・決壊を繰り返すことのむなしさを悟った時、向き合うべき姿勢について左部は煩悶したはずである。その深い心の迷いの末に出した結論が、県の土木吏となることであった。左部にとっては初めての〝就職〟である。この選択には二つの含みがあったように思われる。一つは、現実的課題への取り組みで、谷中廃村が不可抗力と認識した時、少しでもよい結果を得るように努めたいと考えたこと、見方を換えれば谷中村問題はもはや村の存廃ではなく村民の生活という問題に移っており、そのためには当該地からは離れず、かつ現場・現実に向かい合える立場に身を置きたいと考えたこと、二つ目は、長い間鉱毒被害民に寄り添う中で、左部は治水問題の重要性を認識し堤防工事などへ携わることに使命感を覚えたことである。かくして左部は県の土木吏に就くことを主体的に決断したと思われるのである。のちに神奈川県に転居してからも一貫して土木工事に携わったことにも、左部の決意が看取される。

（5）に関しては、〝転身〟という概念で認識・位置付けてはどうか、と筆者は考えている。

この点について、次に言及する。まず、前述の諸点を勘案した時、左部の行動の歴史的な位置付け・評価について指摘できることは、第一に、左部の周囲には立ち位置を変える客観的状況が生まれていたこと、第二に、運動の激化・尖鋭化に伴い、その資質から最前線に入ることに懐疑的となったこと、第三に、内面的葛藤の末、左部は県の土木吏になることを主体的に選んだこと、そして第四に、この選択はあらたな立場から谷中村住民、また広く鉱毒被害民に寄り添って生きようとするもので、主観的には決して転向・変身・変節・離反・裏切りというものではなかったこと、である。

ここで〝転向〟（変身も同意味で考える）について考えてみると、一般に使用されるその意味は、方向・立場・職業などを変えるということである。しかし、歴史的な用語として用いる場合には、それは〝主義・主張を変え、それまで批判していた側に立つ〟という意味で使われる。したがって転向論を採るならば、古河・官憲の施策を容認する言動が左部にあったことを実証しなければならない。土木吏就任は渡良瀬川沿岸住民に寄与する側面も多く、その選択だけで鉱毒被害民と敵対する側に立ち位置を換えたとは言い得ないのである。

では左部の行動をどのように認識するか。筆者は前述のように〝転身〟と把握したいとしたが、同語については、（一）身をかわすこと、（二）身分・職業を替えること、（三）主義や生活方針を変えること、などの意味がある（『広辞林』第五版、三省堂）。〝主義を変える〟という意味では〝転向〟と同意義に理解される恐れもある。が、身分・職業を替える＝県土木吏に就く、という意味で考えれば、その立場から谷中村民全体のことを考えるようにしたという理解は承認されるように思われる。左部は村民全体へ向き合い、自己にできる新たな方法・姿勢で鉱毒被害民に寄り添って生きようとしたのである。鉱毒被害民を総体として捉えれば農民であり、農民にとって最も重要な問題は治水問題でもある。以後左部は河川の築堤・堤防修築事業に携わった。この行動は谷中廃村問題から学びそして新たに得た使命感の実践であった。

さて、戦後の歴史学では、往々にして〝闘い〟の推移・高揚が検証の視座となり、最後まで〝闘った人〟や運動主体が評価され、改良主義的な運動への評価は低かった。谷中廃村問題でも被害民の運動の分裂に目を奪われると、換言すれば、残留・強硬派＝廃村反対貫徹派と、離村・穏健派＝廃村条件承認派という対立に焦点を当て、そこでのいがみ合いなどに関心を向けると、問題の本質を見失うことになる。左部に関する転向・変身・変節論は、多分にこの構図での議論であり、筆者は左部のような活動者にももっと光が当てられてよいと考えている。官憲の常套手段は住民の分断・離間策、すなわち住民をばらばらにし官憲への抵抗力を奪い、弱体化することにある。谷中住民の多様な対応の全体像を権力の対応という視座を失わず検討・検証することが重要である。

以上、谷中村事件に関する左部の動向を見たが、本章が対象とする時期、左部は貴重な書を上梓している。『鉱毒ト人命』(一九〇三年)がそれである。書名に、足尾銅山鉱毒事件に向き合う左部の基本的姿勢すなわち人命尊重の思想が示されている。特に主要な記述と思われる箇所を付録資料として巻末に収めておく。

注・引用・史料原文

(1)左部彦次郎報告書

本年四月三日鉱毒調査委員ノ一行ガ鉱毒地ヲ巡検シテ足尾銅山に臨検セラレタル当時、古河鉱業所ハ例ニ依リ周章狼狽シテ外観ヲ装飾シテ一時ヲ弥縫セシ非行怪事ヲ素破抜キ、其ノ一班ヲ左ニ記ス。

足尾銅山ハ其筋ヨリ命令アリテ、土砂扞止ノ方法トシテハ崩壊セシ場所ニハ石垣ヲ築キ、樹木又ハ芝畦ヤ篠笹類ヲ植付ケ、鉱毒堆積場ハ指定地トシ、其欠壊セザル様予防スルコトニナリ居ルト聞ケトモ、其費用ヲ吝ミテ常ニ鉱毒煙害ノ予防ヲ怠リ、煙害ノ尚ホ止マザル為メ、其実効挙ラズ、偶々臨検スルモノアルトキハ之ヲ隠蔽セントシテ周章狼狽スルを例トセリ。故ニ本年四月鉱毒調査委員一行ノ巡検当時モ又連日連雨ヲ僥倖トシテ慣用ノ奸手段ヲ行ヒ、委員到着ノ二日前ヨリ多数ノ人夫ヲ使役シ、俄カニ近郷近在ノ煙毒希薄地ヨリ篠笹ヤ芝畦等ヲ取寄セ、篠笹ハ根ノアルモノモ無キモノモ其局所々々ニ挿シ入レ、芝畦ハ要所々々ニ列ベ置キ、又指定地外ニ鉱毒ヲ堆積セシ場所ニハ土砂ヲ運ビ入レテ之ヲ隠蔽スル等、二昼夜兼行ニテ仝鉱場ノ通洞附近及本山京子内附近其他ヲ委員一行ノ到着アルヤ、古河鉱業所ノ所有ナル仝所字掛水ノ足尾倶楽部ニ迎ヒテ宿泊セシメ、委員一行ヲ各鉱場ニ案内シ鉱毒流出ノ皆無ト煙害ノ希薄ナルヲ説明シテ予防完備ト巧言令色ヲ以テ瞞着スルコトニ尽力シタルガ、其芝居狂言ハ雨天続キナリシ為メ篠笹ハ枯凋セズ大当タリニテ満足シタル由。

尚ホ足尾銅山鉱毒煙害予防ニ就テハ外観ノミ修飾シ居レトモ、其実ハ鉱毒被害民ガ絶叫スルニ反対シテ害毒ヲ流布スル非行怪聞多々アリ。古河鉱業所ハ道義心皆無ニシテ私欲ノミヲ逞フスルヲ以テ能事トス咄々。右ハ鉱毒調査委員巡検当時足尾町ニ滞在シ親シク見聞シタル事柄ニ有之候。
拙者ハ元来足尾町ニ出生シテ全鉱場ノ内情等ヲ熟知致居候ニ付、尚ホ続々世間ニ知レザル事実ヲ発表可致候也。

足尾銅山ノ接続地ニシテ渡良瀬川沿岸ノ群馬県勢多郡東村大字草木村平民農

何　某

明治三拾五年六月二十三日

法制局長官

奥田義人殿

御直剪

拝啓

別紙御参考迄ニ御送付申上候間、宜敷御判読被下度、該書氏名等御必要ニ御座候へハ何時なりとも御申越被下度候

右当用迄。頓首。

六月廿四日

左部彦次郎

芝区愛宕下町二ノ五

拝

鉱毒調査会長
奥田義人殿
研北
（安在邦夫・堀口修・福井淳編『国立公文書館所蔵・影印本　足尾銅山鉱毒事件関係資料』第二十二巻　東京大学出版会　二〇〇九年　一七七〜八二頁）

⑵鉱毒委員会ニ於ケル左部彦次郎ノ演説

秘第二三九号ノ一

鉱毒委員会ノ状況

県下下都賀郡部屋村大字新波寿福寺ニ於テ、再昨三十一日東部（渡良瀬川下流）鉱毒被害地鉱毒委員会ヲ開キタリ、出席者ハ
左部彦次郎　大出喜平　黒沢酉造　須藤幸次郎　新井嘉兵衛　川鍋岩五郎　島村島三郎　田名網政吉　加藤徳蔵　関口三郎次　小川吉右衛門　前沢多十郎　青木幸太　大木小源次　菅沼彦次郎　稲垣熊太郎　田中嘉一郎　葛生恒吉　瀬下儀助　久米谷彦七ノ二十名ニシテ協議決定事項ハ
一　有志者ノ組織ニ係ル鉱毒問題解決期成同盟会ノ発起ニテ近日東京神田青年会館ニ於テ鉱毒ニ関スル政談演説会ヲ開ク筈ニ付、被害地各町村ヨリ惣代ヲ出京セシメ運動スル事
二　東部被害地（地名略─注安在）鉱毒事務所ヲ谷中村大字下宮川鍋岩五郎方ニ設置スル事
三　来二月四日谷中村大字下宮、東西被害地一般ノ委員会ヲ開ク事以上ノ如クニシテ左部彦次郎ハ左ノ意味ノ演説ヲ為シタリ

諸君モ新聞抔デ承知ノ通リ、谷、島田、花井サン抔ガ組織セラレタ鉱毒問題解決期成同盟会ト云フ民間ノ調査会カ、種々ノ方面ヨリ研究セラレタ結果、鉱毒ノ在ルト云フコトハ確認セラレテ、ドーシテモ足尾ノ鉱業ハ停止セナケレハナラヌト云フノデ、今回意見書ヲ作リ政府ニ提出シテ解決ヲ迫ルト云フコトデ、同時ニ神田ノ青年会館デ演説会ヲ開ク手筈ニナツテ居ル。夫シテ政府ノ調査会ハ如何カト云ヘハ、正月迄ニハ解決スルトカ、五月ニハ解決案ヲ発表スルトカ云テ居ルモ、今日迄何ノ音沙汰モナイ。然ルニ被害地ノ状況ヲ観ルニ、昨年ノ大災害後大変動ヲ来シテ、被害民ノ気力ガ無クナツタ、其処テ見計ツテ政府ハ地方官ニ命シテ買収ヲサセ、其足ラサル処ヲ政府ハ解決スル積リテハナイカ、ソーシテ北海道ノ方ヘ遂ヒ遣ル様ナ事ヲスル積リデハナイカト思フ。川辺、利島ノ遣リ方ト云ヒ谷中ノヤリ方ト云ヒ如何ニモソー云フ様ナ風ニ思ハレル、既ニ谷中村買収事件ハ栃木県会ニ於テ否決シタルニ拘ラス、同村民ノ優勢ナル一部即チ地主派ノ者カ、更ニ県庁ニ向テ買上ケヲ請願スル模様アリ。此ノ如クンハ被害地一般ニ大影響ヲ来スヘキニ依リ、合同一致シテ運動ヲ願ヒタイ云々。

以上集会ハ午後二時ニ始メ同四時無事散会セリ

右及(欠字)候也

明治三十六年二月三日

栃木県知事　菅井誠美

（『栃木県史』史料編・近現代九、一〇五八〜九頁）

(3)龍蔵院ニ於ケル鉱毒委員会ノ状況

秘第二七二号

鉱毒委員会ノ状況

予報ノ如ク、昨四日下都賀郡谷中村大字下宮龍蔵院ニ於テ鉱毒委員会ヲ開キタリ、来会者ハ田中正造、左部彦次郎、野口春蔵外凡八十名計ニシテ即チ左ノ如シ

栃木県

谷中村　六十余名　　部屋村　二名　　寒川村　二名

藤岡町　三名　　生井村　二名　　界村　二名

（中略）

午後三時三十分開会田中正造ハ左ノ如キ意味ノ談話ヲ為セリ

自分ハ是迄鉱毒事件ニ関シ数十年間尽力シ遂ニ調査会モ設置セラレタリ。然ルニ調査会調査ノ結果ハ今ニ発表セラレサル間ニ、被害民ハ土地ヲ二束三文ニ買収セラルル、様ナル傾アリ。若シ土地ヲ買収セラルル、様ノコトアリテハ、誠ニ遺憾ノ次第ナリ。聞ク処ニ拠レバ既ニ買収ヲ甘諾スルノ意ヲ表示シテ契約書ニ迄調印セルモノアリト云フ。若シ事実ナリトセハ、大変ナルコトナレハ、調印シタル者ハ速ニ調印ノ取消シヲ為スヘシ云々ト、凡一時間余ニ亘ル談話ヲ為セリ

次ニ左部彦次郎ハ左ノ意味ノ談話ヲ為シタリ

自分ハ余計ナル事ハ言ハス。谷中村被害民ハ土地買収ノ契約書ニ調印セリト云フ。誠ニ馬鹿々々シキ奴共ナリ。果シテ事実ナレハ、是迄鉱毒事件ニ対シテハ東京等ヨリ毎日々々救助金品ヲ受ケ居リナカラ、其様ナルコトヲスル奴ハ実ニ人面獣心ノ奴ナレハ、右ノ如キ調印ハ一日モ速ニ取消スヘシ（此トキ其調印ハ取消スヨト発言セシモノアリ）云々

右彦次郎ノ談話ハ、会合セル谷中村民ノ感情ヲ痛ク害シタルモノ、如ク、其談話中三々五々退席シ、次ニ記載セル契約書調印ノ際ハ僅ニ総員二十名位残リ居リタルニ過キス

左部彦次郎談話ノ後、予テ調製シ置キタル左記事項ヲ記載セル契約書ナルモノヲ持チ出シ、出席者ノ調印ヲ

求メタリ其事項ハ左ノ如シ
一　足尾銅山鉱業ヲ停止スルコト
二　渡良瀬川ノ水ヲ清メルコト
三　天産ヲ恢復スルコト
四　今後人命ヲ害セラレサルコト
（中略）
明治三十六年二月五日
栃木県知事　菅井誠美
鉱毒調査委員長　一木喜徳郎殿
（『栃木県史』史料編・近現代九、一〇六〇～一頁）

(4)（ア）左部・黒澤宛田中（明治三六年一月二日）
（東京府下芝愛宕下町二ノ五足尾銅山停止事務所、封書）
再応の御窮苦御保養も御願可申上候処、出獄早〃多用多端の最中、片時之御生養も無之、近日ハ又前橋応（往）返、折角御光来被下候処、御らんの通りの境遇にて録（碌）〃御はなしもいたし不申、却て御手を労し中〃ニ恐入居り候。当方下情原因の取調中、何分手数を要し申候間、一寸両三日間にても御帰国御滞留相願度候。海老せ村辺、谷中、高山辺にて大ニ真理の発見も可有之かとも考られ申候。急ぎ御光来を待上候。頓首
三十六年一月二日　正造
黒澤君
乍遅滞御見舞申上候。寒気の折柄、遠路御遁伝中ハ不潔極る牢及拘留所ニ堂〃御旅館なされ、太りたる鼠と虱との襲来、汚吏の残虐等一〃御察申上候。〇但シ福島県ニ入りてよりハ大に文明之取扱にてありしとのよ

し。
○之ニ反し下野途上至る処、市兵衛奴輩の毒手を以てせられ、御窮苦等一〃言外ニ述べられざるものなりとも相伺、○憤慨いよ〳〵相加り申候。○地方官虐待の程度中の御研究材料として御調査記録上の大事実ニ被成度候。○時下御自重あらん事を祈り上候。

三十六年一月二日　　　　　正造

左部君

（『全集』第十五巻、五六七〜八頁）

（イ）野口・左部・大出宛田中（明治三六年三月二〇日）

（佐野より界村越名、封書、簗〔筑〕波村小曾根大野茂平方青年会より　正造）

梁田郡登録問題好評の処、目下総崩れなり。尤も有志あり、村々半分位ヅヽ残り候。新田、山田、梁田用水委員収賄問題予防運動日夜老朽も休息スルコトナシ。一日一夜も安眠ナシ。東方四県、川辺、利島、谷〔中脱〕ヽへや〔部屋〕等の入込ミタル収賄堕落、黒澤、片山、川鍋氏其他青年の苦心奔走モ亦察スルニ余りあり。小生潮田様ヨリ命ゼラレタル女工場見舞へ及海老瀬女学子□放問題ニ未だ参ルコトモ出来ズ候。貴下モシ御出京ノ出来ルナラバ、左部氏ニ代リテ左部氏地方運動ニ御助勢被下、互ニ事情ヲ一ニセラルヽコトヲ、大出氏ニ御面会ノ頃此儀御相談被下、両君中一時御出京、左部氏ト交代アラセラレテハ如何。左部氏ノ地方運動ハ非常ニ希望ニ候。右不取敢申上候。

（『全集』第十五巻、六〇六頁）

（ウ）田中宛左部（明治三六年四月二六日）

（田中・原田様方（六丁目）、以特使第三回、封書、左部・雲龍寺内、四月廿六日）

謹啓　昨日は態夫を以て秋田さままで申上候処、其の后（アト）にて承知仕候得ば、足利ニ御在偶とのコトニ承知仕候。即ち左ニ用向き申上候。

三十日古河町ニ演説会相開き候次第、川鍋、井田両君より通知有之候。何卒万障御差繰り御出演願上候。

九ケ村財政上の都合より東京事ム所閉鎖の都合ニて、近日出京いたす場合ニ御坐候。

須藤氏も何れ江か奉職のコトニ相成り、先日来より野口及び小生ニ暇ま請求ニ御座候て、本月九日の会議ニて各村委員も無余儀承知いたし候次第ニ相成り候間御了承被下度、貴台の御意見も伺上置度特使差上候。

九ケ村財政の都合ニては小生も引退いたす場合ニも相成り可申候。大出君、大島助役ニ小生と山本君と交渉中ニ御坐候。貴台よりも御勧め願上候。大出君は承托に相成り申候。

右申上候。頓首

四月廿六日　　　　　　　　　　　　　　左部　彦拝

田中正造様　貴下

第三回目の特使申上候次第ニ御座候。

何日頃当地江御枉駕被下候や伺上候。

（『全集』別巻、五九〜六〇頁）

（エ）田中宛左部（明治三七年五月一九日）

（田中正造様閣下親展、托川鍋。封書。五月十九日）

別紙ノ如ク研究案ニ御坐候ハヾ、事務所ニて六人ノ重ナル弁護士エ一々差上、而シテ尚ホ小生此の間運動、本問題ノ事実陳述弁護士ノ参考ニ供スル成案の処、御召喚ニ依り汽車賃都合出張いたしたるに、又タ東西相分袖するニ至り申候。此の冬期の議会ニは如何なる行動ヲ取るべきや、更らに方針確定いたさず渾沌ニ御座候。末派の輩如何ニ行動可仕や困却仕候。頓首

御多忙御推察仕候得共、先日御願ひの申候巌本先生の方へ是非書面丈ニテモ願度候。（『全集』別巻、一四一

頁）

（オ）左部他宛田中（明治三六年七月五日）

形式と宗教とを以て争はざる事を祈る。

大恩人たる潮田千勢子様御病死に付ては、夫々村々御心配中には可有之候得共、右に付時節柄勉めて冗費を省かれ候方、却て潮田様の御霊にも叶へ可申候へば、何事も慎重に御節約被下度、尤も村々の大恩人たるを以て小なりとも神に祭るの基礎にても御計画被下、人道の教育、後進奨励は諸君の任の重き御事に候得者、夫れに付先づ村々にて杭を建てゝ、神霊の遥拝でも被遊ては如何。文字は左部、大出、野口三氏等にて御考被下度候。目下正造は非常に演説会に多端、昨夜は島田三郎氏も来会す。

黒澤、須藤二氏応援中にて正当精細の良案無之候。本日雲龍寺より電報を潮田氏方に被下たるは誠によき御取計へにて上出来なり。

葬儀は明後七日に候事。

三十六年七月五日　　日本橋区演説会場にて　田中正造

左部君　小林君

大出君　家富君

野口君　庭田君

木村君　黒崎君

谷津君　外村々御中

（『全集』第十五巻、六二八頁）

（カ）田中宛左部（明治三六年七月一九日）

（田中正造様侍史親展・芝口二ノ六越中屋澤井八重子様内、封書、左部・利根郡池田村奈良実家ニ於て。七月十九日認む。御不在なれば事ム所より御出張先きへ）

謹啓　盛夏の時日御老体御別状も無之候や。為国家社会御摂養奉祈上候。

山林調査も先般申上候通り結了仕、絵図ニ苦心いたし、役場は消失の為め絵図無く、又た区役場ニも無之、小林区は元よりは不可、百方苦慮漸く調整仕候。而して此れら山林ニ対する前后方法を相講じ申し、何ニいたせ御拝顔の上万〃申上、尚御指示仰度候。

当方より林道は足尾に通じ申候。松木村民は当地江移住するの相談も有之たるやに聞及び申候。随分悪手段も既ニ講ぜられ居り、小生も実ニ困却仕候得共誤解は晴れ申候。万事は拝顔の上。明日中島祐八氏訪問の上出京仕候。頓首

七月十九日　　　　　　　　　　　左部彦次郎　拝

田中老台様　侍史

（利根村官林の図　略）　　　　　　　　　（『全集』別巻、六九頁）

（キ）田中宛左部（明治三六年七月二三日）

（田中・芝口二ノ六澤井八重子様方、封書。左部・前橋小泉やニ認む。七月二十三日夜）

謹啓　盛夏の時御変りも無之候や。漸く当市までまゐり申候。而して明日は中島氏ニ会見する考えニ御座候。

本月（七月）二十一日鉱山監督署長中村清彦が古河潤吉ニ命じたる、即ち鉱毒調査会が先きニ発布したる救済方法中の一なる十五の命令、実ニ本日当地ニて拝見いたし、慷慨の至ニ御座候。

右は期成会及び吾人の最后ニ得るべき方法候。如何。

鉱山局長は逃げて欧州ニ在り、農相辞して后任日浅しと云はんか。

右は期成会も我々も恰も花火の如し。実弾の逆しるニ非あれば全く花火と同じ。慷又慨。御尊容ニ接し万々申上候。頓首

七月廿三日夜　　　　　　　　　　　左部彦次郎

田中翁様　侍史

（『全集』別巻、七一頁）

（ク）田中宛左部（明治三六年九月二〇日〈居住地記載なし。封書〉）

謹啓　多々御尽力奉銘謝候。当表県会議員選挙競争、今や時日切迫の折柄益々勢焔相加はり来り申し候。栃木県安そ郡は関口吾一郎氏危ふく、群馬県邑楽郡は三名の処へ荒川高三郎、弁護士恩人新井要太郎、及び新井佐五郎、増田甚平の四氏、而して荒川君は昨年議会ニ御用党、今回も亦た御用党、警察助勢する様被致候。而て被害地は従来及び昨年建議案抔ニは大尽力被下候上より、荒川君加えて新井要太郎君推撰するコト、而して増田甚平氏は東邑楽郡村長会議ニ而推撰するコトと相成り申候得ば、大島、西谷田等は荒川、新井、増田ノ三氏ニ御座候。黒崎氏の小生ニ申すには、県会は地方のコトなれば新井君は推撰せざるも差支えなく、国会議員ニは推撰するがよからんとの意味を有する人有之やとのコトニ御座候と申候得共、大ひなる間違ひニ付き否認仕候。

右申上候。御判読願上候。頓首

九月廿日　　　　　　　　　　　左部彦次郎

田中翁殿

猶残務取扱所員御中まで

（『全集』別巻、七七～八頁）

（ケ）鉱毒残務取扱所宛左部（明治三六年九月二一日）

（取扱所・神田小川町一内田みね方。はがき。左部・雲龍寺）

古在由直、町田技師外五名調査会員、茨木（城）県新郷より古河、谷中、藤岡、西谷田、高山、舟ツ川を経て下羽田視察、足利泊り。今日間田、川崎視察、久能（野）より柴田方面足利町泊り。而て山田郡境野村、夫れより古在師帰京。他は両方ニ分れ精細視察、追々下流、而して帰京のコトニ御座候。小生同伴仕候。

（『全集』別巻、七九頁）

（コ）田中宛左部（明治三六年九月〈日不明、封書、封筒欠〉）

謹啓　蛮躍りの儀ニ付き御尋ねニ御座候処、該件ニ就而は種々聞合せ疾ニ御報道可仕之処、何分にしも（ママ）大なる騒ぎにて、実ニ御報道も出来兼ぬる様の有様ニ御座候。尤も小生の其の当時聞知したる処ニては、俗ニ云ふ子供躍り位とのコト、樽でも叩ゐて躍りたる如くニ聞及び候処、段々其の躍りのありたる村の委員ニ問ひ合せ候処、初めは左様の事と私共も存ぜしに、終りニは其の字丈けに非ずして、無害地各村々より大勢押しかけ来り、如何ともなし難かりしとの事ニて、委員も呆れ居る様の次第ニ御座候。警察は不認可の方針なりしも、如何にも各村々大なる騒ぎの為め（無害地）、黙認の姿と相成りたるとは渡瀬村駐在官の談話ニ御座候（此の時井上甚太郎氏視察ニ出張、下羽田案内）。

蛮躍り一般の形況を聞くに、南は利根川辺りより北は渡良瀬川辺りニ迄で及び、昨夜は首切り地蔵の松原と申す処は、五十ケ村の寄合ひての躍りとかに御座候。一昨日西谷田ニ出張問ヒ合せ候処、佐の町在田沼附近より来りたりとのコトニ御座候。無害地より侵入が実ニ大なる者ニ御座候由、栃木県激甚地は更らに躍らざる次第ニ御座候。上羽田や駒場や奥戸、寺岡あたりの人間は他村ニ出張したるとのコト、実に大した騒ぎにて何とも申し様なき次第ニ御座候。恐らくは毎晩地蔵様とか観音様とかの日割り有之、躍らざるコトはあらざると信じ申候（被害地は無之候）。

西谷田駐在は小林正一郎、渡瀬は瀬下鉄也ニ御座候。
右申上候。頓首

左部　彦

田中正造様　侍史

館林の演説は宝井捕縛せられたる為め立消ニ相成り申候。昨夜実知探知仕候。（『全集』別巻、八〇～一頁）

（サ）岩崎・大出・左部・野口・室田・小野政吉・野村千代藏・海原忠吉・田名網忠助宛田中

（明治三六年一〇月二四日〈岩崎・足利郡毛野川崎村、はがき〉）

東京にて巡回演舌八ケ所外一ケ所、已ニ六ケ所相済候。地方にて隣りの家ニも行かず下々の者ニ此新土の事をときかせもせず、只委員のみ雲龍寺に寄せて費用の事なんぞの相談、殆んど葬式後の残務の如し。希くハ生きた御運動こそ天の賜のを麁略（ママ）ニせぬ仕事ニ候事。十月二十四日　正造　（『全集』第十九巻、四七一頁）

（シ）左部彦次郎・大出喜平・野口春蔵宛田中（明治三六年一一月一七日）

（前略）

天産論天然論漸く今日に至りて価出候。東京用多端、諸君も盆踊り相済み候はゞ出京員ともなり、東京にて一踊り願へます。

右従来の天産論中に欠点なきを期する用にて候。尚御考付ば御添可被下候。足尾の視察書御出来次第更らに御逓送を非常に急ぎます。

東京市中看板の件に付、大急一人御出被下度候。右は大出君への手紙に両君も書添候。

三十六年十一月十七日　京橋越前堀和田剣之助氏方病院にて　全快生　正造

（『義人』収載、『全集』第十六巻、六四〜五頁）

（ス）田中宛左部（明治三七年四月一七日）

謹啓　十三日久能(野)村演説会手違ひに相成り遺憾千万ニ御坐候十五日西谷田村ニ出頭、明十八日演説会開会の手順ニいたし申候、昨日足利町及び佐野玉生氏之申兼候処、唯今大出氏より別封到着仕候次第、明日万障を排し御出張願上候、武藤代議士之御通知申置候得共、気づかはしく御坐候、以上急き申上候　頓首

十七日　　　左部彦次郎

田中翁様侍史

（『館林市史』資料編六、近現代Ⅱ、三一〇頁）

（セ）大出宛親展田中（明治三七年七月九日）

（青木金次郎・山本栄四郎、左部君に自然。〈上野国館林町より大島村字寄居〉。封書。在京本郷千駄木林町一四八大島方黒澤より、田中）

（前略）

議員を辞してより尚幾数倍の用務ハ増加シ、運動費ハ自らハなし。足しハ弱し。老朽の身ニ取りて近年の苦痛ハ旧ニ倍せり、幾倍せりで、又往〻左部、野口二氏ニハ交〻御叱りを蒙り、雲龍寺よりハ門外ニ立寄る事を禁ぜられ、利根郡よりハ市兵衛の代理が議員となり、中島氏ハ大〻的油断して本城の百姓を買収せられ、而モ尚田中ニウラミアリト木村半ニ同情せしハ事実なり。小生の思ふ事ハ悪事ニて用ひられず、森鷗村翁を推選して少なくも費用二百円計りハ掛つた。百五十円計ハ貰つたが、五十円計りニ大ヨワリ。皆正造の借財で。

（中略）
○三十四年正造議員ヲ辞スルヤ、群馬ノ警部長ハ号令シテ田中ハ普通人トナレリ、巡査等ハ今ヨリ敬礼スベカラズト。
○当時、被告人ハ大罪者ナリ近寄ルベカラズトノ号令ト同一ナリ。只悲ムベキハ身方モ同志モ此悪謀アルヲシラズ、終ニ此号令の間接ニ勢力あれバ、身方同志モ矢張り被告人を軽蔑して敬さゞるニ至る。
（中略）
○横塚治三久氏ハ山田友二郎氏ノ恩恵なり。通知ニよりて有り難く入獄し、事ハ千変万化アリテ村〃人心ハ千変万化せず。変化ある毎ニ啻ニ疑のみ増長し、終ニハ御互の仲間四、五人の中ニモ疑ひを生ぜしめられて、今春折角ニ小生の策戦計画モ無法ニモ左部氏の心中ニ疑ふ処トナリテよりハ、自然左部氏より中島氏を疑わしめ、且ツ邑楽の局部運動のみニ汲〃苦心して大局を忘れ、折角正造が赤堀村ニ行きて述べたる点ニ違約を生じたるハ何たる疑団なるか。而も正造ハ今日と雖中島を徳とするものなり。而も彼れハ一身已往の事を忘れ我ニ正造を疑ふハ抑も亦愚か悪か。正造ハ益心中ニ之を解せぬ処なり。中島氏何んの徳ありて予を疑ふか。彼れハ正造を疑ふの権利なきものなり。只彼れも終ニ魔物ニ欺かれ今春の愚を演ぜりと云ふの外なし。凡そ習慣より来る弊の金を以多年人を動かしたるハ彼れの富豪の不幸なり。今ヤ金乏しければ凡人ハ動かず、而モ尚之をさとらずして失敗す。自ら顧ミるの明なく且ツ自家の本城を買収せられたるハ何等の失体、畢竟自惚心か、何等の傲慢心か。油断とせバ油断、其油断の出所ハ即ち自負心より出でたり。
○夜中左部氏同伴、残寒の候老朽の正造が赤堀村ニ行きたるハ十七日ト覚。其十五日ハ藤岡町の潮田氏ノ追吊会ならん。此行老朽としてハ神速の運動なりし。中島何んの徳ありて只正造ニのみ足しを労さするか。汝ぢが県民中毒ニ病めるものあるニあらずや。只比較的より予ハ之を中島を敬するなり。而して彼れ忽ち驕慢居（倨）傲、約束を破りて演説会を利根郡ニモ開かざるハ如何。演説会を開かざるのみか却て古河市兵衛の奴輩星野を利根より選出せしめたり。中島氏ハ之れを黙諾せしものか、将亦前橋の各派の折合会ニて此議合をなしたるものなるか。

（中略）

○以上野口、岩崎、糸井の諸君ニも御面会の頃ハ明ニ御はなし被下度候。畢竟信友間に不言の疑ハ愚の極くと奉存候。渾て事実ハ時〃掛引なく明言して、互ニ毫厘の疑なく、毫厘もしあらバ質問する事ニいたし度候。無言の行違、不言の疑ハ信友間の取らざる処なり。

七月九日　正造

大出喜平様

尚々野口氏ニよろしく。

（『全集』第十六巻、二一五～八頁）

（ソ）石井清蔵宛田中（明治三八年五月二九日）

（石井・小石川宮下丁十六黒澤酉蔵方。葉書。田中・古河）

谷中村会議員決議の上、内務ニ本二十九日出京す。左部、田中の一人出京。（『全集』第十六巻、四〇二頁）

（タ）大出喜平宛田中（明治三八年六月六日〈封書、封筒欠〉）

（前略）

一昨日左部氏より承る。西谷田村大塚氏外一人下宮ニ正造を訪ふ。不在ナレバ左部氏面会、来意の大島特別条例及大出氏の品格とやらにニ（ママ）及びたりとか。此件正造もとより少しも関知せざる儀ニ付、此義申上候。谷中問題以来離間中傷旧ニ十倍いたし、我〃ハ殆んど今ハ鉱毒地無関係となり、西部ハいかなる運動を為すやもしり不申□□べし。而も此谷中一ケ所の重要問題之ため二日夜無寸暇、西部ニ参上する事すら断ジテ出来不申、況や西谷田ニ出没するの余地毛頭無之候へバ、自今いかなる方面より云〻するものありとも、此一事なりとも小生の罪とせざるよふニ厚く御願申上候。山本、青木、須藤の諸氏ニも丸ると御無沙汰ニ候。其御無沙汰□通しにて何事何人ニ□□無沙汰ニ候。西谷田ニも御無沙汰ニ候。○農商大臣足利ニ来る。川鍋氏出頭して下都賀ニ鉱毒ある事を代表す。野口氏、糸井氏さのニ出頭、さの、あそニ鉱毒ある事を忘れず。群馬、足利、茨城ハ鉱毒を忘れたり。
○小生ハ日ニ老て昨日の正造ニあらず。実際駆馳奔走の労ニハ全く堪ず。止むなく此谷中の一隅ニ汲々乎。
御賢察を。頓首

三十八年六月六日　正

□□〔大出〕喜平様

（『全集』第十六巻、四〇四～五頁）

（チ）左部より落合熊吉・五月女〔早乙女〕岩一郎・島田熊吉宛田中（明治三八年八月八日）

（下野藤岡町より谷中村下宮カワナベ方。はがき）

土木が旧堤を破り八百間の長途を弱くせしハ大罪なり。大声疾呼、其罪をならすべし。

（『全集』第十六巻、四一九頁）

（ツ）宮内喜平宛田中（明治三八年八月九日〈封書・封筒欠〉）

拝啓（中略）例の悪党等はさまぐ〵に人心を離間するために根も葉もなき流言を拵えて（中略）貴重の田地にも多くの空地を残して尚且ツ之をも恥ぢとせず、又正義派の稲作の多きを見ては又々之を嫉妬するほどなりと。（中略）東京表ても昨日より漸く村民の評判よろしくなりたり。請願之筋も天晴な道理なる事追々氷解いたし来り候間、此上の御尽力はいよ〳〵大必用に候。

尚村中の事は左部氏は勿論、北村君に万事御相談被下、自家の権利によりて本村全勝の御運動精々相願候。時下御自愛あれ。頓首

三十八年八月九日

正造

宮内喜平様

（『亡国への抗論』、一〇〇〜一頁）

（テ）木村忠吉他宛田中（明治三八年八月二〇日）

（木村・藤岡町より谷中村いげの。田中・東京）

只今破堤の報ニ接シたり。大声疾呼四ケ年の損害百三十六万円ト今回分ヲ合、御同志ニて大声疾呼、其罪をせめよ。書外左部氏ニも御指図を請ふべきなり。

（『全集』第十六巻、四二三頁）

（ト）飯塚伊平・山岸直吉宛田中（明治三八年八月二〇日）

（飯塚・北埼玉郡利島村麦倉。封書、（封筒欠。原本破損により《》内は写本にて補）

（前略）

○左部氏一人ニてハ何《とも》間似合申間敷候。災を転《じて幸と人事の機会を失わずして此機に投ずるの一術あり》

（中略）

○川鍋、秋山両人ハ非常《の》運動中ニてありし。両氏ハ洪水来るをしり《つゝも》帰り不申候ほどニて候。心中憐《れに候》。

○谷中村会御奨励被《下度》青年も御奨励被下《度候》。

《正造》
（『全集』第十六巻、四二四～五頁）

（中略）
二十日夜
飯塚、山岸両君

（ナ）大出喜平他宛田中（明治三八年八月二二日〈封書、封筒欠〉）
拝啓　此手紙ハ無論左部氏ニよりて貴下及野口、山本、糸井、稲村、青木諸氏ニ願へ、夫より渡良せ〔渡瀬〕、西谷田、多〻良亀井氏、植野の新里数氏、犬伏の山崎氏等ニ御内議を急ぐ手紙なれども、谷中村今春四隣村の助勢ニて新築せる四ケ年目の麦作堤防ハ去る十九日前十一時三十分とやらに破壊して、同村買潰し派のためにハ一層村民虐待ニ好便を与へたれバ、時きニ危険ニ感ジ候。一ハ又左部氏も病後にて奔走旁寸暇なきを察し得らるを以て、突然ニ直々ニ貴下諸氏ニ向けて東京より此手紙もさし上候間、左部氏の手を経ざるも右ニ御含ミ被下、自然左部氏ニも御図り被下度候。其御願ハ左の趣旨ニて候。
土地収用法ハ容易ニ利用するを許さゞるべきも、もと無法の悪魔等ハ偽りの調査を以て中央の当局を愚弄し尽して、内務其他を瞞着して議会を通過せしめたるほどの手練も熟し居り候ほどニ付、単純なる正当の解釈を以て参考するを得ざる今日の暗黒ニ候へバ、即ち土地収用法を施行さるゝときの用意として、急ぎ御助勢を間接たりとも、大価値ある処の御援助を願上度候。それハ、収用法ニ反対あるとき二地方知事起業者として内務大臣の許可を仰ぐ。内務大臣ハ之を内閣ニ提案す。内閣もし容れざれバ、村民ハ幸へなり。けれども、もし容れゝバ、収用の実行ニ至らん。不幸、軍人ハ出兵し、且ツ三年の水害、壮丁健康者ハ他郷ニ出稼ぎして、残るハ老弱のみ。法律上の争ニ堪へずして、奪へ取られるニも至らん。我〻の奔走も此際ニハ日夜となりても亦疲れ果てゝ、見す〳〵奪へ取らるの大災害ニもならん。今もし之を予防せんニハ、周囲の村〻より事実を内務大臣及内閣ニ建言するにあり。建言書ハ御承知の通り、いかに悪事を直接ニ記載するとも欠礼ニハ至り不申候間、十二分の筆、十三分の条理を有体ニ陳述するの余地も有之候事。内閣の外大蔵、農商及大本営ニも実ハ相願度候。其趣旨ハ凡左の一班を御参考すべし。

（建言書趣旨　略）

尚文書ハ麁悪ニても、一日も早く直筆ニ直言を以て御呈出相成候様御願申上候。

時局急なり。内治亦此大盗あり。頗る御手数を請ふの止むを得ざる次第ニ候。谷中方面人少のため、常ニ理を以て非ニ陥る事多〃なり。憐れ御助勢を得バ、或ハ理を以て或ハ理ニ達するか。敢て懇願す。頓首

三十八年八月二十二日認　　東京ニて　正造

（『全集』第十六巻、四二六〜九頁）

（二）山岸直吉他宛田中（明治三八年八月二二日）

（封書・封筒欠。原本破損により《　》内は写本にて補）

大至急御願ニ候事左ニ、

（中略）

一、先刻下宮の川ナベ氏臨時ニ帰り候ニ付口上ニて申《上候》。茨城、群馬有志、三県連合ニ《て》一通を早く内閣及内務《ニ》相願度事。

一、谷中破堤ニ付悪魔の術数或ハ老《弱を》侮りハせんか。帰り度も東京《表》中々帰れ不申、旁御尽力《中いよ》いよ又此御願申上候。偏ニ御採用被下度《候》。

八月二十二日　　《正造》

山岸君　野中君

飯塚君　石井君　荻原《両君》

〔冒頭欄外〕左部氏も多忙《中ならん》。此手紙ハ自然《に同氏ニ》御図り被下候ハ《勿論の事》。

（『全集』第十六巻、四三〇～一頁）

（ヌ）島田熊吉（他五名略）宛田中（明治三八年八月二二日）

破堤してハ是れで官吏の罪悪も亦大きく明ニ見へるです。左部氏ニ万事。（『全集』第十六巻、四三一頁）

（ネ）大出喜平宛田中書簡（明治三八年八月二九日）

（親展。大出・館林より大島村御役場。封書。田中・いびせ村松本方）

非常に御多用の御中江余事の御手数申上候段恐縮なり。右ニ付昨日いびせ村ニ参り候得共、彼是行違染〃相談も出来不申残念ニ候。いびせハ当時人類の生活もありけれバ、早くも二十五年の悪夢も善夢も忘れたり、只松本氏の厄介ニ相成候。此村の谷中つゞれ買収問題ハ群馬の大問題たりしも、群馬の民力亦ぶたの如く、精神亦さぎの如く穏やかなり。（中略）

○正造の申す事ハ大体分ツテ居る、古い〳〵、又〃例のくり返しばなしなりと計り御笑ひなく相願候。少々ヅヽハ若帰る事もあります。近頃ハ大分若帰りました。又法律問題ニ付山本氏ニハ別ニ相願度候。もし幸山本氏御出ニ候へバ、両端とも大好不（ママ）都合ニ候。目下止ミなき事ニて左部氏留主取込、悪魔ハ破堤ニ乗じて俄慈善のツラをかぶりて、買収の名の下ニいよ〳〵奪へ取らんとす。あやうし〳〵。乍去谷中いびせニ一人も人類ナキヤ。否〳〵決してしからざるべし。

○日本危し〳〵、講和〳〵、へボ安心して時ハ去り、秋期となり、我の不利となり、彼れハ用意十分となりて講和ハ破れん。小人の安心ハ此くの如し。愚人の決心ハ小生の位置の如し。国家ハ実ニ危シ〳〵左部氏及野口氏ニハ時〃御奨励被下度、左部氏も非常の決心ニてハありし。

（後略）
八月二十九日　　　　　　　　　　　　　　　　　　正造
　　大出君
（『全集』第十六巻、四三八〜九頁）

(5)猪熊国三郎宛田中書簡（明治三八年一〇月二四日）

拝啓　過日は上野にては大欠礼仕候。さて〳〵下野も漸く幾千年前の大野蛮地とは化し去れり。国法も人道も人民も政府もメチャ〳〵にて、只腕力主義、泥棒跋扈、強盗横行、良民の財産も生命も是れを奪ふて毫も憚らざるに至れり。

（中略）

嗚呼、上智と下愚と奸悪と無邪気とは、固より敵する能はざる所なり。依て今の地方官等が谷中の村民及今の県会議員を籠絡するの易きは、小児の腕をねぢるよりも易々たり。弱しと見ればます〳〵侮りて私暴を働きつゝ、残酷の此官吏は、人民の弱きを機として将に谷中に暴力を逞ふせんとす。県民亦夢の中にありて此悪事を知らず。何とも例すべきものなし。

以上申上度事山々なりしも、多忙中故後更に可申上候。草々頓首

　　明治三十八年十月二十四日　　　　　　　　　　正造
　猪熊國三郎様

若し貴下の御知己中、真に下野の亡滅を嘆息し、又は慷慨するものあらば竊に〳〵
（『全集』第十六巻、四五〇〜一頁）

第五章
土木吏としての活動・晩年

左部彦次郎妻子（前列左ゆわ・後列左春江。松木弥栄子氏提供）

西暦	和暦	月・日	事項
1908	明治41	1・14	春江誕生。
1909	明治42		「栃木県内務部　第二課　雇」として勤務。
1910	明治43		大田原土木区黒羽出張所員工手。
1911	明治44		内務部土木課鹿沼土木区土木技手補。
1913	大正2	9	田中正造本葬（於惣宗寺）に参列。
1914	大正3	4	春江、館林尋常高等小学校へ入学。左部、神奈川県へ単身赴任。
1918	大正7		神奈川県三浦三崎堤防監督官。
1920	大正9		小田原市で勤務。妻子小田原へ。春江、館林尋常高等小学校から転校。
1921	大正10		春江、横浜の女学校へ入学、異母兄の家より通学。
1922	大正11		厚木土木出張所勤務。
1923	大正12		春江、夏期休暇で厚木の自宅に帰宅中関東大震災に遭遇、一〇月より館林高等女学校へ転校。
1924	大正13	3・23	実母斎藤うた死去（享年八九歳）。
1926	大正15	3・24	神奈川県中郡平塚町二四一七番地で死去（享年五九歳）。

一　土木吏として

（一）栃木県での勤務

谷中村を廃し、同地域を遊水池に変えるという政策・施策は、関係者の間にさまざまな葛藤・亀裂を生む中で強行された。島田宗三の次の一文はその経緯と残留民としての思いをよく伝えている。

> かつて谷中堤内外の住民は四百五十戸を数えたが、多年にわたる苦難と迫害に耐えかねて、何れも県の買収に応じ、本年一月、土地収用法が適用されてからも、染宮重五郎（じゅうごろう）（加藤安世夫人の生家）染宮庄助（しょうすけ）（重五郎の親戚）茂呂マサ（先に翁が擁立した婦人で、重五郎の親戚某が後見役をしていた）竹沢幸次郎（たけざわこうじろう）（通称幸蔵）の四名が脱落して、いまや残留する同志は僅かに十九戸となり、そのうち堤内の家屋破壊の受令者は十六戸百余名となった。
>
> これらの人びとの心は、区々まちまちであったが、要するに闘争などという意識はなく、ただ各自辛苦の油汗で築いた土地と家屋、これによって生活しなければならぬ境遇、また先祖代々三百年四百年という永い歳月を積んで完成した村落を自分らの代に於て潰しては先祖に申し訳なく子孫にも赤顔向けができない。況してこの村を瀦水池とすれば却って　治水上無益有害であることは明らかなため、われわれは当局に対し、すでにあらゆる手を尽したが、ついに容れられなかったのである（島田宗三『田中正造翁余録　上』

一一〇〜一一頁〈以下『余録』と略記〉)。

「闘争などという意識はなく」、「各自辛苦の油汗で築いた土地」で、「生活しなければならぬ境遇」という記述は、残留民の真意と状況を率直に語っていると思われる。加えて、先祖代々引き継ぎ守ってきた土地への愛着と責任、遊水池化の有害無益性について、その土地に生きる者として知悉していること等々、さまざまな思いが残留という意思表明に繋がっていたのである。

関係者の綴った〝悲歌〟は、さらにその感懐を示していて読む人の心を強く打つ。①「渡良瀬河畔の悲劇」(松堂　菊地茂(『館林双書』第二巻、三〇一〜四頁)、②「廃村谷中を弔の賦」(同書・同巻、三〇五〜三一一頁)、③「渡良瀬川の堤上に立ちて」　栗原彦三郎　(同書・同巻、三一二〜三二二頁) などが、それである。全体を一読して感じることは、その感懐を伝える語の重さであり、それが詩の長さとなって綴られていることである。③は田中を讃える内容であることが特徴なので、ここでは①・②に関し、筆者が特に感動を覚える箇所をそれぞれ示しておく。

①渡良瀬河畔の悲劇

(前略)

勝時あげて故郷に　帰りて見んかあゝ哀れ
親兄弟の影もなし　草を褥に銃枕
戦場の兵士が　結ぶ夢路や今いかに
更に悲しや祖先を　埋めし墓さへ魔の県は
奪ふが如く買はんとす　追ひ払はれて此等民

親の屍うちすて、　何地行かんかあ、何処
芦原茫々三十里　風雪を吹く足尾の山
今日の悲劇を何と見ん　毒流滔々たり渡良瀬川
人皆あげて銅に　濁り終らんか噫日本国

②廃村谷中村を弔の賦
（前略）
ひとり当年の豊村谷中は　其幸福と安楽と
一切の喜びと歴史とは　水底深く埋められ
茂れる農家の森も　子等の喜ひたる小学校も
多くの信徒に安心を与へし　名高き神社仏閣も
跡形だもなく　更らに更らに
若かりし余の心を　限りなく喜ばし
足の疲れを忘らせし　稲苅る乙女の歌声も
今は聞き得ん由もなく　見渡す限り枯れ芦の
風に吹かる丶洲となりて　涙の種を残すのみ

①は日露戦争における帰還兵の気持ち、②は追われ出たふる里の変貌に涙する旧村民の感懐を伝えていて、ともに郷愁を誘う。それぞれの詩に見られるように、各自の向き合い方には多様性があった。が、旧谷中村民の村を思う気持ちは、皆同じであった。このような状況下にあっては、左部の心の中を読み取れない人びとが、

県の土木吏に就いた左部に猜疑心をもつのも、けだし当然であったように思われる。特に左部の場合、県の官吏に就いたというだけでなく廃村反対運動のリーダー的存在であった川鍋岩五郎を寝返らせた張本人とも見なされ、周囲の冷たい視線を浴びた。田中の書簡に見られる次の指摘はこの一件の状況を伝えている（原文）。

○今や左部ハ川鍋氏を生捕る委員ニて、度々古河町ニ来りて川なべ氏会せり。川なべ氏未だ左部ニ下らず（大出喜平宛田中書簡、明治三九年八月二六日。『田中正造全集』〈以下『全集』と略記〉第十六巻、五一六頁）。

○腐敗の極、川鍋氏の如き正直な者を欺くは欺く人に罪あるのみ。欺かるゝ人に罪なし。只々憐れと云ふの外無之候（野口春蔵宛田中書簡、右同年一二月二六日。前掲『全集』第十六巻、五五七頁）。

○承り候へバ左部氏一昨夜農家のウラニ忍び入り、眠りてイビキして、隣家大騒となりたる怪談あり（大出喜平宛、右同年一二月二九日。前掲『全集』第十六巻、五五八頁）。

左部が川鍋を〝寝返らせた〟という指摘については、筆者は確証を得ず、いずれとも断定できない。また、廃村反対に奔走・尽力してきた左部が栃木県吏となったことについて、島田宗三は「（明治三八年）十月　日鉱毒問題以来ノ同情者トシテ谷中村買収反対ノ運動ヲ為シツ、アリシ左部彦次郎氏、栃木県ノ土木吏トナル。為メニ村民或ハ激昂シ、或ハ気力ヲ喪フ」（「谷中村問題重要日記」『余録　上』三六九頁）と記している。鉱毒被害地におけるそれまでの左部の活動を考える時、掲載文にみられる被害民の姿・思いは容易に想像される。「売節漢として村民衆怨の標的にされてゐた」（「県吏疑獄事件〈続報〉」『国民新聞』一九一〇〈明治四三〉

年七月二二日〈栃木版〉、佐野市郷土博物館・嶋田宗三家文書）という報道にも、その状況が窺われる。このような雰囲気の中、左部の胸中はいかばかりであったろうか。その心の思いの一端を、やや時を経た後のことについての記述であるが、次の一文は伝えているのではあるまいか。

明治四三年三月、雲龍寺で川俣事件の被告人が一〇周年記念の集会を開いたとき、かれはかつての同志で、この集会の幹事野口春蔵・大出喜平へ「年々歳々花相同じ、歳々年々人相不同、有常に感ずるは有常に観るべく無情と感ずるは無情に観るべく候」「十年亦多二十年萬感胸ニ逼リ」という萬感こもる手紙を寄せた。昔の仲間達にどれほど会いたかったであろうか（篠原信雄『田中正造とその時代』九三〜四頁）。

いずれにしても、周囲の、特に谷中村廃村反対強硬派の批判を受ける中、左部が身を栃木県の土木吏に投じたことはまぎれもない事実である。このことに関し筆者は、前章で、①運動の分散・衰退化に伴う運動家を支えた資金の枯渇化、②運動資金欠乏による運動リーダーの生活維持の困難化、③客観状勢としての廃村の不可避性と混乱、④谷中村村民全体の生活困窮化と救済の必要性、⑤府下知識人などに見られる支援態勢の状況、等々から、左部は谷中廃村反対運動から身を引く苦渋の選択を敢えて行った、とした。さらに土木吏就任については、谷中廃村が度重なる堤防決壊に伴う治水上の問題として処理・決定されたこと、そして事実決壊して沿岸農民が苦しんだという現実（治水上の問題としたことの是非や県が放置したということについてはここでは措く）から、堤防工事に携わることを〝鉱毒被害民に寄り添う新しい生き方〟として主体的に選んだとし、この動向を、〝転身〟という概念で捉えた。それは身の置き所を換えたということではあっても、基本的な主義・信条の変更を意味しない。即ち、〝転向〟〝変節〟〝売節〟の呼称は該当しないと考えてよいと思われるのである。

では、県の土木吏に就いた左部は、以後どこでどのような工事に従事したのか。一般に知られているのは、大田原土木区・鹿沼土木区で治水工事に関係したという程度である。筆者の調査でも不詳で、復元できる史料・文献は、本書でたびたび引用している大場美夜子『残照の中で』(永田書房、一九六九年)、同著者の『かく生きて』(牧羊社、一九八〇年)、赤上剛『田中正造とその周辺』(二〇一四年)、および前掲第四章(三)で示した布川了・赤上剛・山口徹らの調査・研究成果である。神奈川県へ転居するまでの栃木県の土木吏としての勤務の状況を、山口徹作成の「年譜」(前掲二一四頁記載(5)左部彦次郎年譜 試論、第一稿)などを拠り所にして見ると、以下の通りである。


〈一九〇八(明治四一)年〉

一月十四日 春江 出生(松木弥栄子蔵「戸籍」、萩原進『足尾鉱毒事件』一二一頁)、「私は父の任地の宇都宮で生れ、三才位迄そこにいて」(大場美夜子『残照の中で』四七頁)。

〈一九〇九(明治四二)年〉

八月現在「内務部 第二課 雇」(この時は『土木課』とは言っていない。四八人の「雇」のうち、給料順の七番目、月俸「廿二円」を得ている。最高が三十円だから、「雇」の中では、良い方である(『栃木県官員職員録』—山口記)。

〈一九一〇(明治四三)年〉

「大田原土木工区黒羽出張所員工手」(『国民新聞』七月二三日、佐野市郷土博物館蔵・嶋田宗三家文書)。

〈一九一一(明治四四)年〉

「次に鹿沼という処に移り、小学校へ入る直前までいた」(『残照の中で』四七頁)。「八月現在の『栃木県官員職員録』では、『内務部土木課鹿沼土木区土木工手補』として、六人の「土木工手補」の中では、月俸十八円で、一番目に記載されている」(山口記)。
〈一九一四(大正三)年〉
四月　館林尋常高等小学校へ入学。梅雨の始まる季節「父はその頃神奈川県庁に奉職し、厚木に派遣されて相模川堤防工事の責任者だったらしい」(『残照の中で』五四頁)。

山口の現在までの調査結果によると、左部は一九一〇(明治四三)年まで大田原土木工区黒羽出張所に勤め(居所は宇都宮)、翌年には鹿沼に移ったようである。給料には比較的恵まれていたことが窺える。しかし、一九一四(大正三)年頃には同地での勤務を辞し、神奈川県に転居したと推測される。この間のことについて、大場は、一九〇八(明治四一)年宇都宮で生まれ三歳まで同所で過ごし、以後六歳までを鹿沼で生活したと記している。以下の通りで、左部家の様子、左部の職場の雰囲気や父親像を彷彿させる叙述である。

私は父の任地の宇都宮で生れ、三才位迄そこにいて、次に鹿沼という処に移り、小学校へはいる直前まで いた。鹿沼の記憶は、父も母も大病をして、東京から祖母と伯母が見舞に人力車で玄関についた日、病床の父の喜んださまが今もはっきりしている。又この二人がたくさん父にお金を渡して行ったことも子供心にうれしかった。(中略)

鹿沼の家の前は広々とした田圃で、藁塚ができると其処で近所のわんぱく達と楽しく遊んで藁だらけになったこと。今でも思い出すと藁の匂いがどこからか匂ってくる。

或時、夕食の席で父と母が、二、三軒先の同僚が、役所で父にいじわるをするという話を耳にはさんで、私は憤然と、夕食が終るとその家へ押かけて行き、そこの主人夫婦を前にして、どうしてうちの父さんをいじめるのかと談判しに行った。家では私のいないのに気がついた父母は、探しに探して、嫌いな同僚の処で猛りたっている私を見つけて、びっくり仰天、やっとなだめてつれ帰った。父は私の頭を撫でて、すまんすまんと繰り返しただけで叱らなかった（『残照の中で』四七～九頁）。

ところで土木吏就任後の動向について、筆者には不詳で検討すべき課題と考えながら、本書執筆に際しても明らかにし得なかったのが、「県吏疑獄事件（続報）」として報じられた次の新聞報道に関することがらである（句読点引用者）。

▲佐取工手反抗す（中略）其後県立病院建築事業起り、原材を東京街道の並木より採る際、佐取は西口の現場監督員として出張し、宇都宮市川向町材木商谷田部長吉の受負事業を監視したので有た。（中略）県立病院も出来た後、本年三月の吏員淘汰の時、佐取も御用済に付雇を解くと云ふ辞令が出た。サア佐取が立腹した事は非常だツた。走免尽きて良狗煮るゝ底の首切事件であるが故に、怒気天に沖するの勢ひを以て県庁に押掛け、山本貞五郎其の外の上役に対し、激烈なる反抗に及んだ処、山本等も何か考がへがあつたと見え、数日の後再び雇を命じ、黒羽出張所詰を命ずとなつたのである（前掲『国民新聞』明治四三年七月二二日（栃木版））。

先にも触れた通り左部を「佐取」と表記するなど、同記事には疑念とすべき点も多い。「県吏疑獄事件」とはどのような事件であったのか、県立病院建築事業に絡む問題であったのか、県吏解雇問題に関わることであったのか。この件に関することは未詳で、今後の研究・検証課題である。

(二) 神奈川県への移住

鹿沼での仕事を栃木県での任務の最後として、左部は神奈川県吏員となり、厚木での相模川堤防工事、三浦三崎での堤防工事監督、小田原での治水工事などに従事した。左部が神奈川県に職を得て栃木県を去るまでの経緯、および移住後の様態過程を大場の『残照の中で』の記述などを手掛かりとして見てみると、以下の通りである。

〈一九一四（大正三）年〉

小学校は今の北小学校であった。その頃は（中略）館林尋常高等小学校と言った（六七頁）。

〈一九一五（大正四）年〉

二年生になった時は、父は失業したらしく（一〇三頁）

東海道を平塚まで行き、そこから馬車で、馬入川に沿って川上にさかのぼり、厚木の父の下宿している角館という下宿屋へ旅装を解いた（ゆわのリュウマチ治療のため広島〈伯母の嫁ぎ先〉の温泉へ行く途次―注安在）。父はその頃（大場が二年生の頃―注安在）神奈川県庁に奉職し、厚木に派遣されて、相模川堤防工事の責任者だったらしい（五四頁）。

〈一九一八（大正七）年〉

山を越せば広島の駅がある、汽車に乗れば平塚へ行くのはすぐだと思った（六二頁）。

・五年生の時は、丁度父が神奈川県の三浦三崎の堤防工事の監督官であったので、母につれられ父のもとに行った（六九頁）。

吟行中の大場美夜子（左部春江。松木弥栄子氏提供）

・小学校六年間と、高等科一年の七月まで、（館林尋常高等小学校の―引用者注）あちこちの教室で勉強した（六八頁）。

〈一九二〇（大正九）年〉

・館林で高等科一年の一学期を終えて、いよいよ父の任地の小田原へ母と一緒に行くことになった時の嬉しさはたとえようがなかった。六、七年父とは離れ住んで暮していたので、（中略）高等科の半分を、転校した小田原で了えて、その翌年、横浜の女学校へはいった（七一頁）。

・私が女学校へはいるため、母は館林を去って、父の就職先の小田原へ行くことになった（一〇五頁）。

・横浜の女学校にはいることになり、母はその頃小田原に出張していた父の許に私をつれて、やっと一緒の生活をするようになったが私は横浜で暮した（一〇九頁）。

〈一九二二（大正一一）年〉

父は其の頃（大場が横浜の女学校へ通い始めた頃―注安在）、県から（神奈川県）厚木の土木出張所に派遣されていた（七三頁）。

〈一九二三（大正一二）年〉

九月一日午前一一時五八分、（中略）母は昼食のものを買いに出て留守であり、父は出勤していなかった。（中略）突如として揺れ動く大地震（七七～八頁）。

〈一九二四（大正一三）年〉

一月一五日、再度の地震（余震？）で家屋倒壊。

＊本地震に関し「大正一三年一月一三日付、左部宛館林高等女学校校友会書簡」（宛先・神奈川県愛甲郡厚木町二六九二番地）が残されている。（「関係資料」収載）

＊厚木市の「年表」には、次の記載がある。

「正月一五日丹沢付近の震源七・〇関東大震災の家屋その他の復旧は未らず（ママ）、この地震により建築中の家屋も多く倒潰。神奈川県下全潰家屋一、二六二戸。死者六人」（厚木市史編さん委員会『厚木市史史料厚木市史年表』厚木市役所、一九八二年、八一頁）

〈一九二五（大正一四）年〉

（大場ストライキ騒動の折—注安在）父は心配して、忙しい中から、遥々と任地先の神奈川県の大磯から三回も来館して（九〇～一頁）。

〈一九二六（大正一五）年〉

左部、神奈川県中郡平塚町二四一七番地（現平塚市）で没。

大場の記述に従えば、一時期左部は失職したようにも見えるが、「失職中」と記した年に「神奈川県に奉職」とあるので、次の職を得るまでにさほど時間は要しなかったことが窺える。この経緯について大場は「長年の渡良瀬川との生活が身について、土木治水にくわしくなり、その方面で職を得て」（七四頁）と記している。筆者は前章で触れたように、〝土木治水〟への就職は技術もさることながら〝信念に基づくこだわり〟と見る。ともかくも、神奈川県での最初の任は、厚木での相模川堤防工事（厚木土木出張所派遣）であったことは確かなようである。同所を訪れた時の記憶を、大場は次のように綴っている。

東海道を平塚まで行き、そこから馬車で、馬入川に沿って川上にさかのぼり、厚木の父の下宿している角館という下宿屋へ旅装を解いた。父はその頃神奈川県庁に奉職し、厚木に派遣されて、相模川堤防工事の責任者だったらしい。私は宿へ着くと夕方父が帰るのが待ち切れず、宿のおかみさんに教えられた郡役所へ、田圃の中の道を走りに走った。郡役所には父はいず堤防の工事現場へ行っていると、教えてくれたので又聞いた道を一目散に走って、父を探す目をきょろきょろさせながら、堤防に登り、その上を走った（『残照の中で』五四〜五頁）。

かくして神奈川県の職員となった左部は、その後職場を厚木から三浦三崎、小田原、再度厚木へと移している。三浦三崎での様子については次のように記されている。

五年生の時は、丁度父が神奈川県の三浦三崎の堤防工事の監督官であったので、母につれられ父のもとに行った。この一夏は親子三人で海辺の生活を楽しんだが、母と私は、天気であれば毎日城ケ島へ舟で渡り、海草をとった。つのまたであった。母はせっせとそれを干して、館林への土産として町内中へ配って喜ばれた。和服の縫い返しの時、張板に布を張る時の糊に使われたらしい。私は様々な貝を拾って来て遊び仲間にわけた。三崎での生活は、夕方、郡役所から勤めを終えて帰る父を、表通りまで迎えに出たり、朝、通りまで送って出たり、夕食後の散歩に海岸を歩いたり、父と暮せた楽しい一ケ月は、今でも走馬灯のように浮び上ってくる（六九〜七〇頁）。

三浦三崎から小田原に変わったのは、大場が高等科を卒業する時期のようである。そしてこの時期、妻子は館林から同地へ転居し、久しぶりに親子水入らずの生活を再開することになった。ただし小田原のどこでどのような仕事に携わったのかは明らかでない。またその後関東大震災発生時には、厚木に戻り相模川の治水工事に携わっている。そして同震災があった翌年一月には再び地震（余震と思われる）に遭い、再建した家屋も再度倒壊という不幸に遭遇している。

大震災に遭遇した翌年、新年を迎えて綴った次の大場の日記の一文を目にする時、再度の地震との遭遇はいかばかりであったのか、察するに思い余るものがある。

大正十三年は訪れ来る。一大地変のありし年は逝く。めぐり来し新年を向へて、事なからん事を願ふ。然して我胸に輝く望!! そを幾分かとげ成さん。神秘不可解な天地の怪とかん。我は天を地を。地下万丈のその中はいかなるものに構せらる。天、太陽はいかものぞ、いざ目ざしゆかん。志をまげず、学びゆかんやこの道を。年頭にあたりて言志の一端遂げられんことを期す（大場「一九二四（大正一三）年日記」。松本弥栄子所蔵文書）。

神奈川県への転居後の左部の動向を見る時、左部はあくまでも現場での作業に拘り、その任務の遂行に努めていたことが分かる。「土木吏」に転身した意味と意義、一貫性がここに見られることに留意しておきたい。

二　家庭人として

前述のように、左部は神奈川県へ転居後職場を、したがって住まいをたびたび変えている。が、そのような動向の中で目につくのが、〝家庭人〟としての振る舞いであり、〝良き父親〟としての姿である。娘・大場美夜子の日記・作文がそのことをよく伝えている。たとえば、家を離れ横浜暮らしをしていた神奈川県私立横浜高等女学校在学中に認められた日記の中に、次のような記述がある（句読点を適宜追加し、万葉仮名は現代表記に改めた—注安在）。

一寸学んだ後、洗濯する。テニスを三十分間やった。手にこぶが出来てしまった。手紙を三通ばかり出す。（中略）父上より葉書来る、本箱、机等買はずにミカン箱でよいと申さる。然しもう買ってしまった。ああ、父上の心の中が貴くなつかしい。この様な父を持つ我は幸福である。そうだ、机はミカン箱でも何でも、本がのされればよいのである（一九二三年四月一五日）。

掲載の一文から、左部には贅沢に慣れ親しまず質素を旨とする生き方を教える親心が、垣間見える。一方、美夜子には父親のこの気持ちを受け容れ尊敬する純真さ・素直さが感じられる。微笑ましい情景である。日記には家庭人としての左部像をさらによく示している箇所がある。左部が厚木での勤務の際に遭遇した関東大震災の折の記述である。その主要な箇所を収載する。

〈九月一日〉

朝食もしたくない。学校の用意に雑巾を作る。正午十五分すぎ頃グラグラ〳〵。思はずたんすに寄ったが中々大きい。外へ飛びだして、母上は使に行かれたので向（迎）ひにと向はんとしたが地なほゆるぎ家々は倒る、倉はつぶれる。あ、これこの世の終りかと覚悟す。泣き叫ぶ人の声げにものすごし。火事は出る。厚木は全滅、わづかに下町のみのこる。一夜外にくらす。幸に我等三人はぶじ。

〈九月二日〉

夜明け待遠しく薄暗き空のみうらめし。月は凄くてりさへ渡る。ゆるぎやむかと思へば又しても大きくゆすれる。一まず小やをつくり三軒一しょに居る。我家はかたむいただけにて別条なし。夕方朝鮮人大ぜいして攻め来るとて半鐘はなる、女子供は山の手ににげる、夜もろくろく夢むすばれず、仕度かためる。

〈九月三日〉

焼跡にゆって見る。言葉も出でず。其悲惨に驚く。死人多く皆掘り出してゐる。原だ。まるで町は原野と変じてものすごし。ゆるぎは止まらず。雨降り来り又大さわぎ。寝るに家なく着るに衣なき人々の哀れさ。母上はふとんをやる、食物もわけて上げた。飛行機来り、うれしさにむせぶ。東京横浜は全滅との報。

〈九月四日〉

父上夜具を友人に持ちゆかる。疲れてしらずねむる。父上横浜に課長の命を受けにゆく。案ぜられた。飛行機二三台来る。川に時々行き見るが水はさう心づかはぬと大丈夫。夜父帰られて無惨なる有様を語らる。さしもの大都市も今は原となってしまった、との事。朝鮮人が天災につけこんで火をはなち人を殺したといふ。何たる口をしさ。

大場美夜子日記帳（松木弥栄子氏提供）

〈九月五日〉

時々地震あり。午前中はどうした事かすっかり身体がつかれて横になる。午后より新家の倉かたづけに手伝ふ。夕方より雨電光ものすごし。地はゆれる。小やの中も外とかはりなく水で一ぱい。川はきれやせぬかと案ず。然し間もなくやんだ。父上の帰りをそかった。地しんは相変らずする。

〈九月六日〉

すっかり身体がつかれてだるくて仕方ない。飛行機三台も見え急にうれしくなる。ビラをまいた。兵士がのりこむそうな。いよ〳〵戒厳令がしかれたのだ。此の先如何になりゆくか。時に応じ社会主義の旗あげやあらんか、あゝ恐るべき事よ時よ。

〈九月七日〉

グラグラ〳〵。思はずも起き出でる。一週間目といふに少しも止まぬ。神は一体何時まで又如何に人間を苦しめるのであらうか。あまりに増長しをごりきった人間への罰であらうけれど。表通には見るも哀れな涙なしでは見られぬ難民とほる。男の人はさまでに思はなんだがか弱き女、子供……（原文ママ）。何とかして慰めいたはってやりたい。水の一ぱいもやりたいと思った。

〈九月八日〉

父上に金五円いたゞいた。生かして使へと申さる。さて我は何をなしたらよいのか。下の町はずれまで白をつれて見にゆく。道路の破損に驚く。父上の骨折も思はる。新家の墨俵等かついだ為少々背骨いたし。注意しよう。

〈九月一六日〉

久しぶりに太陽の姿に接す。洗濯をなし一文字屋に関永さんの安否を尋ねに行く。清水さんに返事を書く。川の水は大分ひいた。でも黒にごりの流れは消えやらぬ。早くより夕食の支度をして父上の帰りを待ったが八時すぎても足音はせぬ。九時以後は外出はならぬとの兵士の命。心許なく向ひに出た。女のことて早速とがめられた。が、理由を話して行く。入りちがって父上は来られた。

日記は、単に左部の家庭・親子の関係を伝えるだけでなく、当該地における大震災の状況を示す史料として貴重なものである。大震災時の様子に関して言えば、大場氏の書き遺している重要な史料が少なくとも三点見い出せる。①『残照の中で』の一文、②「作文」、③「手記」である。

まず①『残照の中で』を見る、次のように記されている。

九月（大正一二年―注安在）六日が新学期開始である。そしてあと数日という、九月一日午前十一時五十八分、私は、一人で横になっていた。家でも学校でも私はやはり疲れがひどく、すぐ横になる癖がついていた。
その日は朝から雨であった。正午近く晴れたので、母は昼食のものを買いに出て留守であり、父は出勤していなかった。
そこへ突如として揺れ動く大地震、私は一たまりもなく屋根の下敷になってしまった。倖、枕元に箪笥があったので起き上れる空間は残されていた。（中略）
夕方近くになって、やっと父がこれも
「春江、春江」
と連呼しながらようやく無事に帰って来た。親子三人は手をしっかりと握りしめて嬉し泣きをした。父は郡役所にいたので、自分の責任の重要書類を一人で最後まで片づけて完全な処へうつして来たという。私達の安全なのを見て又父は役所へ警備に出むいた。（中略）
明方、町の男の人達がそれぞれの家族を迎えに来た。父も来てくれた。朝鮮人は押し寄せてこなかったという。どこから押寄せてくるんですかと聞くと父は東京からだと言ったが、そんなに大勢この村に来られる筈はなかった。そして何故東京の方から押し寄せてくるのかわからなかった。相模川に架っていた橋はみんな落ちていたからであると言う。人々はそんな流言ひ語に右往左往した（七七～八二頁）。

次に、②作文である。大場が前述の横浜女学校在学中に書いた『作文帳』に収められているもので、短文であるが「地震」という題で次のように綴っている。

グラグラグラ。天地もさけるばかりの大地震。ワッとばかりに泣き出す姪をしっかと抱きしめ、家におっては危険と裏へ出た。姉も子供をつれて飛び出す。とたんに棚からガラガラ。「アレッ」と姉小笹の中へ駆け入らうとすると又しても一ゆるぎ地面一間程亀裂。

泣いてゐた姪も只ふるへて真蒼となった。姉は立すくむ。私も言葉も出ず、目を閉ぢて「ナムアミダブツ」と思はず心中にくり返した。揺は止んだ。世間は地震話に花を咲かせて一入騒しい。多大な損害があったことであらう。私が此の世に生れて此の方始めての大地震である。先々無事で結構。

震源地は何処かなど思ひめぐらしながら家に入った。時は大正十一年四月廿六日午前十時少し過の出来事である。

ちなみに『作文帳』には、前掲「地震」のほか、「春の山手公園」「秋晴れの朝」「噫故原内閣総理大臣」「梅花」「待たるる帰省」「降雪の感」「此の頃の我心」「春の朝」「寮舎の窓辺」「涙おさへて」「七時半より八時半」「目ざめて」「めぐり来し六月十九日」「夜の涼み」「水にひたりて」という小文が収められている。〝家族愛〟を伝える記録でもあるので、その一部を以下ここに収めておく。

「待たる、帰省」

三月三月。此の月をどんなに待ちあぐんだであらう。楽しい雛祭があるからでもなく花咲き鳥さへずる春が訪れるからでもない。只一学年を終へて立派な賞状を持ちなつかしい父母、慕はしい父母の膝下に侍り、其喜びなさるお顔が拝見したいばかりである。最早終業式も目前に迫ってゐる。父母はさぞ待ちあぐんで居ら

大場美夜子作文帳（松木弥栄子氏提供）

れるであらう。あゝ早く優等の成績を手にしたい。そして父母在する湘南の彼の浪荒き地を踏みたい。其の時の歓喜に満ちた光景、脳中を往来し、毎夜夢見る恋しさ。待たれる帰省日よ。寸時も速くめぐり来るやうに。

「めぐり来し六月十九日」

六月十七日の夕刻、『あっ、脊の骨がいたい』とたほれ、医者を呼ぶ。父母上は驚いて出浜なされ、もう自分もすっかり覚悟を定めて死を待つた。日記と教科書の一巻を抱いて。

翌々日の十九日、父上に願って学校を訪ふ。決して涙を見せずほゝ笑んでおいとま申さうと級へ入った。けれど友と顔を合せた時その決心もむざむざと破られて涙は滝のやうに落ちる。友は私を哀れんで慰めて力づけて下さった。こんな柔しいなつかしい人々と離れて一人病院へ行かねばならぬかと思へばどうして泣かずに居られませう。悲しさはこみ上げて声を出して泣きじゃくった。何時までゐたとてつきぬ名残と父上にはげまされて仕方なく坐を立った。ああ是れからはこの机も学ぶに主なく、腰かけるに主もない椅子。

先生方や友一同に別れを告げて校門を後にした。見送る友の心より更に切ない見送らるる私の心の中。すゝり泣く声に後髪を引き付けられる思をして足は一歩一歩と進み、身は去ってゆく。

「お大切にさようなら」「さようなら」の声も次第にかすれて目は暗くなるのを覚えた。それから満一年間の静養によって再び全快とまではならずとも学ぶことを得てゐる。今ほんとうに私は喜ばしい。この悲愁な日のあったことを忘れず、此後は決して病魔に襲はれぬ様注意することを此の年こそ変れ六月十九日に於いて誓はねばならない。

③「手記」としては、「震火災の惨地を後に故郷に落ちるまで」という題で書かれたものがある。『館林高等女学校会報』（第四号、一九二五年）に収められているもので、同手記には、震災に遭遇した時の大場の生々しい心の記憶が綴られている。父親に関して記した箇所の例を示すと、次の通りである（全文を巻末の「付載・関係資料」に収載）。

・それにしても父上は如何なされたか、さぞや役所で潰されて御居でゞあらふ。健かに健かに何卒御怪我のない様にと念じた。不安は大きくなるばかりである。役所に行かうとあせつた。なれど火は道をさえぎり加ふるに地割れでとても不可能の事だ。胸はかきむしられる様な切なさである。「父様は、父様は」と母と云ひつづけてのみゐて執るべき術もない。

・太陽が没して間もなく「春江、春江はどうした、どうした」とあへぎあへぎ馳け来る者がある。「春江は居ります。大丈夫です」と大声に呼ばつた。見れば父上である。おゝ何たる幸福ぞ、親子三名生きてゐた。健かで生きてゐたのだ。私は父母の間に座して涙にむせんだ。嬉し泣きした。父は梁の下となり圧されたがやうく〳〵死線を越えて来たとの事で、大分御怪我がある。

・父上は心配して来られて逃げよ逃げよとせき立てる。「川向ふへ三百名押し寄せたが（いわゆる〝朝鮮人暴動〟を指す——注安在）、町民男子の限り手に手に武器を持つて固めてゐるから大丈夫だが、然し万が一敗けた時は困るから、一先づ山へ行け。父が皆殺しにするが、間違つて殺されたら母を大切に。恥をさらさずに。鮮人にむごい事をされぬ様にせよ」の声後にして去られた。永久の別れかしらと熱い熱い涙が止め度もなく頰を伝ふ。

〝朝鮮人暴動〟のデマが流れ、〝朝鮮人虐殺事件〟が生じたのは、近代日本が遺した大きな負の遺産・汚点の一つである。同問題に関する全文を巻末に敢えて収めたのは、東京から遠く離れた厚木の地においてもまことしやかに〝暴動説〟が流されていたこと、そして知識・良識を備えた左部父子でさえ、このことを信じて疑わなかったという重大なことも、本史料は伝えていると考えるからである。ちなみに大場は、東京日日新聞社が震災一周年記念事業の一つとして行った「震災による異外の体験」という題での作文コンクールに応募したところ入選し、作品が新聞に掲載された上六カ月分の購読券が授与されたことを記している（『残照の中で』、八三〜四頁）。調査したが、残念ながら当該作文を確認することはできなかった。

さて、引用・転載した著書・日記・手記等の記述から読み取れるのは、親子の愛情と、左部の仕事・職場への責任感などであろう。再婚後の左部が家庭人として妻を愛し娘を慈しむよき家庭人であったことは、以上の記録からも伝わってくるが、左部が娘を宝もののように慈しんだことを、次の文はストレートに伝えている。

昭和二十年代、一時鉱毒事件がクローズアップされ、田中正造翁を始め当時活躍した人々の慰霊祭が館林にあり、私も左部彦次郎の遺子として招待されたことがあった。この時、館林から三里程離れた足利市に住む島田宗三（さとり）という人に紹介されたが、この人は私をしげしげ見て、「あなたが、正造翁の葬式の時、左部さんに抱かれて、人力車から降りたあの嬢ちゃんですかねえ、成程私も年をとったものだ」、と述懐された。私は父につれられて翁の葬儀に列したらしい。そう言えば、父の膝の間にはさまれて、人力車に揺られて行った記憶がぼーっと浮んで来るのである。父は私を宝のようにいつくしんで、どこへでもつれて行ってくれたから、自分の半生を共に歩んだ翁との最後の別れに、私を伴ったこともうなづかれた。まだこの島田宗三氏は健在であるという。八十歳をはるかに過ぎていられるであろうか（『残照の中で』、七〇〜一頁）。

では、子供の目には左部はどのような父親と映っていたのか。このことについてもう少し見てみよう。次の引用文は娘の父親像を伝えていて微笑ましい。

父は時折り休暇を得て戻って来ると翌日はきまって私をつれて、二里位はなれた早川田村の雲竜寺という寺へ墓詣りに行った。田中正造翁の墓があったためらしい。私は父と歩くのが好きだったし得意だった。（中略）参詣をすませると父はよくすぐ前を流れている渡良瀬川の畔を散策して冥想に耽るらしかった。又橋の上に暫く立って、漸くもの事が分りかけて来た小学生の私に、私が生れぬ前の長い年月の鉱毒事件の話をかいつまんで話して聞かせた。私は幼心に父を佐倉宗五郎のように偉いんだなと、振り仰いだ（『残照の中で』、五一頁）。

「父と歩くのが好きだった」という一文には、無条件に子に慕われる父親像がある。また末尾の「幼心に父を佐倉宗五郎のように偉いんだ」には、誇りに思う父親像がある。モデルとすべき庶民の親子像である。父親を慕う子の心情、子を慈しむ親の優しい眼差しは、大場の「日記」などには随所に綴られている。事例を記しておこう。

・父上の帰り早し。湯に入り、手紙を父母に読んで聞かせる。父上うれしそう（一九二三〈大正一二年〉一月一八日）

館林の左部彦次郎・堀越ゆわ旧居跡（写真道路右側、現館林市仲町7丁目付近）

・学校について父母と相談した（右同年同月二一日）
・父上と学校についての相談をする。私は何としても東京に学びたい。華かなる故でもない。美の都故でもない。そんな軽薄の己ではない。智識の向上を乞ふには何としても都会である。志の実現されん事を切に乞ひ願ふ（右同年同月三〇日）
・母上よりも小包来たり。金二十五円に帯に着物と送らる。あ、、尊くありがたき恩父母上よ（右同年四月一八日）
・父より手紙あり。有難き教訓に満つ（右同年四月二一日）
・東京より客来らる。すぎし日の話で花がさく（右同年八月一一日）
・父上ニ叱カラレテ電燈ヲケサレテシマツタ（右同年八月一七日）
・父の出勤までに時間があるので、漢字の宿題にかく漢文を教はる。眼鏡をかけて、はるかにはなしてよんで下さる。老眼のなさけなさ。其の様子を見るとなみだぐまずには居られない。一生懸命に教えていただいた（一九二四〈大正一三〉年八月二一日）
・朝、手紙を出した。……第二時間目の最中教育であったが突如地震襲来、戸外へ一同とび出した。あゝ父母在す地はいかに。それのみ案じてゐた。……夕刊を急ぎ見たが別状はない。しかし、昨日の風雨の被害はなか〳〵甚大らしく相模川氾濫としてある。父は又どんなにか忙しいであらう。年老てゐるのに。
　自然よ、お前はどうしてそう人間を度々くるしめるのか。どうかもう許してくれよ。私の父は人一ばい苦しまねばならないのであるから（右同年九月一八日）。

右の日記は、左部が亡くなる約一年半前の記述である。老いを見せる父の姿に一抹の寂しさを感じる子の気持ちが素直に表白されている。とともに、前者には齢を重ねても、いやそれゆえに子を愛おしむ左部の心情が読み取れる。また後者には、足尾銅山鉱毒被害民の救済のため尽くしてきた父の活動の軌跡を、子供なりに受け止め思考してきた父への想いが吐露されている。いずれにしても、微笑ましい左部親子の一風景である。

前掲日記でも叙されているが、大場は母親についてもいろいろ記している。例えば次の一文である。

母は東京に出て勉学して来た人なので（看護学や産婆学を修得―注安在）、その当時としては、町に少いインテリ婦人であった。町内の人の一寸した病気の相談や傷の手当などは全部母がした。いつか、友達の一人が、餌を食べていた道端の馬の側をすり抜けて、馬に肩を噛みつかれた。すぐ母の所に迎えが来て、母は白エプロンをかけ薬箱を持って甲斐甲斐しく傷の手当てをし、上手に繃帯をくるくると巻いた。山のような人だかりの中で私は母のきびきびした処置を見ていて、自分の母は偉い人だとつくづく感心した。こんなことで私の株は段々上って行ったようであった（『残照の中で』、五二頁）。

前掲の文からは気丈夫で生活力があり責任感の強い女性像が浮かび、娘はそのような母を「偉い人」と尊敬の眼差しで見ている。左部と堀越ゆわとの出会いについては、赤上が「鉱毒事件被害民の施療院がある板倉町に左部は当然、堀越ゆわも看護婦・産婆として出入りしていた。（中略）被害地を舞台に二人はこの頃出会ったのだろう」（『田中正造とその周辺』、四三四～五頁）と指摘している。ゆわは「リュウマチで左足が不自由で、座ることが出来ず」（『残照の中で』、一〇四頁）とあるように、身体不自由の身であったようである。しかし、それでも甲斐甲斐しくきびきびと働く姿に、左部は頼もしさを感じたのであろう。二児を残し若くして妻に先立たれた身であってみれば、左部がゆわのような女性に惹かれたことは容易に想像がつく。二人が結ばれるのは自然の成り行きであったと思われる。そして〝春江〟が生まれた。すなわち大場美夜子である。ゆわにも養子が一人いた。大場の記録から見る限り、二人の子どもは良好な関係にあったことが窺える。

ところで大場は父左部の容貌について、「父は外人のように背が高かった。恐れ多いことではあるが、明治天皇によく似た顔立ちで、今でも父程の均整のとれた美男子はあまりいないと思っている」（『残照の中で』、五一頁）と書き記している。写真を見ても、現代風に言えば〝イケメンの好男子〟であることがひと目で分かる。学識あって風貌よく、その上再度被害地に入った時には妻に先立たれ〝独り身〟であったことを考えれば、「女性を惹きつける魅力的活動家であったことは間違いない」（赤上・前掲書、四三五頁）と思われる。史料の中には女性との関係を窺わせる文言や、左部への好悪の感情を示す語も見出されないわけではない。しかし、それを実証する関係史料や傍証、あるいは本人の言などが見出せない限り、人格に関わる問題について軽々に言及することはできないしすべきではない、と筆者は考えている。主観的判断や誤解に基づく理解もあるからである。重要なことは史料（批判・検証も含む）に基づく事実の確認である。例えば大場の次の叙述である。

母は三人姉妹の末子でありながら長姉は、町会議員をながらくやった平野という人のところへ嫁ぎ、次姉はこの伯母で広島に去ったため、とうとう実家の跡をとらねばならない責任を負わされてしまい、終生実家の姓を名乗った。父と結婚しても姓を変えなかった。私は正当な夫婦の間に生れた子でありながらも母の姓が違うばかりに庶子として父の籍に入れられた。小学校の高学年になった頃、或時少女同志のいさかいで、

「めかけの子、めかけの子」と、私ははやされた。

父への便りを週に一度は出していた私は、これをそのまま父への便りに書き送った。

それから何日かすると私は校長と受持の先生に呼出され、喧嘩をした相手の少女達も呼ばれて、その少女達は私に、もうあんなことは言いません、とあやまった。（中略）

先生達の前には、達筆な父の部厚な手紙と私の父に書送った手紙が置いてあった。この事あって以来二度と妾の子などという者はいなかった。その張本人の少女は館林土着の者でなく、私とは離れた町内に住んでいたので、詳しい私の一家のことなど知らなかったらしい（『残照の中で』、五六〜七頁）。

収載文については次のことを記しておかなければならない。それは左部の戸籍では、ゆわが「堀越姓」で「同居者」扱いとなっており、また同夫妻の実娘大場美夜子（春江）は単に「子」と記されていることである。なにゆえか、堀越家を残すため、ゆわは左部と正式に結婚しても、戸籍上は〝同居者〟であり、〝実子〟でも子供は〝庶子〟扱いとされたのである。当時の家族制度・戸籍制度の有した「負」の問題点が窺われる。こうして「庶子」としての規定を受けた春江が事情を知らない周囲の人びとから「めかけの子！」などと誹謗されたことに、左部はどれだけ心を傷めたことであろうか。幸い、春江はそのような〝いじめ〟に屈するような子ではなく、極めて気丈で活発な、多くの仲間のリーダー的存在として成長した。左部は、そのような我が子に誇りをもっていたように思われる。春江の誕生日は、戸籍では〝明治四一年一月一四日〟である。が、左部家・大場家では、〝同年一月一日〟を生誕の日として祝うことを恒例としてきた由である（孫・松木弥栄子談）。お正月に併せてわが子の生誕を祝おうとした両親の子への愛情が感じられる。いろいろな意味で決して恵まれた状況にいたとは思われないゆわと再婚し家庭をもったこと、そして慈愛に満ちた一家を作った左部の生き方に、家庭人としてのあるべき姿を、筆者は看取する。

三　鉱毒被害民の左部への眼差し

左部に対し、鉱毒被害地の人びとはその後どのような眼差しを送ったのか、あるいは送ってきたのか。既述との重複もあるが、ここで（一）田中正造の葬儀、（二）館林でのその後の評価、（三）鉱毒反対運動顕彰碑の建立、を例に整理して見ておくことにしたい。

第一の例については、田中の葬儀について触れた布川了の次の叙述がある（「雲竜寺と請願派のゆくえ」、『その声をきく　田中正造と雲龍寺に集う人々』解説、一一九〜一二〇頁）。

左部はその頃（正造死去の時―注安在）神奈川に移っていました。とちぎは暮らしにくかったのでしょうか。

九月四日午後零時五〇分死去、六日密葬、一〇月一二日惣宗寺で本葬。一ケ月余遺骨は惣宗寺本堂の一隅に、遺骨安置所の貼り紙がしてあり、大沢新八郎が「僕は遺骨の番人だ」と名乗って侍っていました。

本葬の日に、彦次郎は春江を抱いて惣宗寺の数千とも万とも云われた参列者の群の中で、島田宗三に会っています。後年、館林で田中正造始め当時活躍した人々の慰霊祭に、左部彦次郎の遺児として招待された春江が、島田宗三に紹介された時、しげしげと見つめて「あなたがあの正造翁のお葬式の時、彦次郎さんに抱かれて人力車で来られたのを、私ははっきりと記憶して居りますよ。メリンスの着物の柄は白地にみどりの濃い松の葉ちらしで赤い三尺帯を結んでかわいいおかっぱさんでした」と懐しんでくださった。

右の事実について布川は、「本葬に『裏切者』が参加していたとは、私には意外でした」（前掲書一二〇頁）、と記している。しかし、左部の土木吏就任が少なくとも主観的には渡良瀬川沿岸の農民のため、〝河川修築事業〟に従事することが目的であり、決して田中との〝決別〟ではない以上、左部において葬儀へ参加することはごく自然の行動であったと思われる。

次に第二の例である。館林での状況について、大場は次のように綴っている。

館林へ戻る道々の畑で働いている人達といっても年寄りが多かったが、父の姿を見とめると、みな寄って来て、立話が始った。それ等の人達は異口同音に、おかげ様でこうして働くことが出来ますと父に頭を下げた。私は自分が英雄になったように嬉しかった。

この雲竜寺詣りでは私にとっては何よりの楽しみだった。館林の町に戻って来ると、幾人も友達が聲をかけた（中略）。

友達の両親や祖父母達が、農民のためにたたかった父を崇拝していて、それぞれの子供達にもそれとなく話するらしく、幼な友達達も私には一目置いて大切にしてくれていたらしい。又母の力も大分あった（『残照の中で』、五一～二頁）。

引用文に触れて、前掲布川は「春江にとっては自慢の父であり、道すがらの農民からは、恩人として感謝されていた彦次郎の姿には、谷中の『裏切者』の片影も見られません。館林に来る毎に墓詣する彦次郎の心の奥に正造はいたのです」（前掲同書、一二〇頁）と、左部の正造への思いを推し測っている。館林帰宅時（妻子が館林居住）の田中墓参は、左部にとっては心の流れに素直に沿う行為であったと思われる。館林で左部が良い印象をもたれていたことは、いわゆる〝ストライキ騒動〟における住民の対応に見られる。

〝ストライキ騒動〟とは、館林高女で起こった〝教員糾弾〟に纏わる事件である。当人の記述で示そう。発端は以下の通りである。

この事件（館林高等女学校在学時、T教頭とA子に関わる問題で同校内で噂が立ち、A子の親の訴えから同女学校生徒が警察の呼び出し・訊問を受けたこと—注安在）は忽ち町中の大評判となり、署長は成年前の女性徒達などを、尋問したのはけしからんと、父兄大会が、富貴座という芝居小屋を借りて行なわれた。父も急処かけつけてこの署長弾劾とT教頭排斥に加わったが、何せ鉱毒問題の往年の立役者であり、集った父兄の中にも多くの当時の農民の猛者がいたから、騒動は町中をひっくり返らせ、新聞の群馬版は是を大々と書き立てた。父は二、三日で帰ったが、リーダー格に選ばれ、T教頭に会ったり、その派の先生と目される先生方ともやり合った(『残照の中で』、八九頁)。

事件はやがて、四年生の三学期試験ボイコットから、団長とされた春江への卒業証書不授与、これを憤った仲間の卒業式ボイコットへと発展した。結果は学校側が折れ、春江にも卒業証書が授与されて落着した。一九二五(大正一四)年春三月のことである。〝同盟休校〟については、これを伝える春江の書き残した生々しい記録がある。日記である。次にその一部を収めておく。

〈三月一四日　晴　土曜六〜一一時〉

二時間の試験は難なく終わった。すぐ校長室へ行った。まともに校長の目をにらんでやった。校長はまごまごしている。

「色々ききたいが十一時何分で出県するから、大要をききたい」といふ。

ざっと今日までのことを語らった。

「同盟休校の決議文とやらを見せてもらふ。」

「はい、差し上げませう。」

「あなたは二年の生徒の前で私の五ヶ条の悪口を言ったそうだがほんとうか。」

「いいえ、悪口といふのでなくあなたの事を一、二件申しました。」

「何か私に恨みがあるか。」

「いえ。御座いません。しかし不満が御座います。」

「何だね不満とは。」

「外でもありませんがあなたのとる行が（ママ）、少し偏して居りはせぬかと思ひます。」

「絶対にそんなことはない。」

「では何故私たちが先年より望む豊永先生の退職を先にせずして善良なる小峰先生の転任、しかも小峰先生は自意からとは申しますものの豊永先生居られればこそです、ましてや田代先生の離職勧告などはあまりなことです。」

校長答えなし。しばらくして
「然し、あなた方は豊永先生、豊永先生といふが一体あの先生が何しましたか。あなた方の噂していることは事実とは思へません。果たして事実なら県としても今まで放っては置きますまい。本当にあなた方はかるはづみなことをしてくれた。殊にあなたは皆をひきいる力があるならなぜその相談を全然とめなかった。」

「私にはそんな不人情な事はできません。同盟休校そのものは悪いとしても其の精神に至っては実に立派なものだと思ひます。それを止めるなどということは出来ませんでした。」

「兎に角あなたは充分な責任をもっている。」

「はい、確かに責任をもっています。」

「あ、もう汽車にまに合はぬ。まだ聞きたいこともあるがいづれあとにする。今日は出県して一先ず陳情してくる。」

校長は、書名紙と何やら書いたものを持って支度し出した。

「ではこれでよろしい。」

校長室を出ると大勢が憂ひ顔に待っていた。誰も帰る人はなかった。ngは去った。土田が残ったが帰ってしまった。東、西、集合して校長の話を聞きたがる。私と校長の対話を逐一云ひ伝えた。一同、左部さんだけを呼んで責任を負はせるなどとはもってのほかと、鈴木さんが先頭ですぐ、校長室へ行ったが早留守であった。

一人考えてみれば退学処分も恐れはせぬがさていよいよとなって見れば年老いた父母にすまぬ。ましてや病める母、私の卒業の日をいかに待ちあぐんで居られることか。不幸者よ、自とにじみ出る涙、とはいえ、クラスの人のためだ、とものためだ、とかすかに笑んだ。鈴木、田部井の両名は清水さん宅へはせつけたといふ。

やがて父兄は生徒の自由意思にまかすとのことに、一同十九日に来ても一人でも犠牲者居らば、絶対に免状は受けぬと決議して別れた。明日から十九日までは休みに学校側でしたのである。帰家後まもなく父兄方が数名来られ校長との対話の大要を聞かれた。やっと試験はすんだものの、この悲惨、目前に卒業式をひかえて何たることであらふ。久しぶりに攻さんと夜色々と語りつつ夢路辿った。

その後の状況について大場は、「この事件以来館林を訪れると、私を知る町の人達は、ストライキの団長さんが来たと、ささやき合った。父を知る人達は、さすが彦次郎さんの娘だと、言い合ったらしいが、この騒ぎのおかげで、官立の学校にははいれそうもないことがわかって、私は方向転換翌年は女子医専に入学することになった」(『残照の中で』、九四頁)と記し、さらに「私は鉱毒事件なるものがどんなものだったか知らなかった。何しろ、たまさか帰ってくる父は町内の人々の尊敬の的だったし、母も私も近所の人達に一種の尊敬をもって親しまれていた。かねさんは私に、『春江さんの父さんも母さんもえらい人なんだ、大きくなったら孝行するんだな』とよく言われた。」（前掲書、九七頁）と綴っている。館林での左部の高い評価にその功績が偲ばれる。なおこの〝ストライキ騒動〟については、『上毛新聞』でも報じられている。確認できた記事を、巻末の「付載史料」の中に収めた。

第三の例は　鉱毒運動顕彰碑の建立に際しての対応である。前章第三節でも触れたが、布川了は次のように記している。

足尾銅山の鉱業停止請願行動にかかわった人々について考察してみます。ここで配慮すべき事の一例に、左部彦次郎があります。いまでも僅かな研究者が、彼の「復権」を訴えただけで、依然として大多数は裏切者また転向者と視ています。私もそのひとりでしたが、雲竜寺救現堂にある位牌中には、恩人として左部彦次郎の名が歴然とあるのに気付き、意外感に打たれました（「雲竜寺と請願派のゆくえ」、前掲『その声をきく』、九五頁）。

布川は、先人たちはいかなる思いをこめて顕彰碑に刻む人を選んだのか、と自らに問いつつ、列挙されている人の名に視線を向ける。そして著名な政治家・社会運動家・弁護士とともに挙げられた地域活動家の中に、野口春蔵・大出喜平と並んで左部が最上段にランク付けされ、その名が刻まれていることを知る。この事実から布川は従来の認識の再検討を行い、前章でみた左部像を造形したのである。

筆者は以上の諸事実から、左部へ向けられた〝今悪魔〟の言も、田中個人や谷中残留民という限定的なもので、被害地・被害民全体からは自分たちに寄り添い鉱毒問題の解決に努めてくれた人と認識されていたと考える。概して鉱毒問題の延長として谷中廃村問題が位置付けられる。この把握自体に間違いはないが、しかし、両者には相違する点があることも、われわれは承知・認識しておかなければならない。山口徹も指摘しているが、左部の苦悶も含め、土木吏に就くまでの経緯、土地買収など谷中村民の賠償・補償交渉における左部の言動、生活のため谷中を離れることを余儀なくされた村民の移住先での状況への思い等々、心の奥底にまで立ち至った多角的な視座からの緻密な検討・分析が求められる。

谷中村問題が、〝廃村〟から、〝村民の生活〟問題へと変容・移行した究極の段階で、左部は身の置き所を換えた。左部は鉱毒被害を含む多くの農民を苦しめる状況の改善、すなわち河川改修工事などに努めることを己の任としたと思われるのである。そこには家庭人としての生活維持の問題もあり、左部にとってそれはまさに苦渋の選択であったことは容易に想像される。田中や谷中残留民からみれば〝裏切り〟とも思えた行動であったかもしれない。その感懐はそれまでの経緯を客観的に見た場合充分理解できる。しかし鉱毒事件問題からの離反、鉱毒被害民への眼差しの放棄ではなかったのである。このことは確認しておきたい。左部は最後まで鉱毒被害民に寄り添い、その生を全うしたのである。

四　終焉の地をめぐって

厚木で関東大震災に遭遇した左部は、その二年半後の一九二六（大正一五）年三月二四日午前一〇時、満五九才で没した。左部家の戸籍（松木弥栄子所蔵文書）によると、終焉の地は「神奈川県中郡平塚町二四一七番地」となっている。「同居者堀越ゆわ届出全貮拾五日平塚町長比企喜代助受付」と記載されているので間違いのないことが確認できる。ただここで検証すべき課題が一つある。それは

左部彦次郎一家が晩年過ごした平塚旧宅地付近（写真道路左側、現平塚市平塚一丁目）

『早稲田大学百年史』（以下『百年史』と略記）の記述である。すなわち、同『百年史』では「校友会名簿によると、大正十四年の住所は神奈川県厚木二、八九二番地、翌十五年（昭和元年）には二、六九一番地に移り、昭和二年十二月の同名簿では故人欄に載っているから、数え年五十九歳で厚木で死去したことになる」（第一巻、八八〇頁）と記されている。『百年史』の記載から分かることの一つは、再度の任地となった厚木で転居があったことである。

ここで興味を引くのは、先に示した関東大震災後の余震と思われる地震で罹災した折に出された一九二四（大正一三）年一月二三日付「左部宛　館林高等女学校交友会見舞状」の宛先である。すなわち、同書翰の宛先は「神奈川県愛甲郡厚木町弐千六百九拾弐番地」（三一一頁）となっており、『百年史』の「終焉地」とする番地と「一番」だけ違っていることである。文面について見ると、「再度の強震に際し折角御再建の家屋倒壊」とあるので、関東大震災でそれまでの住まいが倒壊、再建した家屋も再び倒壊したことが分る。『百年史』の一文と併せその経緯を整理してみると、関東大震災で家屋が倒壊（その時までの住所は不明）→転居（転居先不明）→一九二四年一月の地震で再度倒壊、二、六九二番地へ転居　→　その後二、八九二番地に転居（一九二五年時の住所）→　同町二、六九一番地に転居（時期不明。一九二六年三月没時）ということになるであろうか。

さて、この経緯はともかく、没した地に関し『百年史』の記述が戸籍の記載と相違しているのはなぜであろうか、ここで課題となるのは、逆に左部が平塚に転居した時期である。「転入届」などが未見で確証を得ず、傍証史料も欠く。したがっての推測であるが、平塚への転居に関しては三つの時期が考えられる。第一は、神奈川県で仕事に就いた一九一四（大正三）年前後。栃木県の鹿沼を去ってまもない頃、大場母子が広島で過ごしたことを綴った一文に「山を越せば広島の駅がある。汽車に乗れば平塚へ行くのはすぐだと思った」（『残照の中で』六四頁）という記述が見える。平塚は当時の左部の勤務先である厚木を訪ねるアクセス上の位置ではなく自宅があったことも考えられる。しかし、同じ時期と思われる記述で厚木の左部を尋ねた時の一文に「東海道を平塚まで行き、そこから馬車で、馬入川に沿って川上にさかのぼり、厚木の父の下宿している角館という下宿屋へ旅装を解いた」（同書五四頁）とあり、また、神奈川県に職を得た当初は家族を館林に残しての単身赴任であったことが窺われるので（先に引用した大場の書に「父は時折り休暇を得て戻って来る」という記述がある。五一頁）、推測の信憑性は低い。

第二は、一九二〇（大正九）年前後。先にも触れたが、大場は「館林で高等科一年の一学期を終えて、いよいよ父の任地の小田原へと母と一緒に行くことになった時の嬉しさはたとえようがなかった。（中略）高等科の半分を、転校した小田原で了え」（前掲同書、七一頁）と綴っている。小田原と平塚との距離は近いので、平塚＝小田原の認識で綴っているとも考えられる。が、やはり推測の域をでない。

第三は、関東大震災後に再建した家が再度の地震で倒壊したあと。関東大震災時の状況について触れた大場の日記・手記から、同大震災により、その時の厚木での居宅は住めないほどに倒壊してしまっていることが分り、以後、前述のように厚木市内で転居を重ねている。結論から記せば、厚木二、八九二番地からの転居（余震後二度目）の折、平塚に落ち着く場を求めたのではあるまいか。なお、平塚の家は〝借家〟とする文献もあるが、持ち家か借家かの問題は、ここでは問わない。

では、なぜ『百年史』では「厚木で没」と記しているのか。

この点に関しては、平塚に自宅を構えつつも、左部は厚木の相模川堤防工事に従事していたためそのまま同町二、六九一番地に住み、大学へは転居の報告をしていなかったのではないか、と推測されるのである。すなわち工事現場の住まいを〝現住所〟として大学への届はそのままにしていたのではないかというのが、あくまでも推測の範囲であるが、筆者の認識である

ところで、厚木・平塚の地を調査されたご子孫・松木弥栄子の調査によると、厚木の最後の在住地は現在の幸町七丁目当たりで、平塚の自宅は現在の平塚一丁目二四番地付近とのことである。厚木の方は小田急線本厚

木駅で下車し東口を出、大通り（すずらん通り）の前方左手にある横断歩道を渡り、右に折れて約三〇メートルほど進むと左手に細い道路がある。入り口に「ゆうやけこやけ通り　泉町12」の標識が立っている。この小路を八分ほど進むと、地域では通称「厚木神社前通り」（大山街道と記されている地図もある）と呼ばれる県道に突き当たり、手前には「ゆうやけこやけ通り、幸町7」の標識が立っている。県道のすぐ先はもう相模川である。左部の居宅はこの標識のある、県道と出会う手前、現在厚木ゼミナールの校舎がある辺りにあった。まさに作業現場と考えられる所に近く、当時の勤務の様子が偲ばれる。

平塚の方は、ＪＲ東海道線平塚駅で下車し西改札口の北口（山側）を出て東海道線に沿い小田原方面に一五分ほど進むと、二つ目の公園「二十四軒公園」がある。錦町から平塚一丁目に入ったところである。同公園を右に見てさらに数分歩を運ぶと、「平塚一丁目26番地」の表示のある電柱が目に入る。手前は架道橋で、ここを右に折れてまもないところが、左部の臨終の地とされる「旧平塚町二、四一七番地」（現在「平塚一丁目24番地」）である。近くの宝善院は荘厳な雰囲気を漂わせていて、周囲が閑静な佇まいであったことを今に伝えている。墓地は東京都港区麻布台二丁目在の一乗寺で、現在左部は実母齊藤うた、妻ゆわとともに静かに眠っている。齊藤家の墓地に関しては、山口徹の論考「彦次郎・ゆわ・春江親子の墓に詣でる」（『田中正造に学ぶ会会報』No.一八三、二〇一四年五月一五日）がある。

終章 左部彦次郎の生涯に触れて、そして新たな課題

旧谷中村の共同墓地

筆者が左部彦次郎に関心をもつようになったのは、一九七八年岩波書店で『田中正造全集』の編纂に関わらせて頂いた時からである。したがってもう四〇年以上の歳月が経つ。契機は記すまでもなく同仕事の中で左部の存在を知ったことである。が、時を同じくして関わるようになった早稲田大学百年史編纂の任務の中で、左部の活動を目にしたことも大きく関係している。すなわち同百年史第一巻の第十二章「学苑と重大事件」において、大学に関係の深い重大事件として、「足尾鉱毒事件」が取り上げられており、大学史としては珍しいと思えるほど、一校友の左部彦次郎について詳しく触れているのである。換言すれば、それだけ左部に対する大学の評価が高いことを示していることにほかならない。

以後、学苑と足尾鉱毒事件との関係について考える機会も多々あり、例えば「安部磯雄の足尾銅山鉱毒事件認識」（早稲田大学社会科学研究所『研究シリーズ』第26号、一九九〇年九月）などの論考の執筆などを通じ、左部への興味はますます高まった。その気持ちをさらに増幅させたのが、一九九六年（と記憶する）大学の最高議事機関である評議員会（たまたま第二文学部の責任者の立場にあり、同委員会への出席資格を有していた）で校友の社会活動に関する論議が成された折、学苑の〝先達〟として左部の存在が話題とされたことである。このことで一言付言すれば、足尾銅山鉱毒事件・田中正造の研究の第一人者が大学に在籍されていたことも併せて高く評価され（当時鹿野政直・由井正臣先生が文学部〈現文学学術院〉に籍を置かれていた）、内心実に嬉しく思ったことであった。しかし、筆者の場合能力の限界から当面の職務や研究課題に取り組むのが精一杯で、定年（二〇一〇年三月）を迎えるまで左部に関する文献・史料の整理も成し得ないまま時を過ごしてきた。

このような中、今回本書の執筆を決意した最大の動機は、定年一年後の三月一一日に起こった東日本大震災での「東電福島第一原発事故」の発生である。地震・津波という自然災害にも驚愕した。が、同災害に付随し福島第一原子力発電所で爆発が起こり、放射能が飛散して広大な地が人の住めない地となり多くの住民が避難を余儀なくされる事態が生起したことに、正直筆者は大きな衝撃を受けた。同事故についてはこれを人災を含む複合災害事件と見て、筆者は〝東京電力福島第一原子力発電所放射能飛散事件〟（略称「東電福島第一原発事件」、拙稿「自由民権運動史への招待―いま、なぜ自由民権運動史研究か―」『高知市立　自由民権記念館紀要NO33、二〇一五年一一月』）と呼んでいる。

さて、呼称のことはともかく、福島原発問題と沖縄基地問題は、〝犠牲の構造〟として等しい構造をもつことが指摘されている（高橋哲哉『犠牲のシステム　福島・沖縄』集英社、二〇一一年）。原発・基地問題が、地域の犠牲と差別の論理の上に成り立っていることについては、大方の人が承認していることと思われる。筆者ももちろんその認識を同じくする一人である。とともに、筆者は福島における原発被害者、なかんずく強制避難を強いられた人びとの諸動向に、〝棄民〟に等しい扱いを受けて村を追われた谷中村々民の姿を重ねて見たのである。すなわち、東電福島第一原発事件は、まさに足尾銅山鉱毒事件（谷中村廃村問題を含む）と通底している。そのように認識する時、改めて左部彦次郎の動向や立ち位置に深く関心を寄せることとなった。具体的に記せば以下のような点である。

（一）原発被災に対する東電・国家への賠償・補償問題などをめぐり、運動の指導的立場にいた人が住民の批判を受けるようになり、やがてその地位を追われる状況が生まれたことである。筆者は理念とリアリズムとの乖離を見て、谷中村廃村問題の検討にも大きな課題があることを知った。

（二）（一）の状況と深く関わることであるが、被災直後はともかく時間の推移に従って、東電・国家への対応をめぐり、徹底糾弾・責任追及派から、現実的対応派など、被災・避難者の間に多様な動きが見られ、亀裂・対立が生じるようになった。この事実をどのように認識すべきか、いろいろ考えさせられ、谷中村問題も同様な問題があったのではないか、との思いを強く抱くようになった。すなわち内部の構造の検証を含めた多角的視座の重要性である。

（三）（二）の動向の醸成・拡大には、陰に陽に政府・企業の対策・対応が深く関わっていること、例えば権力による大きな圧力・懐柔・離反策等々があることを目の当たりにし、この実証的検討が必要であると認識した。

（四）被害民の亀裂・多様化という（二）の状況に目を奪われると、（三）への注視が希薄となり、最も重要視しなければならない加害者と被害者の関係の基本的問題を見失う結果になる。このことに留意しなければならないとの思いを強くした。

（五）以上のことを勘案した時、谷中廃村問題で途中離脱した左部の動向に関し、①苦悶の末に非難を覚悟で敢えて身の置き所を換える行動を採ったのはなにゆえであったのか、②その本意を理解せずに、運動からの離反を単に〝転向〟〝変身〟と把握するのは、左部の理解だけでなく、谷中村問題を含む広く足尾銅山鉱毒事件の真実を見誤ることになるのではないか、これは歴史認識に関わる重要な問題である、との考えを強く抱くようになった。

以上の問題意識から左部への関心が高まり本書執筆となったが、ここで綴った各章の要点を記すと次のようなことである。

序章では、現況も含め従来の主な研究について整理・点検した。すなわち田中サイドの視座から見た〝転向〟〝変身〟論の諸相、同論への批判、そして内面分析までを課題とした実証的研究の必要性を説く近年の研究状況などの整理・検討である。その作業を通して、筆者は近年の研究の流れを是としつつ、〝一貫して鉱毒被害民に寄り添い被害民のために尽力した〟という左部像を提起したいと考え、これを示す方法として、左部の生涯を五期に分けて叙述することにした。

第一章は、生誕から鉱毒問題に本格的に身を投じるまでを対象とした。本章で特に考えたいと思ったことは、第一に左部が東京専門学校進学を決意した動機、第二に鉱毒問題を認識するようになった時期の問題である。まず、前者であるが、妻子があり家業にも恵まれていたと思われる左部が、東京専門学校進学を目指し、実際に進学したのはなにゆえか。筆者は当時の青年の政治熱・学習熱、上京への憧れの中で見ることはできないか、と考えた。この場合、政治熱が強ければそれは壮士的行動に繋がるのが一般的動向である。が、左部の場合は社会的問題としての関心が強く、学習への道を選ぶことになったのではないかと推量した。

この仮説については具体的な実証はできなかったが、事実に近いとの思いは一層強くなった。また、東京専門学校は左部のような志をもつ青年を受け容れるのに充分な学習環境を有していたことも、改めて確認できた。問題は第二についてである。左部の政治・社会問題への関心事に足尾銅山鉱毒問題が入っていたか否か、ということである。この点について問題を整理すれば、①入学以前から、②入学後かなり早い時期、③卒業時の一八九一（明治二四）年、のいずれかである。①であれば、東京専門学校への進学とも連動する。しかしこの点に関しては前述した通り、客観的状況から可能性を強く看取しつつも、確証は得られなかった。左部の鉱毒問題認識の時期に関し一般的に指摘されているのは、「川俣事件」での「鉱毒事件被告予審調書（第壹）」の一言から卒業年の「明治二四年説」である。しかし筆者は、『足尾銅山鉱毒被害請願人兇徒嘯聚公判始末書（甲）』より、②の入学時早々、とした。なお、本章では、足尾銅山鉱毒史の見方に関する問題として、〝鉱毒問題〟（一八九六〈明治二九〉年まで）から〝鉱毒事件〟（一八九七〜一九〇一年）へ、という〝認識の発展〟の視座を重視した。

第二章は、東京専門学校卒業と同時に鉱毒被害地に入り、被害民の示談契約などに尽力後帰村（旧奈良村、帰村当時は池田村）、しかし被害の拡大に伴い乞われて再度被害地に入り被害民の組織化に努めた時期を対象とした。左部の鉱毒事件への当初の向き合い方の基本は、被害民の救済、被害の補償・賠償にあり、鉱業停止・銅山擁護の国家との対決という理念を増幅させた田中とは、その姿勢を異にしていたように思われる。換言すれば、社会運動家としての左部と政治家田中の相違である。したがって左部は示談契約に一定の成果を見て取り、契約が成ると被害地から郷里へ戻った。しかし、現実には鉱毒被害は逆に拡大・深化していた。左部は被害者に乞われて再び被害地に入り、被害民の組織化に努め、リーダーとして指導力を発揮した。川俣事件で主犯格と見なされたのも、ここに起因する。

第三章は、いわゆる「川俣事件」への関わり方で、事件の発生（一九〇〇年）から裁判終結（一九〇二年）までを対象とした。〝鉱毒悲歌〟の作成など、同事件で果たした左部の役割はきわめて大きかったにも拘わらず、従来この点について充分な言及がなされてこなかった。このことから〝悲歌〟の作成は高く評価されてよいとの思いを強くした。その一方で、「川俣事件」に見られるそれまでの押出しへの対応とは全く異にする過剰な官憲の取り締まり・弾圧について留意すべきことを叙し、その背景には、日本における資本主義の発展（第二次産業革命期の到来）に伴って生じた社会主義思想の勃興と運動がある、と推論した。

第四章は、谷中村廃村問題が浮上し（一九〇三年）、反対運動へ邁進した時から離脱（一九〇五年）までが対象である。〝谷中村廃村反対運動からの離脱〟をどのように見るか、左部の歴史的評価に関わる最も重要な時期・問題である。ここで筆者が提起した認識は、〝転向〟〝変節〟とは異なる〝転身〟説である。この場合の〝転身〟とは、〝身を県吏に置く〟ことであって、谷中村村民・鉱毒被害民への思いを断ち切ったことを意味しないと捉えた。鉱毒被害民へ寄り添うという気持ち・生き方は、少なくとも左部の心の中では貫かれていたと思われる。谷中廃村反対を正論としつつも、左部は客観的にも主観的にも廃村がもはや不可避な状況になったと判断した時、いたずらに廃村反対に固執することは、村民・鉱毒被害民の中の対立・葛藤・分裂を増幅させるだけであるとの思いに至ったのではないか。また賠償・補償問題に関しては、村民全体の一定の納得の上で解決されるならば、生活の成り立ちを考えた時、次善の選択としてそれも可と考えるに至ったのではあるまいか。さらに土木吏就任は、家族の生活という問題もさることながら、左部にとっては鉱毒被害民を含む広く農民のためになる仕事という新たな決意・使命感に基づいて取り組める職業という認識もあったのではないか。その証拠に、以後神奈川に転居後も晩年まで一貫して治水関係の任に就いている。筆者は以上のように推測・判断して可能な限りの論証を行った。また研究の視座に関し、いたずらに内部対立に目を奪われると、政府（権力）対鉱毒被害民という基本的な問題への問いかけを見失うことになるのではないか、という問題の提起も行った。

なお、本書三校を終えた折、筆者は左部の土木吏就任について〝転身〟と表現している論考、中嶋久人「足尾鉱毒事件と早稲田大学」（『早稲田大学史記要』第五十巻〈通巻第54号、早稲田大学大学史資料センター、二〇一九年三月〉）を入手した。そこでは以後の行動について、「個人的事情だけでなく、谷中村買収などの治水事業が運動の効果であるという見方が左部の中で生まれていたということもあった」と、その認識に含みを持たせつつも、「田中正造と対抗して谷中村破壊の先鋒となった」（二一一頁）、「政府の打ち出す河川改修に賛成し、廃村される谷中村を見殺しにした。その一人が左部彦次郎であった」（四一頁）と、〝転身〟に関し筆者とは異なる見解を示している。今後の議論を待ちたい。

第五章は、土木吏となって以後没するまでの時期で、従来の研究ではほとんど触れられていない時期の問題である。ここではまず四つの節に分け、（一）では土木吏就任後の勤務を見た。ただし、栃木県での状況については、山口徹の研究成果に多くを負って叙したに過ぎず、以後神奈川県での勤務についても、残念ながら新しい発見をほとんどできなかった。（二）は家庭人としての左部への関心である。幸いご子孫より左部の娘春江（大場美夜子）の日記と作文帳などを借覧することができ、関東大震災の折の状況など、貴重な事実を発見し得た。（三）の鉱毒被害民の左部への眼差しについては、①田中の葬儀、②館林における春江の「試験ボイコット」事件、③鉱毒運動顕彰碑建立、の三点より触れた。「試験ボイコット」に関する日記の叙述はかなり赤裸々に長く綴られている。が、本書では父親に関することが対象なので、紹介はごく一部に止めた。同問題を研究テーマにし、新聞記事などを追って詳細に調査すれば、教育のあり方の問題としても興味をそそる研究ができるように思われる。（四）は終焉の地についてである。戸籍と『百年史』の記述とが齟齬することについて触れたが、戸籍の誤記はありえない。とすれば、『百年史』の方が誤記ということになる。しかし、一方的に誤記とは言えない。このことについて若干の推論を述べた。

さて、本書の執筆を終えてなお思うことを各章に従って記せば、以下のことが挙げられる。

第一は、東京専門学校入学時までの実証的研究である。特に、同専門学校への進学と足尾銅山鉱毒問題認識との関連性の検証が求められる。また視点を変え、在学生の鉱毒被害民救済運動と東京専門学校（早稲田大学）との関係について考えれば、雄弁会の創設や社会学の発展などの考察も興味をそそる課題となる。

第二は、左部の編著書・書簡・演説記録など左部に関する史資料を点検し、各〝事件〟に立ち向かう左部と田中の姿勢の相違や一致点を発見することである。本書では足尾銅山労働者への認識や治水問題に関わる両者の向き合い方についてまでは言及できなかった。

第三は、「訊問調書」「公判始末書」など川俣事件関係の史料および鉱毒調査委員会の記録・報告書など官憲側の史・資料の検討である。前者には翻刻版があるが、それは一部に過ぎず原本全体の検討がぜひ必要である。後者には幸い影印本が刊行されて原本を読むことが容易になっている。本書もその恩恵に浴し引用・叙述している。膨大な同史料集には、各地・各機関からの請願書や鉱毒被害民の動静報告なども収められており、運動の議題も検証できる。

第四は、廃村に積極的な姿勢を示した谷中村民の実態、立ち退きを強いられた谷中村村民の補償・賠償問題、および離村した谷中村村民の転居・移住先での生活の現実の究明と、このような問題に左部はどれだけ言及していたか、の検証・検討である。

第五は、今後、特に（一）黒羽・鹿沼における勤務、（二）栃木県の土木吏を辞し神奈川へ転居した経緯、（三）神奈川転居後に携わった厚木（二度）・三浦三崎・小田原での仕事の実態などの調査解明が求められる。

いずれにしても左部研究についての筆者の心境をここで述べれば、やっとそのスタートラインに立ったという思いである。誤認・誤解や認識への疑念・懐疑等々本書への批判を含め、大方の人のご示教を頂ければ幸いである。その経緯を通して左部研究が進展、深まることを心底願っている。

足尾銅山鉱毒事件関係年表

西暦	和暦	月・日	事項
1867	慶応3	10・24	※左部彦次郎（以下「左部」と表記）、東京府四谷区谷町に風間佐兵衛の二男として出生。
1876	明治9	12・30	古河市兵衛、副田欣一より足尾銅山を譲り受け、相馬家と共同経営。
1879	明治11	2・14	※左部、群馬県利根郡奈良村61番地、左部宇作に養子として入籍。
1880	明治13	1	渋沢栄一、足尾銅山経営に参加。
1884	明治17	5・17	※左部、奈良村大河原徳次郎二女はんと結婚。
		5	足尾銅山、横間歩鏈の大銅脈を発見。
1885	明治18		この年より足尾銅山鉱毒、渡良瀬川および沿岸に広がる。
1886	明治19	11	相馬家、足尾銅山共同経営より脱退。
1888	明治21	4・23	※左部、長男・馨誕生。
		6	渋沢栄一、足尾銅山の共同経営より離脱。
		9	※左部、東京専門学校政治科入学。
1890	明治23	8・23	渡良瀬川大洪水。
		9	渡良瀬川沿岸の農漁業に異変顕著。
		12・18	足利郡吾妻村村長亀田佐平、足尾銅山採掘停止の上申書を提出。
		12	栃木県会、足尾銅山から流れ込む丹礬除去の建議を知事に提出。
1891	明治24	3	群馬県会、鉱毒救済の建議を知事に提出。
		7・7	長祐之編『足尾銅山鉱毒　渡良瀬川沿岸被害事情』発行。
		7	※左部、東京専門学校卒業。鉱毒被害調査のため群馬県邑楽郡大島村（館林市）小山孝八郎方に寄留し、被害民救済活動を始める。
		9・22	※左部、長女よき誕生。
		11・25	河島伊三郎『足尾之鉱毒』第一号発行。のち発売禁止。
		12・25	田中正造、第二回帝国議会で足尾鉱毒問題に言及。

1892	明治25	1・25	※左部、群馬県邑楽郡四村長より「鉱毒除外並に採鉱事業停止の請願書」提出の件への尽力で感謝状を受く。
		2	栃木県知事、県会議員による鉱毒仲裁委員会を組織。
		3・8	農商務省、鉱山監督署設置法を公布。16日鉱業条例施行細則・鉱業警察規則を公布。
		3	鉱毒仲裁会分裂。木村派、足利・梁田郡に鉱毒査定委員会を設立。
		6	この頃より各地被害民と古河側との間に逐次暫定示談契約成立。
1893	明治26	3・6	足利町他九村の被害民と古河側との間に賠償金にて示談契約成立。
		6・30	足尾銅山、粉鉱採集器を設置。29年6月30日までをその試験期間とする。
1894	明治27	8・31	邑楽郡海老瀬村被害民、鉱毒事件解決のため古河側と再交渉につき集会。
		12・5	邑楽郡海老瀬村被害民、鉱毒事件解決のため古河側と再交渉開始を決定。
			※左部、群馬県利根郡池田村奈良の初代消防頭を務める。
1895	明治28	3・16	下都賀郡部屋村他四村および足利町他一一村の鉱毒被害民、それぞれ古河市兵衛との間に賠償金をもって永久示談成立。
		10・24	栃木県知事と群馬県知事、連名で「渡良瀬川水源に関する儀」の上申書を内務大臣、農商務大臣に提出。
		11・29	栃木県会、足尾銅山の渡良瀬川への鉱屑等投棄禁止の建議を知事に提出。足尾銅山付近の官林伐採禁止の建議を内務大臣に提出。
1896	明治29	4・1	植野村に鉱毒委員会設立。
		7・21	渡良瀬川大洪水（8月17日再度、9月8日再々度大洪水）、鉱毒問題再燃。
		7	植野村大字船津川の被害民、鉱業停止運動意見統一書作成。

西暦	和暦	月日	事項
		10・5	足尾銅山鉱業停止請願事務所設置（雲龍寺。両毛鉱毒被害事務所または両県鉱毒事務所）。
		11・16	植野・界両村、足尾銅山鉱毒停止願を農商務大臣に提出。
		11・27	群馬県会、足尾銅山鉱業停止処分の建議を採択。
		11・29	両県安蘇・足利・邑楽三郡三八カ町村有志が「精神的誓約」。
		11	栃木・群馬両県三郡九町村鉱毒被害民、足尾銅山鉱業停止請願書を農商務大臣に提出。
		12・23〜28	栃木・群馬両県八村総代、出京して農商務省・東京鉱山監督署などに陳情。
			※左部、利根郡より群馬県会議員に立候補（落選）。
1897	明治30	2・27	足尾銅山鉱業停止請願同盟事務所（東京鉱業停止事務所）設置（正造定宿の京橋区八官町26番地宮下栄輔方）。
		3・2〜5	鉱毒被害民第一回大挙出京請願。
		3・7	前掲2・27日設置の事務所、芝口三丁目信濃屋宮下金次郎方に移転。
		3・23	農商務大臣榎本武揚、被害地視察。
		3・23〜30	鉱毒被害民第二回大挙出京請願。
		3・24	内閣に足尾銅山鉱毒事件調査委員会設置。
		4・1〜12	永島与八ら五名、家宅侵入罪容疑で逮捕。5月11日うち二名の有罪確定。
		5・27	東京鉱山監督署長、足尾銅山に対して鉱毒予防工事命令。
		6・7	大蔵省、地租免訴願に「鉱毒のため」と記すことを許可。
		9・9	渡良瀬川洪水。
		9・9〜11	栃木・群馬両県鉱毒被害地在京委員、足尾銅山伐木中止水源涵養他三件の請願書を関係大臣・足尾銅山鉱毒事件調査委員会に提出。
		9・14	加藤兼吉『足尾銅山鉱毒問題実録』上編発刊。

		10・8	栃木・群馬・茨城・千葉・埼玉五県八三町村、足尾銅山鉱業停止請願書を関係大臣・両院に提出。
		11・22	足尾銅山、鉱毒除害工事完成。
1898	明治31	2	群馬・栃木・茨城・埼玉四県六八町村長および鉱毒被害民総代、「鉱毒被害地特別免訴処分請願書」を関係大臣に提出。
		3・2	庭田源八『鉱毒地鳥獣虫魚被害実記』発刊。
		3・26	群馬県邑楽郡二二町村長、「鉱毒被害地免租御処分延期請願」を関係当局に提出。
		4・30	大蔵省、鉱毒被害地に対して地租条例による普通荒地免租処分を通達。該当者は公民権喪失。
		4	邑楽郡二二町村長、「鉱毒被害免租地公民権存続請願書」を関係当局に提出。
		6・3	渡良瀬川洪水。加藤兼吉『足尾銅山鉱毒問題実録』中編発刊。
		9・6	渡良瀬川大洪水。
		9・26～10・6	鉱毒被害民第三回大挙請願出京。
		11・11	※左部、『請願運動部面の多き被害人の奔命に疲れて将に倒んとするに付便宜を与へられ度為め参考書』刊行。
1899	明治32	1・23～24	栃木・群馬両県の鉱毒被害民総代、内務省・農商務省に陳情書提出。
		2・18	群馬県邑楽郡多々良村、「村費国庫補助願」を大蔵大臣に提出。
		4・5	被害民総代、水源涵養のため群馬県山田郡沢入山林の濫伐禁止を請願。
		5・22～23	被害民総代、「足尾銅山鉱毒御処分要求の陳情書」を内務・大蔵・農商務大臣に提出。
		5・26	※左部、『歳費辞退　田中正造翁』を著す。

		8・13	邑楽郡渡瀬村他三村総代、「渡良瀬川全面大復旧工事施設の儀重ねて請願」を内務大臣に提出。
		9・7	茨城・埼玉・栃木・群馬の被害民、雲龍寺に、「死活一途に関する最後の方針を協議する大集会」を開催。
		10	岩崎佐十ら調査の「足尾銅山鉱毒被害地出生死者調査統計報告書第一回」公表。12月5日、第二回報告書公表。のち右統計より被害民は鉱毒犠牲者を一〇六四人とする。
		12・22	鉱毒議会結成。
1900	明治33	2・4	群馬県被害民を主とする約千名、雲龍寺に集合。足尾銅山鉱業停止請願書を採択、委員出京を決定。
		2・5	群馬県邑楽郡長熊谷彦十郎、右請願書の奥書を却下、委細を県に報告。
		2・6〜7	出京被害民代表四五名、貴衆両院・各政党本部などに陳情。
		2・12	各県警察、被害民大挙請願出京の動きを察知し、警戒態勢に入る。
		2・13	未明、第四回被害民大挙請願出京、川俣事件発生。正午、着京の山崎銈次郎、出京中の被害民が警官隊の暴行を受けたことを芝口警察署に出訴。
		2・14	野口春蔵ほか六七名に兇徒嘯聚などの罪により予審請求（大出喜平・原田英三郎らは未逮捕のまま予審請求、全員逮捕までに約半年）。
		2・26〜3・17	木下尚江、毎日新聞に「足尾鉱毒問題」連載、全一七回。
		3・10	治安警察法公布。
		7・9	川俣事件、前橋地方裁判所の予審終結、一七名免訴、五一名公判に送られる（左部、起訴）。
		8・19〜20	関東暴風雨、渡良瀬川増水。
		10・10	前橋地方裁判所、川俣事件第一回公判。
		11・28	田中正造、川俣事件一五回公判の検事論告に憤慨し「あくび」をし官吏侮辱罪に問われる。

西暦	和暦	月日	事項
		12・22	前橋地方裁判所、川俣事件に判決。被告五一名中、有罪二九名（治安警察法違反罪二名、官吏抗拒罪二六名、官吏侮辱罪一名）、無罪二二名。検事・被告双方より控訴（左部、有罪）。
1901	明治34	1	旧松木村（栃木県足尾町字松木）鉱毒被害民、「煙害救助請願書」を衆議院議長片岡健吉に提出。
		2・22〜3・1	川俣事件被告全員保釈出獄。
		7・13	足尾銅山鉱業停止請願同盟事務所、芝口の越中屋に移転。
		10・6〜13	※左部、鉱毒被害地臨検に同行。
		10・6	佐野駅前で、川俣事件被告、弁護人、新聞記者一行の記念写真。
		10・9	旧松木村、移転料四万円にて古河鉱業に売却、廃村。
		10・23	田中正造、衆議院議員を辞職。
		12・10	田中正造、議会開院式より帰途の天皇に直訴状を提出しようとして遮られる。
		12・12	※左部、『足尾銅山鉱毒被害地臨検分析鑑定書』を著す。
		12・27	※左部、『明治三十四年九月　足尾銅山鉱毒被害地　検証調書』を著す。
		12・29	鉱毒被害地救済仏教者同盟会、邑楽郡海老瀬村に鉱毒地施療院を設置。
		12・30	神田基督教青年会館に鉱毒被害地学生大挙視察報告演説会開催。学生鉱毒救済会を設立、路傍演説会実施を決定。
		12	谷干城ら六十余名、在京鉱毒死亡調査会を設置。
1902	明治35	3・15	東京控訴院、川俣事件に対し永島与八ら三名を除き無罪判決。検事・被告双方より上告（左部、無罪）。
		3・17	内閣に鉱毒調査委員会を設置。4月より実地踏査開始。
		4	鉱毒調査有志会、足尾鉱毒問題解決期成同志会に改組。
		4	東京鉱業停止事務所、愛宕下に移転。

		5・4	学生鉱毒救済会解散（1月25日、文部大臣菊池大麓、大学総長らに東京学生の鉱毒被害地大挙視察の禁止を通告の影響か？）。
		5・12	大審院、川俣事件控訴審を破棄して宮城控訴院に移送を判決。
		8・9	渡良瀬川洪水、谷中村堤防決壊。
		9・28	関東大洪水。
		10	埼玉県、北埼玉郡川辺・利島両村の買収案を計画。両村長、納税・兵役の義務拒絶などを宣言し反対運動を展開。埼玉県は12月27日同案を廃棄。
		12・4	足尾鉱毒問題解決期成同志会、足尾銅山の改善を主体とした「鉱毒解決意見書」を提出。
		11〜12	鉱毒調査委員会、瀦水池案・土地収用法・賠償問題などを検討。
		12・25	川俣事件再審理公判、宮城控訴院にて控訴棄却・公訴不受理により消滅。

1903	明治36	1・16	栃木県会、下都賀郡谷中村買収の県原案を否決。
		5・9	足尾鉱毒問題解決期成同志会、「足尾銅山鉱業停止建議」を首相に提出。
		5・28	島田三郎、第一八回特別議会において足尾銅山鉱毒に関する質問演説。6月3日、政府島田への答弁に代えて鉱毒調査委員会の調査報告書を発表、谷中村瀦水池案浮上。
		8・22〜25	足尾銅山鉱業停止請願同盟事務所を神田小川町内田方に移転。
		10・13	※左部、『鉱毒ト人命』を著す。
		12・4	鉱毒調査委員会解散。
1904	明治37	5・4	谷中堤防、洪水により流失。5日県土木吏、復旧に名を籍りて護岸取り崩しに着手。

		7・30	田中正造、谷中村問題に専念のため、以後川鍋岩五郎方を根拠地とする。
		9・1	下都賀郡書記猿山定次郎、谷中村村長職務管掌となる（38年に同郡書記鈴木豊三と交代）。28日収入役兼任。11月13日、村民、辞職勧告。15日、却下。
		12・10	栃木県第八回通常県会、秘密会にて堤防修築費名目により谷中村買収案を可決。同日閉会。
		12・24	第二一回帝国議会、災害土木補助費（谷中村買収費）を可決。
		12	谷中村川鍋岩五郎、予戒令を受ける。
1905	明治38	1・16	利島・川辺両村長、「谷中村買収廃止請願書」を貴衆両院宛てに提出。2月25日貴族院採択。
		1・30	谷中村買収について内村鑑三らに陳情。
		1・30	菊地茂、毎日新聞に「谷中村買収断じて不可也」を掲載。
		2・17	谷中村民、破堤所の急水留工事に着手。3月11日より北埼玉郡利島・川辺両村民応援。
		3・17	栃木県白仁知事、告諭第二号により谷中村土地被買収者には補償と代替地の貸与（将来は移譲）、非土地所有者には別途救済を約束。
		3・24	原敬、古河鉱業副社長に就任。
		6・26	谷中破堤所急水留工事完成。
		7・10	栃木県、瀦水池用測量のため谷中村立入りを通告。
		7・21	古沢繁治殴打事件により、田中・左部ら部屋分署で聴取。24日不起訴。
		8・19	急水留工事完成の谷中堤防、出水により決壊。
		10・31	県、谷中堤内の土地の補償（買収）に関し告示。
		10	※左部、栃木県土木吏に就任。
		11・6	谷中村の堤防は修復しない旨、谷中村村長職務管掌鈴木豊三より村民へ通達。

		11・17	栃木県より谷中堤内土地物件補償に関する告示。
		11	この頃より谷中買収承諾村民、移住開始。
		12・5	田中、「鉱毒問題の変態、空前無二の怪事、谷中村買収事件」を作成、印刷配布。
		12・7	田中、「日本の谷中村の記」を印刷配布。
		12・13	田中、「谷中村堤防の記」を作成、印刷配布。
1906	明治39	3・4	谷中村民、自費と寄付金で再び破堤所の急水留工事に着手。
		3・27	栃木県、谷中村内官有地の借用者に対し、4月17日までに退去を通告。
		3	栃木県、村会に諮ることなく谷中村第一・第二尋常小学校を廃止。
		4・15	谷中村会、村長職務管掌鈴木豊三提案の藤岡町合併案を否決。
		4・17	栃木県、急水留工事中の谷中堤防に対し、河川法違反として原形回復を命令。また官有地所有者に対し4月25日までに立退き戒告命令。
		4・30	栃木県、急水留工事中の谷中堤防を破壊。
		6・8	田中、栃木県知事白仁武により予戒令を受ける。
		7・1	谷中村村長職務管掌鈴木豊三、村会決議を無視して同村を藤岡町に合併。
		7・16	渡良瀬川大洪水、県による破壊後に谷中村民が施工した麦取畦畔（小規模の急水留工事）を流失。
		8・21	田中、郷里有志よりの退隠勧告を固辞。
		10・31	田中、緊急請願書「谷中村治水惨状之一部」を県知事宛提出。
		11・13	栃木県吏、一部谷中村民と通謀し村内排水用樋門を閉鎖。
		12	川鍋岩五郎失踪。のち栃木県土木吏となる。
1907	明治40	1・26	内閣、谷中村に土地収用法適用認定公告。
		1	この頃より加藤安世、谷中支援運動から離脱。

		2・14	谷中残留民、栃木県知事に土地収用法適用不当の意見書を提出。27日却下される。
		2・17〜24	遠藤友四郎、浮浪罪容疑で拘留。のち谷中を退去。
		2・24	谷中残留民二二名、茨城県古河町に、旧谷中村と同町との合併を請願。
		4・16	谷中残留民、栃木県に土地収用反対意見書を提出。
		5・29	栃木県、谷中残留民が受領を拒絶した買収金を宇都宮本金庫に供託。事実上の買収成立。
		6・12	栃木県、谷中残留民堤内居住一六戸に対し、22日までに立ち退きのない場合は強制執行するとの戒告書を手交（6月22日、28日までに移転せよとの再戒告書を手交）。
		6・14	谷中残留民、村税不当賦課に関する栃木県参事会の裁決を不服として行政訴訟を提起。
		6・29〜7・5	栃木県、堤内残留民家屋一六戸を強制破壊。7月、東京に谷中村救済会（東京救済会）結成。21日同会弁護士信岡雄四郎、谷中村を訪ねて不当買収価格訴訟提訴を勧告。
		7・29	田中、東京救済会の勧告に従い、やむなく谷中堤内地権者とともに土地収用補償金額裁決不服の訴え（不当買収価格訴訟）を宇都宮地方裁判所に提起（10月7日、第一回公判。東京救済会弁護士、示談解決を勧告）。
		8・25	荒畑寒村『谷中村滅亡史』刊行。即日発売禁止。
1908	明治41	1・14	※左部、春江（大場美夜子）誕生。
		2・25	東京救済会、残留民に恵下野（堤外地）への暫定移住を要請。のち残留民との間に疎隔を生じ、救済会は自然解散。
		7・21	栃木県、谷中堤内に25日より河川法準用を告示。
		10・25	谷中残留民、4月11日流失の麦取畦畔復旧工事に着手。
		12・9	碓井要作、栃木県会で谷中問題を質問。14日、碓井ら五県議、河川法準用告示取り消しの意見書を提出、可決。

1909	明治42	2・12	田中、谷中残留民名義の「憲法擁護の請願書」を作成、衆貴両院に提出。
		3・13	谷中残留民島田熊吉「谷中堤内収用土地採掘不当の訴願書」を内務大臣に提出。
		9	内務省、栃木・群馬・埼玉・茨城四県に同省起業渡良瀬川改修工事費分担（渡良瀬川河身変更、谷中村堤内外を中心とした遊水池化）を諮問。
		9	内務省起業工事に関し、谷中残留民とともに陳情書を作成、栃木県へ提出など反対運動を続ける。
1911	明治44	8	※左部、この頃鹿沼在住（〜一九一三年?）。
1914	大正3		※左部、この頃神奈川県吏となり厚木勤務（厚木で相模川堤防工事責任者）。
1918	大正7		※左部、娘・春江館林尋常高等小学校入学。
1920	大正9		※左部、この頃三浦三崎勤務。
1922	大正11		※左部、この頃小田原勤務。
1923	大正12	9・1	※左部、厚木の居宅で関東大震災に遭遇。
1925	大正14	3	※左部、春江の「ストライキ事件」（館林高等女学校、年末試験ボイコット事件）で、学校へ抗議。
1926	大正15	3・24	※左部、神奈川県中郡平塚町二四一七番地で死去（享年五九歳）。

左部彦次郎関係史料

I　家系図・戸籍・書簡

1　左部彦次郎関係家系図（松木弥栄子氏提供）

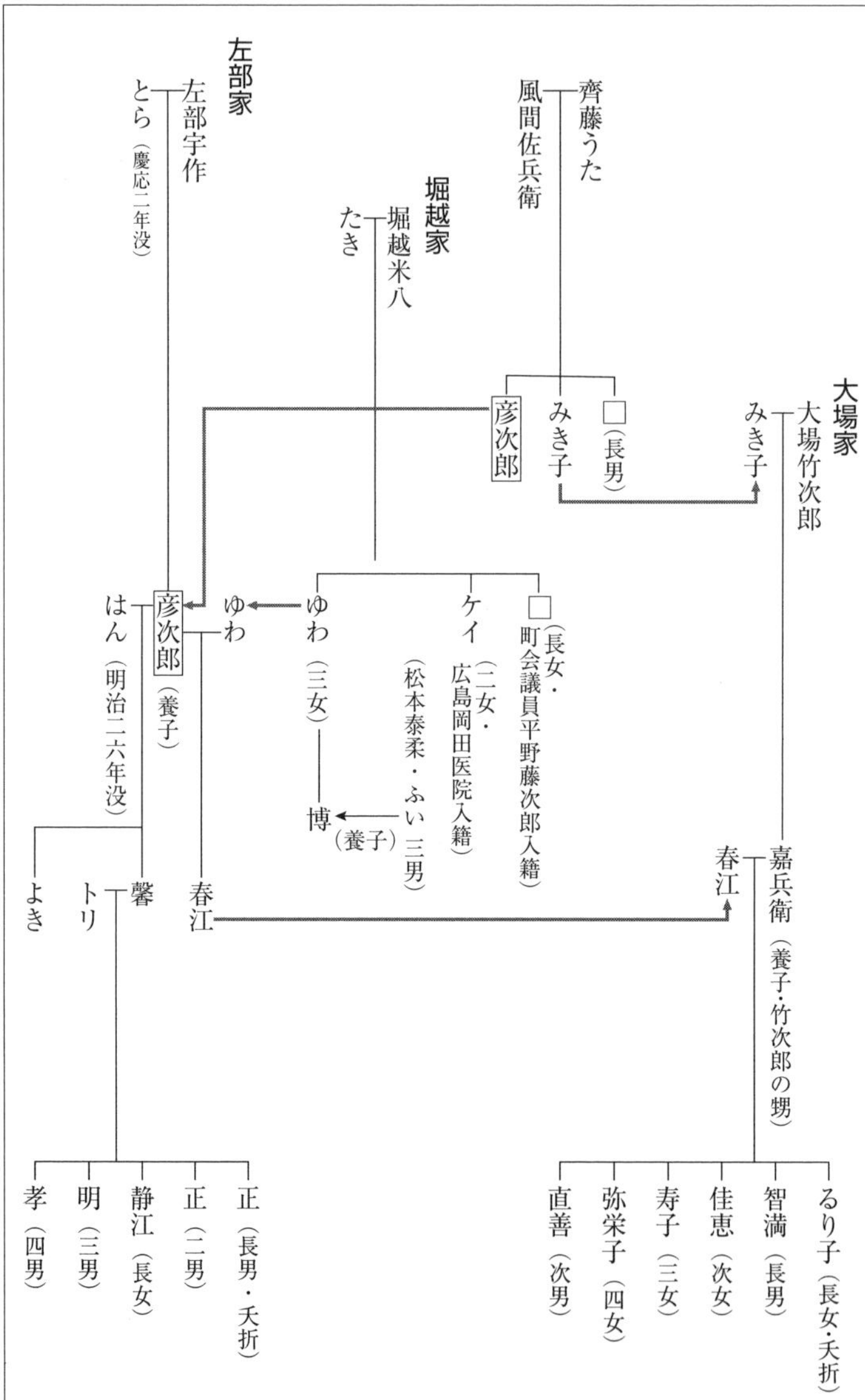

〈注〉「風間佐兵衛」の出自については、［付記］「左部彦次郎にかかわる系図」（377 頁）を参照。

2　戸籍（松木弥栄子氏提供）

戸主・左部彦次郎

群馬県利根郡奈良村六拾壱番地

明治十一年二月十四日東京府四ツ谷区谷町　風間佐兵衛二男入籍ス

大正拾五年参月貳拾四日午前拾時神奈川県中郡平塚町平塚貳千四百拾七番地ニ於テ死亡

同居者堀越ゆわ届出仝月貳拾五日平塚町長此企喜代助受付仝月貳拾八日送付

前戸主　亡養父　左部宇作

亡父宇作養子

戸主　左部彦次郎

慶応三丁卯年十月廿四日生

天保六乙未年四月廿日当村　亡石田良助長女入籍ス

明治参拾七年九月貳日午後参時死亡同月参日届出同日受付

亡養祖父宇作妻

養祖母　とさ

文政元巳寅年正月十二日生

明治十七年五月十七日当村　大河原徳次郎二女入籍ス

明治二十六年六月六日死亡

妻　はん

明治二年九月十日生

男長

馨

明治廿一年四月廿三日生

（本戸籍時結婚独立のため除籍・記載無し）

明治四拾参年八月貮拾六日宇都宮市宿郷町五拾四番地
青木常吉弟松吉ト婚姻届出同日宇都宮市戸籍吏本多鐐吉
受付同日届書発送同月貮拾九日受付除籍

女長

よき

明治廿四年九月廿二日生

明治四拾壱年参月貮拾壹日邑楽郡館林町大字館林町百
五拾六番地　堀越米八三女ゆわ　子　認知届出同日
受付入籍

子

春江

明治四拾壹年壹月拾四日生

３　書簡（室田一憲氏提供）

⑴室田忠七宛左部彦次郎　（年不詳）年十一月七日

政界の変動何もなから進歩のゆだんニは困却仕候。御書面拝見仕候。群馬のみ新築を急ぐも許可せず、栃木のみ急ぐも亦然り、況んや一村外如何ニ急ぐも許可せず、大なる志想を以て見るを要候。

双方の水勢地理等を熟察の上始めて工事をなすニ、片局なる志想を以てするとは実にあさま布候。御運動充分願上候間、若し不肖の如きものにても役ニ立つ様に候ハヽ、何時にてもまゐり可申候。

十一月七日夜　敬白　左部

室田盟兄

（封筒裏書）□□（十一）月七日在芝口三・二信濃屋内左部彦次郎

⑵左部彦次郎宛群馬県立館林高等女学校々友会（大正十三年一月廿三日）

謹啓　去る十五日払暁再度の強震に際し折角御再建の家屋倒壊、御負傷被成候趣驚愕致し候。如何に天災とは申せ、再度の御不幸何とも申上け様伺も無之、誠に御気の毒の至ニ御座候。御息女春江殿の胸中御察し申し上候。一同同情の涙を催され候。甚た軽少に御座候へども当校々友会より御見舞として金五円差上申し候間御受納下され度、春江殿ニハ健気にも寒気にめけず日々御勉学成され候へば、御安神（ママ）被下度、時下大寒の砌一層ご注意一日も早く御全快之程蔭なから祈上候。先は御見舞まで。早々拝具。

拝具

一月廿三日　群馬県立館林高等女学校々友会

左部彦次郎殿

［封筒表書］　神奈川県愛甲郡厚木本町弐千六百九拾弐番地

左部彦次郎殿
親展

［封筒裏書］　群馬県立館林高等女学校校友会
大正十三年一月廿三日

Ⅱ　左部彦次郎編著書（抜粋・松木弥栄子氏提供）

⑴『請願運動部面の多き被害人の奔命に疲れて将に倒んとするに付便宜を与へられ度為め参考書』（編、一八九八年）

従来政府は本問題に対する責任なく却て人民を欺きたるの結果現今の大被害地となり此請願運動の困難なるは実に名状すへからす且つ他の請願の如く方面に限りある普通の水害、震災、噴火、海嘯、風災、等単一なる諸請願とは大に其事態を異にして今や其区域及土地の高低其種類の雑多にして惨憺たる其害の波及する所諸請願の方面も又非常の多端にして多年間加害の惨状に陥るあり又将に惨状に至らんとするあり未た鉱毒稀薄人目に触さるありと雖も又将に被害地とならんとするあり現今すら其毒地の区域数十里に渉り皆等く将来激甚なる被害地となるは勿論其の範囲も更に幾倍の広きを来は明かなる事実にして其害の一つならざるは已に年々の侵毒地に合せ見ハ尚将来を察し得べし又堤防破壊のために一朝砂漠となり更らに侵毒の区域を広むるあり其無形及ひ間接被害の情態千差万別にして此れに衛生被害の加ふるあり故に請願調査等運動の困難に堪へさるのみならす僅かに免租の処分ありと雖とも鉱毒被害は継続にして此れより発見すへき新事実踵を継いて起り来るものなれは請願人等に対して特別の便宜御与へあつて政府は責任を持し従来の願意貫徹致候様相願候

一 従来の当局者が責任を持さる為めに被害民の請願方面部所の日々に増加するを見も多端困難なる事情は一目して知るへし亦た當路者の責任に至ては実に大なる者なり而して責任とは例へは自家の破壊したるは巳に自から修繕せさる可らす決して他の指図を待つ可きに非さると同しく自から進んて此れか修繕をなさゝる可からす此れ真の責任を尽すと云ふ可く今ま（ママ）其の順序中央及ひ地方に於て左の如し

一 憲法保護の請願は国体を憚り今日迄謹慎罷在候

一 農商務省の責任に属する事項の請願運動

一 鉱山　二 山林　三 水産　四 工務　五 商務　六 農務

右の外目下急務毒土取片付処分

二 内務省の責任に属する事項の請願運動

一 治水　二 土木　三 警保　四 衛生　五 県治（被害地人口凡三十万余）

右の外目下の急務惨状救助堤防改築新設河床浚渫

三 大蔵省の責任に属する事項の請願運動

一 主税　二 主計　三 理財（官民有形上の損害目下四千万円余）

四 文部省の責任に属する事項の請願運動

普通学務局（智体育の不備）

五 陸軍省の責任に属する事項の請願運動

壮丁の体格兵員減損

六　貴衆両院の責任を以て調査審議を仰き度請願運動

七　法制局の責任に属する事項の請願運動

法律案の新制（人為加害より町村自治壊廃及渾ての公権亡滅間接には渾ての権利削殺せらる）

以上は中央部の責任に対し実践を需むる請願運動の方面に御座候

国家問題

憲政党本部法律行政経済国家社会の諸会、大日本衛生会、大日本農会、各種青年会等の研究を請ふの運動

而して左の地方部の責任に対し実行を需むる運動及ひ調査研究を請ふの各部面も亦互に聯係する者なれば何れを重しとし何れを軽しとせんや

一　地方庁の責任に属する事項の請願運動

各課の責任

二　郡役所の責任に属する事項の請願運動

町村役場の責任、自身も亦請願者たるを以て責任の重き用務の多端なること

三　警察署の責任に属する事項の運動

四　地方税務署の責任に属する事項の請願運動

五　県会の責任に属する事項に関し建議参考書提出運動

六　郡会の責任に属する事項に関し建議書参考書渾ての提出運動

七　町村会の責任は乃ち町村会自身も請願及ひ建議者なるを以て用務多端

八　地方教育会自身の運動及ひ研究を請の運動
　学齢児童体格及不就学生及退在校生調査
九　地方衛生会自身の運動及ひ研究を請ふの運動
　鉱毒人身に有害の厚薄調査
十　水利組合自身の運動及ひ研究を乞ふの運動
　灌漑用水の調査
十一　商工業組合自身の運動及ひ研究を乞ふの運動
　仮令は桐生足利等の機業及色染に関する調査及之より生する市場の盛衰に及ぼす影響損害に至る迄
十二　蚕種業組合自身の運動及ひ研究を乞ふの運動
　桑園枯凋繭糸光沢粘質減少等
十三　地方農林会自身の運動及ひ研究を乞ふ運動
　山岳崩落及水源に関すること等
十四　経済法律会自身の運動及ひ研究を乞ふ運動
　臣民の権利義務を奪はれし件
　地方経済の利害
十五　智力研磨渾ての青年会自身の運動及ひ研究を乞ふ運動
十六　官有地林野池沼芝地等に対し監理人の責任を責むる運動
右中央部及ひ地方部の運動は町村会議員町村役場及鉱毒事件委員たるもの直接責任なれとも其分科種目四十二ケ目以上に渉り其無経験にして而かも貧弱なる村落の及ふ処にあらす

一　被害調査の必要凡そ左の如し

地理、地質、山林、治水、農蚕、水産、商工、経済、法律、国家、行政、衛生、生理、動植物、理化、教育、倫理、社会等なり其他科学上の智識を要する事実の互に聯係せる複雑なる調査、陳情、請願、忠告、質問応答、論議を為すの必要ありと雖とも此等無識無資力なる被害民等のよく堪る処にあらず

（中略）

一　此加害者は天然にあらすして人為なり人為なるを以て加害者は陰顕其害を加ふるを止まさる久し今は殆んと天然の如き深酷なる悪質となり而して其加害は後来に継続せり今其の一例を挙くれは左の如し

被害人は諸般の運動に疲労せるは多年間政府か法律を無視し政府か加害を傍観し且つ此憐む可き被害民を愚弄し欺罔したるを見て地方中には往々奸曲の徒輩出し又被害人にして被害の事実を隠蔽して自ら権利財産を抛棄するの至愚なる請願運動をなし又加害者に通牒し悲惨極まる究（窮）民を売て利するものあり（中略）政府はます〳〵責任を放棄し加害者はます〳〵其悪計に長し今に及ふも救助恢復救済保護の実行を妨け却て請願書の辞句に苦情を唱へ為に我々其運動の部門の多きと

（中略）

褥礼の煩しきとに耐ず今は被害に加ふるに莫大なる請願運動費を要し其奔命に疲れて将に倒れんとするあり

一昨年来請願人の上京せんとするや之を待つ恰も竹槍蓆旗の徒に於る如し或は橋を撤し或は船を奪へ或は要路に隊を組て之を食止め或は肉薄して被害民に突貫を試み或は宿泊飲食を妨害せられ疲憊甚しく露宿をするの困難に至れるを憲兵は馬を駈て枕頭を蹂躙する等憲政治下にあるへからさる殺伐なる態度を以て被害民を威嚇虐待する等之れ憲法なく法律なしと云ふの外なし然とも我々は斯る乱暴狼藉

を学ふものにあらす又働くものにあらす決して官民党派の間に別を立つるものにあらず又別を立つるの余力あるものにあらず一意専心活路を求めんとするの外毫も他意なきものに候

（中略）

此一書は只請願陳情調査等運動上の手続の困難事情を察せられ被害窮民の請願に対し各省局部及地方庁等に於て各々責任ある御運動を仰き度き為めの参考書に候（後略）

月　日

四県聯合鉱毒処分請願事務所

殿

（奥付）

明治三十一年十一月七日印刷

明治三十一年十一月十一日発行

編輯兼発行人　左部彦次郎

群馬県利根郡池田村六十一番地

印刷所　濱田傳三朗

東京京橋区新富町一丁目七番地

左部彦次郎の多面的で綿密な調査について、『早稲田大学百年史』は「左部のこうした学術的な調査と実際的な行動は、他校、時にキリスト教主義学校の学生達を奮起せしめ、青山学院生で、幼少の頃より田中の家に出入りしていた熱血漢栗原彦三郎は、田中の同意を得て、宗教家、学者、新聞記者を動員して、第一回「足尾鉱毒事件演説会」を、三〇年二月二八日神田美土代町基督教青年会館で開催した」と記している（第一巻八六九頁）。

⑵『歳費辞退　田中正造翁』（編、一八九九年）

○口絵　和服上半身写真―注安在

先年角田竹冷氏の令夫人より合切袋を贈られたる時

浪人の首に懸けたる頭陀袋　のちには天下握り飯入　正造

（和歌二首―注安在）

去年憲政党内閣瓦解に際して

冬ながら啼ねはならぬ時鳥　雲井に月のさためなければ　仝

歳費辞退届書

帝国議会議員の資格は歳費の増加に依りて保たれ得へきものに非ず且本期議会に於て国費毫も減ぜられず増税の議頻に行はれたるに非ずや此時に際し議員たるもの寧ろ自ら節して其歳費を減ずべく却て之を増加するの理由を見出し能はず況んや本員の如き主として反対の議を唱へたるもの今に於て之を甘受するの理決して之無きをや依て茲に歳費の全部を挙げて之を辞す

衆議院議員　田中正造印

右及御届候也

明治三十二年四月十九日

衆議院議長　片岡健吉殿

編次

一　凡例
二　序説
三　議院法中改正法律案
四　歳費増加案提出の由来
五　議院法中改正法律案に関する田中代議士の演説
六　議会の大勢一班
七　栃鎮反対演説の世論の七種
八　憲本党(ママ)の報告書
九　辞退届の提出
十　議院法の公布
十一　辞退に付き地方有士へ翁の通知書
十二　同鉱毒運動者への通知書
十三　辞退に関する世論一束
十四　全国志士の感謝状
十五　辞退の真相一班
十六　跋文に代ふる二種
(中略)

○歳費辞退之真相(前掲「十五」に該当―注安在)

人は多く屋漏に恥つ我は屋漏に処して涙潜々一室内に独り泣くは誠なり天下の事一室内にあり一粒の涙は以て天下を湿するに足る。

編者識

是れ翁が常に自家の格言として其後輩に勧め自ら信して行ふ処の心肝なり、赤誠熱血の人にあらさるよりは以て解すべからず、翁が今回の歳費辞退蓋し斯の『一粒の涙は以て天下を湿すに足る』を思へばなり、若し夫れ赤貧窮乏を以て世の目し又自から甘するもの六百代議士中先つ以て翁を推さざるべからず粗衣粗食陋居一身を顧みるの遑なく、熱誠国事に尽砕するもの又以て翁を推さざるべからず、蓋し翁の如き好箇の代議士は百世の下絶て無くして僅かにあるの一奇豪なり、政治家の貴ぶ処は其公徳にあり公徳は言行一致に依りて現はる、不知翁を措て夫れ誰ぞや

（中略）

又翁が生命として争ふ鉱毒事件に対してや、其或は辞退の意味の誤解せられんを恐れ、之に通牒して『無銭無味無念無想の大観念』を以て戦んと警告せり、編者之を推して云ふ、之れ蓋し一面には同問題の死決以て発奮するにあらざれば、容易に成効し得べからさるを歓破し、飽迄身を逆境に処して、世の金銭の為めに屈腰倍売節の奴輩あるを慨し、実力以て之を征掃せんとする、信念の発輝（揮）にあらずや世間具眼の士宜しく鑑みられんことを、切に希望に堪えさるなり、

○跋文に代て（前掲「十六に該当―注安在」）

千紫万紅更に一花を添ゆるも其の彩美を増さず評花満郁又た跋を草するの用なし左に欧米各国議院法中議員の受くる歳費、日当、旅費の如何を検して聊か参考に資せんとす

＊イギリス、ベルギー、オランダ、イタリア、スペイン、ポルトガル、オーストリアの例を記載（略）

稿を了らんとするや仏国の巴里通信は左の事実を伝ふ転載して以て高覧に供す杜鵑一声山青々とも云ふ可きか

＊巴里通信「仏国議員歳費増加案の否決」（略）

嗚呼夫れ此の通信は彼の敗徳党をして降を百里の軍門に乞はしむるの大打撃と云ふ可し読者更に神を文仆に馳せて一読の栄を垂れよ

編者識す

〔奥付〕

明治三十二年五月廿三日印刷　　正価　金弐拾銭

明治三十二年五月廿六日発行

編輯兼発行人　　群馬県平民　左部彦次郎

東京市四ツ谷区麹町十一丁目二十二番地寄留

印刷人　濱田傳三郎　東京市京橋区新富町一丁目七番地

発売元　濱田活版所　東京市京橋区新富町一丁目七番地

(3)『足尾銅山鉱毒被害地臨検分析鑑定書』（編、一九〇一年）

足尾銅山鉱毒被害人命救護請願人兇徒嘯集ノ疑獄ハ実ニ明治三十三年二月十三日群馬、栃木、茨城、埼玉四県激甚地被害民ガ多年鉱毒ノ為メ苦シメラレ今ヤ人命ニ危害ヲ被ルニ至レルヲ以テ人命救護請願ノ為メ多数相携エ上京ノ途次此ノ疑獄ハ起リ被告六十余名仝年七月重罪ノ予審決定ヲ与エラレタルモ二十二名前橋地方裁判所重罪公判ニ附セラレ十二月二十一日裁判ハ宣告セラレ官吏抗拒治安警察法違反トシテ或ハ無罪トシテ而ルニ検事ハ兇徒罪トシテ控訴セラレ東京控訴院ノ裁判ニ附セラレ明治三十三年二月ヨリ三十四年三月ニ至リ実ニ在獄一ケ年余ニシテ保釈ハ許可セラレ重罪トシテノ被告二十一名ハ出獄シ九月廿日ヲ以テ公判ハ開廷セラレ十月六日ヲ以テ鉱毒被害地臨検ニ着手シ十三日ヲ以テ臨検終リヲ告ケ十一月二十二日命セラレタル事項ノ鑑定書ハ三鑑定人ヨリ裁判所ニ提出セラレタリ即チ本書此レナリ

編者識

●足尾銅山鉱毒被害地臨検

東京控訴院刑事局第四部裁判長磯谷幸次郎　陪審判事山本錚之助　普賢寺轍吉　柳川勝二　林金次郎
補助判事安田繁太郎　検事平山銓太郎　書記小坂善三　鑑定人農科大学教授農学博士横井時敬　仝農学士
長岡宗好　仝農学士豊永真理　助手横田正之助　鈴木重助

第一　渡良瀬川沿岸被害地中被告居村ノ臨検及ビ其収穫高ノ鑑定　土壌ノ分析ト作物トノ関係ノ鑑定
第二　本件犯罪地即チ雲龍寺ヨリ館林　川俣地方の臨検

●鉱毒被害地　臨検日割

第一日　東京出発　佐野着
第二日　佐野発　犬伏　界ヲ経テ佐野帰着（案内者　山崎鉎次郎　野口春藏）
第三日　佐野発　植野　吾妻　毛野ヲ経テ佐野着（案内者　栗原宰(幸)次郎　庭田恒吉　岩崎佐十）
第四日　佐野発　久野　多々良　渡瀬ヲ経テ佐野帰着（案内者　稲村與市　龜井明治　小林善吉）
第五日　佐野発　大島　西谷田ヲ経テ佐野帰着（案内者　大出喜平　永島與八）
右惣案内者　左部彦次郎

第六日　佐野発　雲龍寺　川俣ヲ経テ東京帰着

●臨検立会弁護士

三好　退藏　飯田　宏作　鹽谷恒太郎　竹内　平吉
太田　資時　今村力三郎　卜部喜太郎　丸山　名政
信岡雄四郎　新井要太部(郎)　紀志　嘉實　高橋　四郎
松井　親民　木村　嘉吉　高橋　秀臣　戸口　茂里
高木　正勝　櫻井熊太郎　牧野　充安　伊藤　昌春
黒羽　源治　小林茂八

●東京ヨリ出張シタル新聞記者

毎日新聞記者　大庭　善治　時事新報記者　木内　端
日本新聞記者　寒川　陽光　朝日新聞記者　溝淵　正氣
萬朝報記者　堺　利彦　二六新報記者　川島清次郎
報知新聞記者　矢野　政二　日ノ出國新聞記者柳内義之進

出張シタル鉱毒調査有志会委員

巖本　善治

田中　弘之

□　坪刈鑑定書

農学博士　横井時敬

◎足尾鉱毒鑑定書

農学博士　横井時敬

総論（略）

鑑定書　第二（略）

鑑定書　第三

以上ノ事実ト推論トニヨリテ之ヲ観レハ鑑定ノ為ニ指定セラレタル土地ハ少数ノ外皆少ノ毒土ヲ其土中ニ混シ若シクハ其土表ニ載カサルナシ此毒土ハ有毒恐ル可キノ銅分ヲ含有シ又其質悪シキカ故ニ此毒土ヲ得タルノ土地ハ之カ多少ニヨリ自ツカラ又多少其生産力ヲ損シ此地方ニアル世上稀有ノ沃土モ化シテ瘠薄ノ地トナリ収穫為メニ大イニ減シタルハ是等土地ノ状態ナリトス此等ノ土地ニハ大イニ労費ヲ捐テヽ毒土ヲ地外ニ搬出シ若シクハ深ク土中ニ埋メタルモノアレトモ一且（ママ）此表土ノ浸入ヲ受ケタルモノハ之レニ由リテ全ク其地力ヲ恢復スルコト能ハサリシヲ認ム是レ本鑑定人鑑定ノ概要ナリ

此鑑定ハ明治三十四年十月六日ニ着手シ同年十一月二十二日ニ終了ス

（中略）

□　土壌鑑定書

農学士　長岡宗好

第一項　供試材料及分析法（略）

第二項　臨検地観察及理化学的分析結果（略）

第三項　鑑定要文（略）

結論

（中略）

今銅ノ化合物ノ壊ニ及ス関係ニツキ従来本鑑定人及ヒ其他ノ研究者ノ得タル成績ヲ約言セバ左ノ如シ

一　土壌ハ銅分ノ吸収スルノ力アリ其性ハ土質ニヨリ仝シカラス例ヘバ砂土ハ腐植質土ニ比ジ銅ヲ吸収スル力少ナキガ如シ

二　土壌中ニ銅化合物混入スルトキハ徐々ニ植生シ必要ナル加里石灰及ヒ苦土等ト操作シテ之レヲ熔解シサルノミナラス土壌ノ理学的性質ヲ悪変ス

三　土壌中ニ吸収セラレタル銅分ハ種々ノ作用ニヨリ再ヒ熔解態ニ変シ植物ニ大害ヲ及スニ至ル

右事実ニ基ヅキ臨検採集セル土壌分析ノ成績ヲ按ジナバ豊饒ナルベキ土地ノ実際瘠薄ナル所以ノ理明白ナル可シ

（中略）

此ノ鑑定ハ明治三十四年十月六日ニ着手シ仝年十一月二十二（日）ニ結了ス

□　植物鑑定書

農学士　　豊永眞理

鑑定書　第一（略）

鑑定書　第二（略）

鑑定書　第三

以上研究調査ニ由リテ之ヲ観レハ此回臨検地ハ少数ノ外皆多少毒土ノ害ヲ被ムラサルハナク其毒土ヲ有スルコト多キニ従ヒテ生産力益々減却シ収獲益々寡少ヲ加ヘリ（中略）故ニ本鑑定人ハ過半ノ土地ニ於テ収獲ノ寡少ナル主因ハ毒土含有スル所ノ銅分ノ害ニアリト認ム

此鑑定ハ明治三十四年十月六日ニ着手シ同年拾一月二十二日ニ結了ス

〔奥付〕

明治卅四年十二月八日印刷
全　　十二月十二日発行　　定価金弐拾銭
編輯兼印刷人　東京市芝区芝口三丁目二番地宮下方（寄留）左部彦次郎
発行所　東京市芝区芝口二丁目六番地澤井八重方　鉱毒事務所
印刷所　東京市京橋区新富町一丁目七番地　濱田傳三郎

⑷編輯『明治三十四年九月　足尾銅山鉱毒被害地　検証調書』（編、一九〇一年）

序

世界希有ノ沃野

之レ渡良瀬川沿岸鉱毒被害地民ガ未タ眼ニ映シ居ル実象(像)ナリトス数フレバ僅々廿ケ年ノ既往ハ如斯豊沃ノ楽園ナリシ而シテ現下ノ惨状如何乳汁枯レ幼児殪レ所謂活(生)地獄ト称スベキノミ三十三年二月十三日是レ此ノ被害民ガ此痛苦ヲ訴エント多数相携ヘ上京請願セントシタル瞬間兇徒衆集ノ名目ノ下ニ六十有余名ノ請願人ハ獄ニ投セラル、ニ至リ前橋地方裁判所ノ手ヲ離レタルハ仝年十二月ニシテ越エテ三十四年九月二十日ヨリ保釈セラレシ二十有余名ノ重罪被告責付セラレタル二十九名ノ軽罪被告公判ハ東京控訴院ニ開廷セラレ十月六日ヲ以テ被害地臨検ハ許可セラレ各被告人居住地ニ付キ臨検セラル誰カ云フ法律ニ涙ナシト吾人ハ此行ヲ以テ本問題ノ真想(相)ノ世間ニ公白セラル、必然ナリト或ハ云ワン裁判所ハ鉱毒問題ヲ解決スルニ非ラス犯罪ノ原因ヲ探究スルニアリト然レトモ吾人ハ確カニ本問題ノ疑問ハ解決セラレタルヲ知ルナリ本書及鑑定書ヲ一読セバ更ラニ被害ノ甚シキハ悲哀ノ涙ヲ以テ迎フルニ至リ総テ疑問ハ釈然タルヲ得可シ矣

編者記

検証調書

明治三十四年十月六日東京控訴院刑事第四部裁判長判事磯谷幸次郎、判事山本錚之助、判事普賢寺轍吉、判事柳川勝二、判事林金次郎、補充判事安田繁太郎ハ野口春藏外四十九名ノ兇徒衆集野口春藏、左部彦次郎、永島與八、庭田恒吉、栗原宰（幸）次郎、治安警察法違犯（反）川島民八、漆原慶治、小野熊次郎ノ官吏抗拒小野寅吉ノ官吏侮辱被告事件ノ控訴ニ付明治卅四年九月廿七日東京控訴院刑事第四部ガ為シタル証拠決定ニ基キ栃木県安蘇郡犬伏町字鐙塚仝町大字西浦並ニ仝県仝郡界村大字越名ニ於テ検事平山詮太郎、裁判所書記小坂善三及ヒ被告人左部彦次郎、山崎銈次郎、野口春藏弁護人卜部喜太郎、信岡雄四郎、高木政勝、櫻井熊太郎、今村力三郎、竹内平吉、伊藤昌春、九山名政、高橋秀臣、所轄役場吏員犬伏町長川島仁左衛門界村々長糸井藤次郎立会鑑定ニ付スベキ田畑ノ指定並ニ被害状況ノ検証ヲ為シタリ其始末左ノ如シ

（中略）

此検証調書ハ前掲各記載ノ仝日検証地ニ於テ順次作成ニ係カルヲ以テ所属裁判所ノ印ヲ押捺セズ

東京控訴院刑事第四部

裁判所書記　小坂　善三（印）
裁判所判事　磯谷幸次郎（印）
判　　事　山本錚之助（印）

判事　　普賢寺轍吉（印）
判事　　柳川　勝二（印）
判事　　林　金次郎（印）
補充判事　　安田繫太郎（印）

〔奥付〕
明治卅四年十二月廿三日印刷
仝　十二月廿七日発行
定価金八銭
編輯兼印刷人　東京市芝区芝口三丁目二番地宮下方（寄留）左部彦次郎
発行人　東京市芝区芝口二丁目六番地鉱毒事務所内　龜井朋次
印刷所　東京市京橋区新富町一丁目七番地　濱田伝三郎

（5）『鉱毒ト人命』（著、一九〇三年）

〔目録〕

自序

足尾ノ鬼ノ手ハ其近隣ノ肥エテ且ツ美シイ山林ノ肉ヲ剝ギ骨マデ削ルト云フ惨酷ノ働キヲ為シ男體山附近中禅寺湖畔ノ肥エタル肉ニ垂涎ヲ流ス幾年ナルモナカナ々ロ（ママ）禁廷ノ御料ナレバ渡邊綱ノ如キ剛勇ニ思ヘテ鬼共モ恐ロシク手ヲ出スコトモ出来ナイソコデ栃木ト群馬ノ堺ニ一ツノ山ガアル之ヲ栃木デハ皇海山群馬デハ大岳山ト云フ其山続キデ群馬県利根郡片品川ノ水源デ又タ利根ノ水根トモナル美シイ根利ト云フ官林ガ四千町歩モアル夫レヲ撰択シテ千五百町歩余ヲ払下ケテ明治三十三年カラ伐リ初メタ実に熊ヤ狼ヨリ外住マナイ深山ノ奥ニ六林班ト砥沢ト源公トノ三ケ処ニ役宅ガ出来タ源公ハ未タ出来上ガラナイガ外二ケ処ハ電話迄備付ケテアル何ト鬼共ノ仕事ニハ驚クヨリ外ハナイ茲処ハ奥州白川堺ニ近イ処デ足尾エハ七里程アル夫レモ既ニ林道カ開ケテ自由ニ往復ガ出来ル末ニハ鉄道ヲ布設スルソーダガ僕ノ思フニハ砥沢ト源公ノ間ニアル大禅滝ヲ利用シ原動力トシテ製煉所撰鉱所ガ出来ルデアロー、ソーナルト此ノ四千町歩ハ愚カ其隣リノ平川官林四千町部（歩）ハ烟毒に害され而シテ利根川ノ水源迄三十萬町モアルト云フ美シイ林ハ皆伐リ盡サレ大洪水トナリ製煉撰鉱所ヨリハ夥シク毒ガ流レテ渡良瀬ノ毒流ト片品合流利根ノ毒流トデ関東ハ瞬時ニ毒源病窟トナツテ何百万人ト云フ人ハ皆渡良瀬沿岸鉱毒地ノ人ト仝ジ様ナ憐レナ姿トナルハ知レタコトダ例令製錬所撰鑛所ガ出来ナイニシテモ足尾被害ノ経験ト足尾ヲ伐リ尽シタル今日ヨリハ向フ十年モ経タナイ内ニ片品ハ勿論利根ノ水源迄伐リ尽サレ年々ノ大洪水デ沿岸ハ荒レ果テルデアロー現ニ昨三十五年九月二十七日片品沿岸岸戸鹿野棚村久屋沼須外各村ノ強ク荒サレタデ（ママ）モ分ルノデアル誠ニ此レヲ思ヘハ慄然ノ至リニ堪エナイノデアル早ク雨ノ降ラナイ内用意シナイト渡良瀬沿岸ト仝一惨状ニ陥ルノデアル

以上ハ僕ガ本年七月中実施踏査シテ確メタル片品水源現在ノ有様ヨリ将来ノ結果ヲ推究シタノデアル片品

利根沿岸幾百万ノ生霊ノ為メニ僕ハ此ノ鉱毒ト人命ト云フ編ヲ綴ルニ当ツテ序文トシテ警戒シ置クノデアル噫々

明治三十六年十月上浣　　編者誌

（前略）

第一章　総論

憲法発布セラレテ二ケ年議会開ケテ第二次驚クヘキ恐ル可キ警ノ声ハ栃木県撰出代議士田中正造氏ノ腔底ヨリ轟ケリ栃木県上都賀郡足尾銅山ハ古川（河）市兵衛採鉱ノ結果渡良瀬川源流ニ於テ多大劇甚ナル丹礬毒等ヲ放流シ其結果仝川沿岸栃木群馬両県田園ヲ荒蕪ニシ魚簇ヲ全滅シ更ニ驚ク可ク恐ル可キ人命ヲ害スルニ至ル然ルニ政府ハ速ニ鉱業停止ヲ断行シテ同胞国民ヲ此悲惨ヨリ救フコトヲナサズ憲法発布セラレ議会開ケテ第二回生命財産保障ノ典文ハ鮮明ニシテ未タ塵埃ニ汚レサルノ当時吾人ハ政府ガ憲章ノ文典法律ノ規定ニ従ヒ速ニ鉱業ヲ停止シテ沿岸住民ニ安全ヲ得セシメ国民ヲシテ危懼ノ念ヲ抱カシメズ再ヒ議会ニ此ノ不祥ノ声ヲ聞クコトナキヲ欲セリ爾来十五ケ年田中氏ノ呼号ハ愈々大ニ被害民ノ絶叫ハ益々甚タシク我々ノ生命ヲ救護ス可シ然ラサレハ吾々ヲ殺戮セヨ先ツ田中氏ヲ殺シテ而シテ被害民ヲ殺セト明治ノ聖代此ノ悲痛ノ呼号誰レカ聴イテ以テ驚カサルモノアランヤ然レトモ田中氏ノ呼号被害民ノ絶叫モ未タ事態ノ半バモ尽サヽルナリ而モ世間ハ此レヲ以テ余リニ其声ノ劇ナルヲ怪メリ政府ト加害者ハ余リニ其ノ叫ビノ大ナルヲ笑ヒ田中ヤ被害民ノ声ハ針小棒大ナリト侮リ恰モ三千有余年ノ古シ釈迦基督ノ予言モ唯タニ馬子ノ鼻謡程ニモ感セサル如ク田中氏ノ予告モ国民ノ耳朶ニ透ラサリキ而シテ政府ト加害者ハ極力黄金ヲ以テ識者ノ耳目ヲ塞ケリ（中略）今日ニ於テ鉱毒土地ヲ害セズ況ンヤ生命ニ危害ナシト云フモ誰レカ此レヲ信スルモノハ加害者一派ノ徒ノミ然レトモ十五ケ年ノ古ニアツテハ世間未タ此レヲ経験セズ鉱毒ナルモノ、人畜生命ニ迄テモ危害ヲ及ホス者ナルヤ否ヤハ学者ヲ除クノ外毫モ知悉セズ従テ預言者ノ声ハ徒ニ古河一派ノ曲論ニ抹殺セラレ其事態ヲ解セラレサリシナリ而シテ今日ニ於テ尚ホ曲学諂諛ノ腐学者ハ加害者ノ黄金策中ニ陥リ曲説迂解鉱毒人命ニ危害ヲ蒙ラシムノ一大変事ヲ覆ヒ去ラントシツヽアルニ至テハ実ニ驚カサル可ラズ然レトモ真理ハ最後ノ勝利者ニシテ到底覆ヒ尽ス能ハズシテ責ムルニハ落チズ語ルニ落ルノ俗諺ハ這般ノ消息ヲ通シ得テ明カナリ以下章ヲ分チテ所見ヲ陳セン

第二章　鉱毒ト銅毒ノ別

（前略）

即チ田中氏ハ議会ニ政府ノ無責任ヲ怒号スルニ至テ洋ノ東西斯学社界ニ大ナル恵ヲ与フルニ至レリ（中略）余ハ今ヤ没徳漢嚢ノ政府鉱毒調査会員医学博士入澤達吉ノ事蹟ヲ調査スルニ至テ愈々田中氏ノ洋ノ東西斯学社会ノ為メ恵マレタル効果ノ大ナルヲ公ニスルノ機ヲ得ルニ至レリ（中略）被害民ハ鉱毒ノ為メ生命危害ヲ叫ブ然シテ政府調査会員医学士等ハ鉱毒ヲ云ハズシテ銅毒ヲ云フ蓋シ曲学阿諛加害者ノ為メニ被害民ノ惨死ヲ無視シ其理ノ光ヲ瞞マサントスル徒ナレバナリ彼レ入澤達吉等ハ確カニ銅毒ト鉱毒トノ区別アルヲ了知セリ而シテ此レヲ公ニスルニ当テハ単ニ銅毒ヲ云ヒ人体ニ慢性銅中毒ナシト明言セリ

松隈内閣ノ当時ニ於テ政府ハ鉱毒調査会ヲ内閣ニ設置シ動植物被害ヲ調査セリ入澤達吉等実ニ其一員トシテ鉱毒人身ニ及ホス影響調査ニ着手セリ而シテ彼レハ調査ノ結果ヲ公ニスルニ当テ政府命令ノ為メニ自巳（己）ノ本領ヲ放棄シ加害者ニ阿諛シテ其責任ヲ全フセズ漫然銅ノ慢性中毒ハ未タ定説ナシトシテ鉱毒被害ヲ銅慢性中毒未定説中ニ葬ラントセリ然レトモ真理ハ遂ニ奈何トモスル能ハサルナリ彼レ明治三十四年十二月四日兇徒嘯集被告事件ニ付キ斯道ノ証人トシテ出廷ヲ命セラレ裁判長ノ問ニ答エシハ左ノ如シ

大体鉱毒ノ何タルヤヲ確定シ置キ其毒ガ人身ニ如何影響ヲ及ホスヤヲ調査シタルモノニテ銅ニハ急性中

毒アレトモ慢性中毒アルヤ否ヤハ未定ノ問題ナリ云々

彼レハ確カニ銅毒ノ何タルヤヲ確定シ置キ云々ト明言セリ而シテ急ニ言ヲ転シテ銅ノ慢性中毒未定云々ト答エ其真相ヲ曖昧ニセリ入澤達吉等ノ一派ノ徒換言スレハ加害者ニ阿附スルノ徒ガ人命ノ貴重ナルヲ忘レ事実ヲ曖昧ニ真相ヲ五里霧中ニ葬ラントスルモ能ハズ鉱毒銅毒ノ区別ハ判明スルヲ得ベシ沿岸三十万ノ生霊此等ノ曲学者ノ為メニ野犬ト同一境遇ニ殪死スルニ至ル為政者亦タ此レヲ知ラサルカ知テ而シテ冷眼ニ看過スル其罪ヤ大ナリ然レトモ入澤等ノ徒カ身調査会員トシ斯道ノ大家トシテ其ノ学ヲ売リ天下ノ耳目ヲ掩ヘ去ルニ於テハ更ニ数層ノ罪科ト云ハサル可カラズ

第三章　鉱毒ノ真質

余ハ浅学況ンヤ医学ニ於テヲヤ然レトモ彼ノ徒カ認メテ以テ銅毒ト鉱毒ノ別アル二三ノ点ヲ挙ケテ立証セリ読者已(己)ニ二者ノ区別アルコトヲ覚知セシコトナラン此レヨリ鉱毒ノ真質ハ如何ナル物質ナルヤ医学士大学助教授林春雄氏ノ所記ヲ掲ケテ其真実ヲ明カニセン林氏ハ三種ノ銅中毒ヲ挙グ

第一　狭義ノ銅中毒　　第二　亜急性銅中毒　　第三　広義ノ慢性銅中毒

（中略）

足尾銅山鉱毒ハ如何ナル物質ヲ含有スルヤヲ吟味スレハ恐ル可キ物質ヲ含有ス而シテ砒素亜鉛、アンチモンハ少量シ、続用スル時ハ中毒作用ヲ起シ而シテ又タ慢性銅中毒ヲ起スニ至ルト此レ林氏ノ調査ノ結果ヲ公ニセラレシ事実ナリトス足尾銅山鉱毒ノ真質夫レ如斯多種ナリ而シテ又タ此有害ノ物質ナリ沿岸三十万住民ノ生命ニ危害ヲ蒙ラシムル其現実ヤ恐ル可ク寒心ス可キノ至リナリ去ル三十年松隈内閣当時ニ於テモ明治三十五年春設立セラレシ内閣調査会ニ於テモ漫然銅中毒而カモ純粋銅中毒有無ヲ報告シ不純粋銅中毒ノ如何ヲ検セズシテ銅ノ慢性中毒ハ未タ確説ナシト云ヒ或ハ被害地ニハ銅慢性中毒調査ノ結果アラサリシ

ト詐欺ノ報告ヲナシ毫モ憚カラサルニ至テハ彼レ等曲学奸徒ノ罪ヤ憎ム可キノ至リナリ（後略）

第四章　鉱毒被害

（前略）

更ニ精細ニ着目スレバ彼レ等ハ銅慢性中毒ハ無シト断言セリト雖モ心中又安ンズル能ハス銅慢性中毒ノ起来ス可キヲ自白スルニ至レリ彼レ入澤達吉等ハ実ニ左ノ如ク明言セリ

鉱毒論集（明治三十五年三月十五日発兌、十九頁）

然リト雖モ亦泰西ノ学者中既ニ銅中毒ト云フ者ノ存在ヲ承諾スル人一二ニ止マラス故ニ足尾銅山及ヒ被害地方ニ於テモ他日如何ナル変遷ニヨリテ一層多量ノ銅分人体内ニ入ルニ至ルヤモ亦タ料リ知ル可カラサルヲ以テ将来可及的飯食物中ノ銅ノ混入セサルコトヲ工夫シ之レヲ予防スルハ勿論頗ル緊要ニシテ決シテ之レヲ忽諸ニ付ス可カラサルモノトス

（中略）

医学士林春雄氏ハ真正ノ学者ナリ氏ハ明カニ鉱毒ト銅中毒ノ区別ヲ示シ入澤曲学者ニ打撃ヲ加ヘ世ニ益スルコト大ナリ氏ハ実ニ左ノ警戒ヲ為セリ

医事新聞六百七号（前掲二百二十頁）

広義ノ慢性銅中毒ハアル可キ者ト信ズト広義慢性銅中毒ハ不純粋ノ銅慢性中毒ニシテ足尾銅山銅鉱ハ不純粋ノ銅ナリ

氏ハ一般衛生予防法トシテハ

銅以外ニ疑ハシキ物質含有セリトスレハ（広義ノ銅）十分之レニ向ツテ取締ヲ要スルナリ此ノ取締法ヲ定ムルニ当テハ狭義ノ銅中毒（純粋銅）ヲ検スル勿レ他ニ有害ノ混合物アルヲ基本トシテ予防法ヲ講ス

可キナリト思考ス

（中略）

明治二十四年田中正造氏ガ鉱毒衛生ニ害アリ速カニ之レガ処分ヲ断行ス可シト国家社界（会）ニ向ツテ警戒ヲ与ヘタルヨリ茲ニ十五年政府ハ元ヨリ国家モ社界（会）モ田中ノ声ハ余リニ大ナリトシテ冷眼視シ曲学腐儒古河一派ノ徒ハ世ノ無経験ノ問題ナルト事専門技術上ノ智識ヲ要スルトヲ以テ巧ニ国家社界ヲ欺キタル結果現今ノ如ク百人中五十五人ノ病者ヲ（彼レ等ノ調査ニ依ルモ）生スルニ至レリ学者ハ水ノ如シ時ニ依リテ大害ヲ蒙ラシムルニ至ル恐ル可シ彼ノ徒ハ曰ク「鉱毒人体ニ害ナシト」而シテ其所説ヲ湊合シ来ル時ハ鉱毒人体ヲ害スルヲ認知セリ

（中略）

入澤達吉ハ銅毒論集（第十二頁）ニ於テ

従来往々或書ニ散見スルノ銅ノ慢性中毒ト云フ者ハ其後ノ検索ニ依レバ多クハ皆ナ純然タル銅ノ作用ニアラズシテ寧ロ数々鉱銅ニ混入セル鉛若シクハ砒石ノ所為ナルコトヲ知レリ云々

是レ不純粋ノ銅ハ慢性中毒ヲ惹起スルコトヲ確認セリ而シテ尚ホ純粋ノ銅ト雖モ及ブベキ的飲食物ニ混合スルヲ禁スルハ緊要ニシテ忽諸ニ付ス可ラサルト云ヒ被害地病者六人中五人ノ多キモ確知シ而カモ尚ホ慢性中毒ハ被害地ニ認メサリシト徹頭徹尾事実ヲ掩ヒ曲理阿諛以テ古河ノ為メヲ此レ事トス

（中略）

嗚呼彼レ入澤一派曲学ノ徒ヲシテ内閣鉱毒調査会員トシテ鉱毒人命調査ノ重責ヲ負ハシム其真相ノ天下ニ告白セラルヤ何レノ時ニアル嗚呼何レノ時ニアル

第五章　結　論

（前略）

入澤達吉ノ無責任ナル曩ニ数点ヲ列挙シテ此レヲ論結セリ今ヤ擱筆スルノ時ニ到レリ然レトモ余リニ彼レノ没徳漢ニシテ従テ代々ノ内閣皆ナ如此方針ヲ以テ本問題ヲ誤マルコトヲ証セン為メ茲ニ再論セン（中略）入澤達吉ノ一語ハ代々ノ政府ガ本問題ニ対スル方針ヲ察知シ得可シ彼レ等ハ眼中被害民ナク啻タ加害者古河ノ利益此レ事トスルノミ（中略）明カニ被害地衛生悲惨ノ状態ヲ認知シテ而シテ又漫然慢性銅中毒否認説ニ符合スルモノアリトナシ鉱毒病ニアラズト断定スルニ至テハ驚クノ外ナシ

余ハ前段ニ於テ再三再四鉱毒ト銅毒ノ区別アルコト足尾銅鉱ハ不純粋ノ銅ニシテ不純粋ノ銅ハ慢性中毒ナルコトト信スルテウ林春雄氏ノ所論三宅博士等ノ證言ヲ掲ケテ読者ト共ニ研究セルヲ以テ以上ノ曲説再ヒ論スルノ価値ナシト信ス読者ハ前後照応余ノ所論ノ真値ヲ了知セラレレンコトヲ

代々ノ政府皆ナ如此方針ヲ以テ本問題ニ対シ学者又タ入澤ノ徒ヲ以テ斯学界ノ指針トテ調査ノ真実被害ノ実相ヲ掩ヒ去ル吾人ハ如何ニ将来仝胞諸子ト共ニ被害地三十万生霊ノ時々刻々鉱毒ノ為メ生命ヲ刻マレツ、アルヲ救ハン嗚呼如何ニシテ此レヲ救ハン為政者ヨ為政者ヨ世ニ革新ノ動機ナル者アルヲ記憶セヨ

付録

第十八議会　貴族院議事録抜粋

意見書案

一　足尾銅山鉱業停止ノ件

群馬県山田郡韮川村平民明戸松次郎外百九名呈出

茨城県猿島郡新郷村平民小野善助外五十八名呈出

栃木県下都賀郡生井村平民猪野忠助外八百四十四名呈出（三通）

群馬県新田郡強戸村平民関根源七郎外二百三十三名呈出（二通）
同県山田郡境野村平民高野楳吉外九百三十三名呈出（二通）
栃木県足利郡吾妻村平民庭田源八外七百六十四名呈出
同県下都賀郡藤岡町平民川島鹿蔵外二百二十四名呈出（四通）
埼玉県北埼玉郡利島村平民須藤平五郎外三百八十八名呈出

右ノ請願ハ足尾銅山鉱毒予防工事ノ無効ナルカ為メ鉱毒ヲ一府五県ニ亘レル河川ニ流出シテ其水質ヲ害シ為メニ民命ヲ損傷シ生業ヲ喪失セシメ延イテ自治制ノ頽廃ヲ来スニ至ル其被害実ニ惨ナリトス故ニ之レカ救済方法トシテ速ニ足尾銅山ノ鉱業ヲ停止セラレタシトノ旨趣ニシテ貴族院ハ願意ノ大体ハ採択スヘキモノト議決致候因テ議院法第六十五条ニ依リ別冊及送付候也

明治三十六年六月　日

貴族院議長公爵近衛篤麿

内閣総理大臣伯爵桂太郎殿

意見書案

一　衛生ニ関スル件

栃木県足利郡吾妻村平民庭田源八外三十八名呈出

右ノ請願ハ足尾銅山鉱毒ノ衛生ヲ害シ民命ヲ危フスルノ程度及区域ノ広大劇甚ナルコトハ世人ガ二十年来一日ノ如ク主張絶叫セル所ニシテ曩ニ各種ノ慈善団体ニ於テ被害地ニ設置シタル施療院ノ閉止セル後ハ被害患者ノ窮状益々甚シク加之ナラズ鉱毒ノ瀰漫ハ昨年ノ洪水ノ為メ一層激烈ヲ極メ随テ疾患者亦益々多キヲ加ヘ悲惨ニ堪ヘサルモノアリ是レ鉱毒予防工事ノ無効ナルニ因ルモノナルヲ以テ至急該銅山ノ鉱業ヲ停止シテ鉱毒ノ根元ヲ絶チ人命保存ノ道ヲ得セシメラレタシトノ旨趣ニシテ貴族院ハ願意ノ大体ハ採択スヘ

キモノト議決致候因テ議院法第六十五条ニ依リ別冊及送付候也

明治三十六年六月　日　　貴族院議長公爵近衛篤麿

内閣総理大臣伯爵桂太郎殿

〔奥付〕

明治三十六年十月十日　印刷

仝　三十六年十月十三日　発行

（非売品）

著　者　左部彦次郎

芝区愛宕下町二丁目五番地

発行者　須藤幸次郎

神田区小川町一番地内田方

印刷所　濵田活版所

京橋区新富町一丁目七番地

＊『鉱毒ト人命』は内水護編『資料足尾鉱毒事件』（亜紀書房、一九七一年）に収められている。但し、自序後半部と第一章冒頭部分が欠落している。

Ⅲ　大場美夜子（左部春江）関係史料

＊作文・日記については、重要な箇所を本文中に引用・収載したためここでは省いた。旧かなはそのままとしたが（例・ゐ）、漢字は固有名詞以外は原則として当用漢字に改めた。

1　手記・エッセイ（松木弥栄子氏提供）

⑴震火災の惨地を後に故郷に落ち来るまで

（群馬県立館林高等女学校第四学年　同校校友会『会報』第四号、一九二四年）

私は此の度の希有の大地震ならびに大火災の魔の手に襲はれた一人である。今その当時の現状の恐ろしかつた出来事種々の悲しかつた追懐をたどつて申上げたいと思ふ。

私の家は神奈川県下の馬入川の上流にある厚木といふ町である。

皆様の御承知のあれは九月一日であつた。その日は朝は前夜よりの大暴風雨で戸も開けられぬはげしさであつた。私は最早六日より新学期となるので支度にせはしく宿題の雑巾さしがまだ出来あがらぬので歌をうたひながら暢気に手を動かしてゐた。十時頃より雨はからりと晴れまばゆきばかりの太陽がてり出した。すつかり戸障子を明け放ちてなほも暢気に手を動かしてゐた。母は丁度使に出掛けて留守、父は役所に出勤してゐる。私はただ一人である。正午間近になつたが母が帰宅の後に食事をしやうとしてゐた。と、ドシングラグラ、あれつとたんすの傍へ行かうとしたがゆれはひどく歩く事は出来ない。すると何とも形容の出来ぬ音と諸共声出す暇もなく屋根の下になつてしまつた。

然し机や本箱たんす等があつた為にビシャンコにはならぬ。真暗で何が何だか分らぬ。何の考もなく夢中であつたが、一つ胸にしつかりと浮びさけんだのは神であつた。常に神の存在がはつきりわからなかつた私此の時ばかりは明らかに天地には自然と云ふ大なる神が在すと覚つたのか、神様助けて下さい、世は驕り人は増長し過ぎた、私も其の仲間、あゝ助けて下さい、どうぞ助けて下さい、と祈りつゞけた。不図闇のうちに一道の光がさし込んできた。見れば逃げられる様なすきがある。一心に這ひづつてもがきもがき外に出やうとしたが、私は骨の病で一昨年以来コルセットをはめてゐる。大変苦しいきゆうくつなものでこゝむ事の出来ぬものである。金具がついてゐて皮で出来てゐるそれがつかへてゐて出られぬ。それを取つて出れば身体が曲つて不具者の様にならねばならない。と云つて取らずでは逃げ去れぬ。あゝどうしたらよいかと悶え悶えた。すると「火事だ火事だ」といふ声、煙は容赦なく烟つてくる。絶体絶命此処で焼かれるよりは例へ如何様な醜い身体不自由な身体となつても生きてゐたい。生の愛着の念はしきりである。思ひ切つてやうやうに取りはずしてはひ出した。外は何たること、火煙と土煙で咽び返りそうな真暗闇である。

おゝ母上はどうなさつたか、一散に走り見付け出しに行かうとしたが地のゆれ劇しくとても歩めぬ。地は割れて水が地下から湧き出して川の様である。と「春江、春江」と呼ぶ必死の声、何処からともなく聞えてくる。なつかしやうれしや母上の御声である。「母さん、母さん」と私もありだけの声を出して叫んだ。そして声する方にはらばつて行つた。母は哀れ門を入ると直ぐある土蔵にあふられて泥水まみれになつて出血して井のもとに倒れてゐらしやる。「お母様さん」と抱き付いた。「おゝ春江、春江」と抱きついて暫しは涙にひたつた。言葉はない。只手を取り合つて嬉し泣きするばかり。漸く母上を抱き起し助け合ひながら水の出ぬ畑の辺に行き木につかまつた。恐ろしさも通り過ぎ最早強い強い心になつた。たとへ此のまゝ天地くつがへり話に聞く泥海と化すのであろうか。そうなつてもよい。母上と何処までも御一緒にと覚悟した。云ひしれぬ轟きとうめき彼方此方から聞えてくる。するうちに方々から人々が当方の庭がひろいので集つてきた。後から後からと皆顔色はなく青ざめて姿なく土まみれ血まみれになつてよろめいて来る。見合す人々いづれもが無言にうなだれてゐる。それにしても父上は如何なされたか、さぞや役所で潰されて御居でゞあらふ。健かに健かに何卒御怪我のない様にと念じた。不安は大きくなるばかりである。役所に行かうとあせつた。なれど火は道をさえぎり加ふるに地割れでとても不可能の事だ。胸はかきむしられる様な切なさである。「父様は、父様は」と母と云ひつづけてのみゐて執るべき術もない。

地震は続け様に、絶え間なくゆるぐ。日は山の端に暮れ掛る。何時まで恐れ戦いてゐたとて果しはない。勇気を出して戸板を探し二三枚敷き母を腰下させ近所の老人を腰掛けさせた。

太陽が没して間もなく「春江、春江はどうした、どうした」とあへぎあへぎ馳け来る者がある。「春江は居ります大丈夫です」と大声に呼ばつた。見れば父上である。お、何たる幸福ぞ、親子三名生きてゐた。健やかで生きてゐたのだ。私は父母の間に座して涙にむせんだ。嬉し泣きした。父は梁の下となり圧されたがやう〳〵死線を越えて来たとの事で大分御怪我がある。火は段々下火となり我家は焼け残った。

其の夜はまんじりともせず蚊に攻められ、明け方の寒さにふるへた。清く照り出た秋月を一入淋しく感深くものすごきばかりに身に泌々とてらす。空腹は増してくるが食する一粒の米すらない。仕方なく梨がまだ不熟であつたがもぎ取り餓をしのいだ。夜明けが待ち遠しく下弦の月がうらめしかつた。見上る目のうちは曇つた。どうして泣かずに居られやうか。

空は北方と東方が真紅である。何処か火事であらふ。太陽が出ても消えやらず燃えてゐるらしい。

明くれば二日である。近所寄り集り米炊く事を得てにぎり飯に舌づゝみを打つた。父上は重要書類を見に行かれた。

ゆるぎはさつぱり止まろうとはせずに人間を怖やかす。一体何たる事であらふ。何たる大地震よ。震源地は近くに相違ない。交通機関は絶たれてしまつた。立つてゐる電柱一本だにない。道路は無茶苦茶に割れてゐる。さしもの相模川の大堤防コンクリートも粉々だ。橋も落ちてゐる。偉大な天の制裁よと言葉も出ずに呆然とする。恐怖の第二日目も早終り夜のとばり垂れんとする時に突如「鮮人だ朝鮮人が攻めて来た。女小供は全部山へ山へ逃げろ」とざはめいて、又しても阿鼻叫喚の一大惨状を呈した。未だ飽きたらず天はこらしめなさるのかと吐息して空を仰いだ。薄く夜の幕は下り初めた。

覚悟を定めて刃物を見出し鮮人来らば一突と思いを決した。人々は山へ山へと馳せ逃げて行く。然し私達親子は病身である。あせつても仕方がない。どうする事も出来ぬ。何百名押し寄せてもよい。恐れず力のある限り奮闘していさぎよく死なう。お丶そうだそうだ、是れに越した事はない。憎い不逞人、神聖な我国を侵さうとしてもだめである。日本には大和魂があると心に叫び溌剌とした心になつた。

父上は心配して来られて逃げよ逃げよとせき立てる。

「川向ふへ三百名押し寄せたが町民男子の限り手に手に武器を持つて固めてゐるから大丈夫だが、然し万が一負けた時は困るから一先づ山へ行け。父が皆殺しにするが間違つて殺されたら母を大切に。恥をさらさずに。鮮人にむごい事をされぬ様にせよ」の声後にして去られた。永久の別れかしらと熱い熱い涙が止め度もなく頬を伝ふ。早皆人々は逃げ去つて人影はなく只二人。暮れゆく田の畔を痛手押へて悲痛な心を抱いて急いで行く。あせりよろめいては倒れ倒れては起き足はなかなかに進まない。あせればあせるほどはかどらぬ。橋のない小川を母を助け助け三つ四つこして行く。振り返れば町は何処、燈火一点なく原と帰し、ざはめきが聞えてくるばかりである。

何たる天災が業よ。まして又其の上にむごい鮮人襲来、再び元寇時代の様な憂き目を見るのかと、張り裂ける胸をこらへこらへて母上を慰め慰められてやつと山に辿りついた。日はとつぷりと暮れてものすごい。夢結ばれぬ夜は過ぎて露にぬれ蚊にさされた身体の痛さ苦しさをしのんで山を出た。町は静つたらしい。するうちに父上が迎へに来られ一先ず帰つた。

三日の夜も寒さにふるへた。まして雨が無情に降つて宿るに家もなく戸板三四枚ノホツタテの中に一夜すごした。飛行機が雨中に河原に降り、東京横浜全滅の報をもたらして来た。幸ひ宮城無事天皇皇后両陛下皇太子殿下にも御障りなき由に、思はずも万歳唱へた。四日に父は死を冒して県庁に向はれ夜更けて帰られ、全滅の横浜、死人累々の惨状を語られて袖しぼつた。五日には潰れ家から夜具を引きずり出し知人にやり自分等も久しぶりに温かさを覚えた。

地震は大分遠退いて六日以後は避難民が足ひきずり数へられぬ程通る。涙なしでは見られない。男子の人々は左程までもないが、老いた人の幾年生くるやもはかられぬ短き余命に此の惨事に出会ひ、よろよろとして落ちて行く。杖をたよりに歩んで行く。

今までは奥様嬢様として多くの人々にかしづかれたらしい人々が細い足にたへ兼ねてひきづつては休み又少しひきづつては休んで行く姿。哀れ哀れと胸塞がり瞳は露に光つた。

毎日のやうに落ち人が通つて行く。ホツタテ生活は過ぎて行く。町の圧死焼死者は幾名となく葬むられる。焼け出された人々は小学校の庭にバラツクを建て共同生活を始めた。

日を経るに従つて惨事が段々と知れてくる。私達は生きのびただけ幸なのである。

大自然の威力と戦つて幾多の苦しみ悲しみの時はすぎ日はたつた。十四日以来数日間は馬入川の出水で一寸の間に水は殖へて行く。堤がないのでどし〳〵流れこむ。虎口をのがれたと胸撫で下す暇もなく又しても水攻め、あらゆる災がふりかゝつてくる。生きた心地はなかつたが大事はなくて済みほつと息ついた。

山くづれで川一杯大木が何十本となく流れてくる。濁流ごうごうとして実に物凄い眺めであつた。

見る物聞く物すべてが惨いものばかりである。

夜の物淋しさもあまりである。電燈一つなく蝋燭の燈火である。それもほんの宵のうちだけで後は百年も昔にかへつた様な闇のはかなさ。

食物は半搗き米に副食物も何もなく何年何十年前かの漬物である。飲料も水が濁つてるのでまづい。

日数へて間もなく戒厳令に依つて軍隊が来て保護し急ぎ仮橋架設に着手した。そして幾分交通も自由となつた。九日に各県からの慰問品を戴き有難さに感謝した。傷者は赤十字社の厚い情けに癒された。

私の病は其後再発すると思つてゐたが、何ともなく日常出来得ぬ労働もどし〳〵やり乱暴に使つたがます〳〵健かとなるばかりである。

諸所の学校が開校の様子で毎日の新聞に載つてくる。然し私の母校である横浜高女の音信はない。無論全焼して先生方の安否も覚束ないのである。

すると十月五日校跡に参集せよとの報があつた。喜び勇んで五日未明に出発したが、山潰れ崖くづれで自動車は危く倒れかゝる。

冷汗流す事幾度かして横浜についた。見渡す限りの焼野の原、所々にコンクリートと建築の残骸が立つてゐるばかりである。内外交通の要地、我国第一の港、文化の都も今は早何処。伊井掃部頭の銅像も見るに忍びずにか港に脊をむけてゐる。

焼け尽した街を通つて校に向つた。人肉の焼けてゐる臭気が鼻をつき、川には油がただよつて幾多の霊うばへるを語つている。

朝夕三年間学びいそしんだ校舎は姿も影もなく土台石のみ残つて涙をそそつてゐる。八百名余りの生徒中集つたのはわづかに百余名で同級の友人は五十名が七八名となり、親しい友は皆去つてしまつた。永久にかへらぬ人となつてしまつた。無二の親友は相模屋呉服店の鉄柵冷たきエレベーターの中に窒息してしまつたのである。焼け跡の校庭には重い重い空気が閉ざし、すゝり泣きの声は暫し続いた。来年にならねば開校せぬとの事に、尽きぬ名残を惜しんで別れた。

其後十月十一日遂に思出多く死と闘つた惨地を後に故郷さして落ちのびて来た。今は温い旧友に慰められ荒びた心も柔らいだ。同情の恵みによつて満たされた。落ち来た私はほんとうに喜ばしい。

省れば此の度の出来事は夢現である。想像も及ばぬ一大惨事であつた。

我国は昔から地震国の名はある。そして大地震も三つ四つあつた。然し此の度の様な範囲の広い、害の甚大な死傷者の多数は出さなかつたそうである。私の祖母は当年八十八歳で東京在に健かでゐるが、安政の大地震にも会つたが是程ではなかつたと語られた。

事実である。数知れず宝を焼き、古書、古物や財を灰となし、あまつさへ尊い人命もうばつてしまつた。竹の園生に生ひ立ち給ふた御方もうばはれ、又名士大学者も失はれた。思へば悲しみ悔やむ事枚挙に遑はない。然し然し最早悔いても悲んでも口惜しの涙を落しても、灰は元の物には帰らぬ。逝つた人々は再び戻らぬ。嘆いてゐる時でない。一歩進んで此の惨事により奮発努力の心を起し復旧に務めねばならない。災を転じて幸となす事も心掛一つである。私達は直ちに此の後を継いで立つべき者であるから、一心に学業を励み身を修め、賢夫人となつて世に処さねばならない。帝都復興は私達の双肩に掛つてゐる。

思へば地震前日本はあまりに驕つて居た。奢侈に流れ人心はずるけ緩んだ。云ふまでもなく衣食住総べてが身分不相当に華美であつた。あの侭何事もなく過したなら亡びるのを免れ得なかつたであらふ。私達とて安閑と華美に慣れ、つまらぬ虚栄の女として成り果ててしまつたやもはかられぬ。

天乃ち神は戒め、こらしめた。此の大いな出来事を下し訓示を与へ反省を促した。私達はよく是を目に見、耳に入れて反省せねばならぬ。女子とて只柔しいのみが本能ではない。日本女子として育くまれたものである。大和魂の持主であるもの、勇気凛とした所がなければならぬと思ふ。大悲惨を歎かず力を落さず国の建て直しと思つて、此の際処理してゆかねばならぬと思ふ。兎に角に私達女子は華美を好み虚栄にあこがれる。今迄それを当然の事として行つてきた様に思はれるが是からはその様な魔に誘はれぬ様確実な意志を持ち、常によく万事に注意して心の修養を怠らず、事に当つて狼狽せず動顛せず、従容としてなすべき事をなさねばならないと思ふ。深く私は思つたのである。

又宇宙自然の力の大いさに恐れ驚いた人間は、其の威力の前には何といふ力のない少さな者であらふ。宇宙には人の智では想像のならぬ偉大な何ものかゞある。大いな自然の神が在すのかしら。私が圧されて何の考もない急卒の場合に只「神様助けて」と号んだ。人は確かに何か一つ大きな信念を持たねばならないと思ふ。信念信念、おゝそうだ、これを持たねばいけない。一大信念を具して質実の風を養ひ、以つて此の際に処し、我帝国を益々隆盛な国とする事を期さねばならぬと思ふ。
私は申上げ度い事は少さなハートにはあまりに充満し余つてゐる。まだまだ精しくお話したい。けれど皆様は東京、横浜の惨状は細かにとつくに御存じの御事と思ふ。たゞ私は実地見聞の大要と愚感とを一二申上げたに過ぎない。
大地の揺ぎ大紅蓮の焔に襲はれ、其の上鮮人云々の流言蜚語に悩まされ、死と生との界の危機を脱して漸く今此の故郷に落着いた
私の心の中は、非常に雑多な感慨に打たれ何等まとまつた考も持つて居らぬ、只今種々申上げたうちに必ずお判りにならぬ点もあるであらふが、何卒御怜悧な御頭脳に訴へて御判断をお願ひし、そして落ちのび来た私の心中の幾分を解して戴き度いと思ふ。（十二年十月二十一日）

⑵渡良瀬吟行（抜粋）

（田村紀雄編『季刊　田中正造研究』所収、わらしべ書房、一九七六・秋）


学生の頃から、渡良瀬川鉱毒事件に興味を持った父左部彦次郎は、明治二十四年、東京専門学校すなわち今の早稲田大学を第一（ママ）回生として卒業すると、家業の醸造業は人手任せで、事件のため東奔西走の人生を踏み出した。

一応妻帯もし、二子を得たが、家族は国に残したまま、たまにしか帰らなかったらしい。やがてこの若妻は、幼い二人の兄妹を残して薄幸の短い生涯を閉じてしまったと言う。二人の遺子は、祖母の手によって育てられたが、その祖母も他界してしまうと、東京の父の実姉である伯母に托せられ成人した。

こんな父が、鉱毒被害調査のため、頻繁と訪れた館林で、その町議の妹である堀越ゆわと再婚し、明治末年

に生れ出たのが私である。四十を過ぎた父は定職もなく、すでに家産は傾き、新生活にはいってこの妻子を養う為には、いつまでも無給のこの鉱毒問題と取組んではいられず、止むなく田中正造翁と袂を分たねばならなかった。政治経済科を出た父が、長年の渡良瀬川の治水、鉱毒と闘ってその道に明るくなり、得た職は土木関係であったらしい。

然し、物心ついた私の側には父はおらず、母の手一つで育てられていた。父の職は転々と変えられた様である。年に一回位しか帰らぬ父と、小学生の私は、必ずと言ってよい程、館林の町はずれを流れる渡良瀬川の長い橋を渡って、川のふちに建っている雲龍寺に参詣するのが習わしであった。長い黙祷を捧げたのち、川沿いの堤を黙々と歩く父に手を引かれて、私はもう父とたまに逢えた喜びに、歌などうたってはしゃいでいた。小学校も高学年になると、この寺や川が、どんなにか父ばかりでなく、私の出生に拘わるものであるかを悟る様になった。父がこの川の為にこの町に来なかったら私は産まれていないのだ。私にとっては大事な川なのだ、と一人胆に銘じた。たまさかに遇う村人達は、私の頭を撫でてくれて、渡良瀬川の申し子ですな、いいお嬢ちゃんだと褒めてくれた。こんな父と歩くのが、私は得意であった。

こうした生立ちから幾星霜を経て、私は一転二転の宿命にめげず成人した。父も母も、晩年は一つ屋根の下に暮らし、ささやかではあったが、平和な生活に恵まれた。その父母もすでに亡く、異母兄姉も世を去り、私は父の齢より長生きをした。

母の実家で育った私は、父の実家を知らなかった。破産した父の故郷の家を、一目見たいものとかねてから思っていたが、数年前、やっとそれを果し得た。酒造りの時代の杜氏の子孫が、ずっと住んでいてくれて、先祖代々の墓を守っていてくれていた。でも家が大きすぎるとかで、半分壊したとのことであった。

さて今度は、私の出生の因となった渡良瀬川を、その源流から利根に合する迄を歩いてみたいと思った。……俳人となった私が、父の生涯の大半を打込んだ鉱毒の渡良瀬川を吟行することは意義あることだ。父の霊

を弔う心で詠んでみようと、出発も彼岸を選んで出かけた。（中略）
太田駅に引返して、館林に向った。私の小学校を過ごした、懐かしい故郷である。血縁は一人もいないが、友人知人は多い。久しぶりに逢いたいという衝動に駆られたが、今回は吟行一筋に絞ることにして、車で町の北はずれにある早川田の雲龍寺に向った。この寺は事件のための、農民や指導者達の集合所であった。渡良瀬川は此処まで流れて来ると、大河の貫録を示している。橋の袂で下車、私は歩いて渡りたかった。降り出した小雨に、見える筈の筑波山の姿も見えない。欄干に寄り添い、川の面を見つめながら、ゆっくりと渡った。
父に手を引かれて渡ってから何十年を経たであろうか。記憶の寺（雲龍寺―注安在）は当時のままのたたずまいで、ひっそりと春雨に濡れていた。田中正造翁のための小さな堂が建っていて、その側の顕彰碑の前に、誰が供えたのであろうか、白々とした彼岸団子が供えられていた。

19＊　義人の碑彼岸団子の備へあり

本堂に参詣し、此処のどこかに青春時代の父、壮年時代の父が座って当事者達と激論を交したのであろうと、俤を追いつつ懐しく見廻してから、静かに寺を出た。待たせてあった車で藤岡町に向かう。此処に田中霊祠がある。川沿いの雑木林の中の、こじんまりした神社がそれであった。小鳥がしきりに啼いていた。宝前に酒瓶が供えられているが、その瓶にレッテルが貼ってない、ただの水である。きれいになった渡良瀬川の水を、この義人の霊に見せたいと、被害農民の子孫が捧げたものであろう。普通神社に供える水とは違うと、一人で決めて又車中の人となり、谷中村遊水池を臨む堤防の上に連れていってもらう。
明治末年、一村あげて北海道へ移住を余儀なくされ、氾濫に備えての広大な遊水池となったものである。悠々と流れる川沿いに、見渡す限りの芦が茫々と折からの雨と風にゆらいでいる。鳥がその上を、川を、そして見る見るうちに、遠く北空へ消えていった。シベリヤへ帰る鳥であろうか。新聞で、この村の子孫達が故郷恋しと、北海道の開拓地から戻って来る者があると報じていたが、その人達は、どこに安住の地を得たのであろうか。

春とは言え川風は寒く、雨傘を持つ手も冷え冷えとしてきたので、車に戻り、今度はと行く先を聞く運転手に、何でもよいからこの川が大利根と合流する処まで連れて行って下さいと頼むと、物好きな女もいるものだと言わんばかりの顔をして、走らせてくれた。話好きの田舎の運転手には、前もって、渡良瀬川のことを書くので見に来たのだと説明しておいたが、初老の女の一人旅が、どうも納得出来なかったらしい。

20　憎まれし川容れ大利根ぬるみ初む

の一句を、締めくくりの最後と句帳にしるし、すでに夜のとばりの降り始めた関東平野を後にして、帰京の電車に乗った。二日間の吟行では、充分に渡良瀬川を表現することは出来ないし、まだまだ行きたい処も多々あったが、今回は応募作品ということで、行程を大雑把に、二十句に絞って投句し、幸い入選した。

機会があれば、今回の吟行によって得た日の目を見ない他の百余句に就いても、解説を附して発表してみたいと思う。俳友達は、私がなぜ渡良瀬川をテーマとしての一連の作品を応募したのか。知る者は少ない。公害第一号の川だからくらいにしか思っていないらしい。私をこの世に送り出した母なる川、全財産を抛って無一文となるまで父が戦った憎い川、父は裸一貫となったが、私という子宝を得た。生々流転、川は無心に流れ続けているではないか。父よもって瞑すべし。

＊文中の俳句に記された数字は、本「渡良瀬吟行」で詠まれている俳句の通し番号である。ここで収載した部分には19・20の俳句が収められているが、ちなみに割愛した箇所で詠まれている1～18の俳句を数字にしたがって記すと、次の通りである。

1　閉山の一筋町の雪解風

2　雪解川鉱毒の岩錆色に

3　一木もなき禿山に残る雪

4　廃坑の鉄扉は固し東風吹くも
5　廃坑に水の音して凍て返る
6　坑口の注連春泥に垂れ下り
7　春泥や坑中長靴履き捨てに
8　廃屋に玩具散らばり春寒し
9　本坑の山祇荒れて残る雪
10　鉱毒に汚れし墓に彼岸来る
11　死してなほ鉱山に真向ける墓寒し
12　春寒し戒名もなき彼岸墓
13　彼岸寒し坑夫の墓に供花もなく
14　落石を防ぐ柵ある彼岸墓
15　禿山にはたボタ山に春時雨
16　廃屋に鉱山の月射す猫の恋
17　啓蟄の土掘い棄つる被害地区
18　春田ともならず砂利採りして居りぬ

(3)渡良瀬川墓誌

（『田中正造全集』第五巻、月報19 所収、岩波書店、一九八〇年）

風邪気味のベッドでひろげた新聞に、鉱毒事件の生証人島田宗三氏が、九十歳で亡くなられた記事が出て居た。それから一ケ月、二月の末日やっと気になっていたお墓へ詣でることが出来た。
車は渡良瀬川を渡る。車窓から喰い入るように川と対面した。私の出生の原点であるこの川、憎まれ続けて来た可哀想な川は、無心に案外水量も多く脈々と流れていた。この川に逢うと私は郷愁を覚え、父や母に巡り逢ったような寧ぎを感じる。
初めて訪う島田家はすぐわかった。御遺影は、十何年か前に藤岡の田中霊祠でお目にかかった時と少しも変わらぬ柔和なお姿で、くす玉やお花に囲まれ、鄙びたランプに照らされていた。
島田氏は、初対面の時、私をしげしげと見つめられて、「あなたがあの正造翁のお葬式の時、彦次郎さんに抱かれて人力車で来られたのを、私ははっきりと記憶して居りますよ。メリンスの着物の柄は白地にみどりの濃い松の葉ちらしで、赤い三尺帯を結んで可愛いいおかっぱさんでした。」と懐かしんでくださった。私の幼時を知る唯一の方がもうこの世に居られなくなってしまったと思うと、気がめいるような淋しさに襲われた。

　　思ひ出を語る人なく春寒し

「実の父のようでした」と色々話してくださる長子さんというお嫁さんの御案内でお墓へ向う。十分とはからぬ高徳寺という寺の裏山が墓所で、寺苑には梅が満開だった。小高い位置のお墓からは、昔は渡良瀬川の流れが一目であったろうと思われた。春禽の声が、織姫山とおぼしい辺りから聞えてきた。

　　春禽や天寿の眠り安からん

佐野行きのバス通りに添った堀割りに染水が流れているのが都会から来た身には珍しい。

　　堀割に染水流れ柳の芽

佐野の惣宗寺の門を入ると、正面に丈余の自然石を重ねた田中翁のお墓がすぐ目に入る。柵というより杭といった方が適切な石がめぐらされていた。石、石、石で、わづかに左隅に小さい梅ではあったが、花白々と香りを放っているのが救いだった。どうしてこういかめしく、大きく築かねばならないのか、もっと親しい墓標の方がよいがなどと、墓石を見上げると、竣徳院殿義巌徹玄大居士の戒名が刻まれて、やっぱりこういう墓相が相応しいのかも知れぬとうなずいた。私の父が家庭を省みず、家産を破滅にまで追いやって心酔した翁の面影が父とだぶって脳裏を掠めた。

その勲讃ふる梅の白極む

小中の翁の生家を訪れる。小さな門を入ると、平屋造りの古風な家は戸が閉められて、無住らしく、荒れた感じである。庭に花薺がかたまり咲き、土の感触が蹠にやわらかかった。

青き踏む翁の生涯偲びつつ

さるすべりの大木や、ざくろの古木があったが、概して立木は多いとは言えない。裏の土蔵は荒壁が落ち、物置同然である。栃木県指定史跡の立札が立つには立っているが、荒廃の感は免れ得ない。道路を隔てて小公園めいた空地があり、ここにも分骨らしく、翁と夫人の墓碑が立っていたが索莫たるもので、道路は車の騒音がひっきりなし、立木も乏しく春寒の風が吹きぬけ、檜の大木だけが目についた。

田中家菩提寺の浄連寺には、一族廿六基の墓がコの字型に並んでいたが、翁の墓はない。

渡良瀬川に添って藤岡町から古河まで、翁に関係のある処を回りたいのだがと、運転手さんに交渉すると、快く引受けてくれた。

渡良瀬川につかず離れず車は南下して、川添の町藤岡の田中霊祠に参拝をすませた。霊祠を囲む樹々はこんもりと繁りを深くし、裏の雑木林には囀りさえ聞える。春の草が到る処に燃え出ている。

百舌鳥翁のみたまを愉します

霊祠を守る島田宗三氏の甥である清さんが親切に車に同乗され、谷中村跡へとむかう。堤防にちらほら青いものが見えたが、五ケ村を取潰して造った遊水池は茫々果しない枯芦原で。川ももう見えなかった。芦の中に光る水は昔の沼跡とのこと。

車を降りて、先ず離村者祖先の墓が九〇〇坪の墓苑に祀られているのに礼拝する。処々にお地蔵様や十九夜仏が寄墓に挟まれて在す。数え出したが、百を越えて数えきれなくなってしまった。北海道へ移住された方達五百四十名のすでに故人となられた方達の名の刻まれた慰霊碑もあるが、いづれも近年になって造くられたらしく、この墓苑も木らしい木はなく殺風景である。

春浅き墓苑川風わたるのみ

土手を降り、三千三百ヘクタールという芦原へ、島田清さんと二人で踏み込んでゆく。進むにつれて径はあるか無きかの状態なり、ところどころ小高い処には然し竹藪などがあってほっとする。小学校五年生まで通ったという学校はこの辺りとか、神社の跡とか詳しく説明して下さる。

延命院という寺跡にはまだ無縁墓や十九夜仏やお地蔵様が芦に囲まれて風雪に耐えた歳月を過して居られる。芦は全く枯れ一途で下萌えも見当らず春いまだの姿である。

枯芦に囲まれ在す無縁仏

川に沿っている筈なのに、川音は少しも聞えぬ。枯芦は二人をすっかり呑みこんで無音である。少々薄気味悪くなって島田さんをうながして引返して来た。島田さんの話では、われわれの入った芦原の反対側では、いま東京都の工業用水池を川の水を引いて造成中である由、芦原の中に新道が通じダンプが往来しているという。

島田さんと別れて、新開橋畔の小公園の、正造翁のこれ又丈余の銅像が大きな大きな台座の上に聳え立つのを見にゆく。紋服姿の颯爽たる風貌で、渡良瀬川を見守るような位置に立って居られる。春の夕焼けが背後から像全体を包んでいる。

生けるかに川守る像に春夕焼

目を転ずると、川もまた赤々と燃えて美しかった。車も夕映えに染まりながら古河街道に入り、大利根と渡良瀬の合流点近くで止める。すでに月が白々とあがっている。土手を越えて芦叢に又踏み込む。今度は一人である。川と闘った父左部彦次郎の娘として、この川が大利根に呑まれる最後を見届けたいと思ったが、それは無理だった。
渡良瀬川岸へ漸く辿りついたが湿地で靴はめり込みそう。川の向う岸は芦原、先程島田さんに聞いた処では、堤防が二つもあり、ずっと下へさがらねば合流点は見られないということで、生憎黄昏れてはきたし、轟々ととどろく水音に寒気を感じて踵を返した。心配して運転手さんが迎えに来てくれた。「失礼ですがそう若くないのに、よくまあこんな処を歩いたりメモしたり疲れませんね」とあきれた様子である。
車は物好き奥さんを乗せて、館林の宿へ急いだ。すっかり夜の帷が降りて、村や町の春灯がほのぼのと灯り始めていた。

ふるさとや春灯ほのと迎えくれ

翌日は詣で残した早川田へ行く。事件の集合所であった雲龍寺は父に手を引かれてよく詣った寺である。大正時代何も交通機関がなかったとは言え、よくまあ歩いたものである。車でも相当の道のりである。私の好きな春時雨がしてきた。ゆっくり懐かしい渡良瀬川を渡ってもらって白梅の香る寺苑へ降り立つ。数年前に来た時と比べると、境内は整備され、小祠が建ち、分骨の翁の墓も立派になった様である。暫し墓前に春のこまかな時雨に濡れ立ってから本堂へ参らしてもらう。

おん墓としばしわかてる春時雨

堂内を静かに徘徊する。翁と父と農民の額を集めての談合の声が聞えるよう。柱に凭れて父の幻を追う。古時計が、大火鉢が、そして茶釜や古ランプが生きもののように語りかけてくる。壁には翁の墨痕淋漓の遺墨、翁の遺影と共に父の若々しい姿もある。だが資料室とは名のみで隙間風が身に沁み、立ち去り難い想いを断たざるを得ない。この尊い資料をもっと安全に保存出来ないものであろうか。

隙間風遺墨遺影に容赦なし

島田宗三氏の墓詣が主目的だったこの行は、渡良瀬川に心ひかれて、その大立物であられた田中正造翁の分骨墓詣となり、更に旧谷中村の多くの方達の墓詣に発展して、近来にない心の寧ぎを味って帰京することが出来た。彼岸も近い。この報告を東京に眠る父のもとにこまごまと語って来よう。

ふり向ける渡良瀬の空鳥雲に

（旧姓　左部春江）

＊大場美夜子には、本書で諸所引用した著書『残照の中で』（永田書房、一九六九年）・『かく生きて』（牧羊社、一九八〇年）の他に、句集『この花』『泉の都』『雪解川』『歳月』、随筆集『ローマの桃太郎』などがある。

2　館林高女「ストライキ」に関する『上毛新聞』報道（松木弥栄子氏提供）

(1)一九二五（大正一四）年一月一三日

本間課長豊永教頭排斥　館高女父兄会

不当な決議に反対出る　文部省陳情委員を選定

県立館林高等女学校問題に就て十日午後零時半より館林町琴平亭に父兄保証人会を開いたが、出席者は七十名で清水氏開会の辞に次で会長選挙を行ひ山本榮四郎氏が推されて会長となり、清水氏より父兄会の経過報告があり、次で下記の如き決議文の協議に這入つたが、出席者岡田忍立氏は国家的事業に反対して迄学校問題に関係すべきではないと反対意見を述べ之れにて多数の賛成者が出たので、一先づ少憩となり、再び山本会長より夫れでは此項は一先づ保留する事とし置き、文部省へ陳情の為め委員の選挙をしたいとて指名にて増田眞之助、田井重吉、黒田大、金子榮藏、堀越友三郎、川田儀三、大川藤三郎、山本榮二郎、安良岡佐助、田口眞三郎、若口儀三郎、早川嘉市、駒宮保一郎、宮杉泰治、岡田忍立外七名を挙げたが、清水氏より運動経過報告中に豊永教諭の横暴詭言と本間学務課長の暴言は無礼だとあつて、豊永氏と共に同課長も排斥をやる事となり、更に館林○○某が此問題に口出しをしたと云ふが不当だとし、暗に杉本八代氏が居中調停に入るべく、田代教諭に交渉した一件を誹謗し、並に後藤氏の娘の不評判を云々し、豊永教諭の如きは一日も早く退職させると極言し、今後の運動方針は改めて恋愛問題は放棄し、本間課長及豊永氏の横暴不徳を譴責する事に決定し、且つ八木新校長は横暴な本間課長の命令に依り来任した者であるから信用が出来ないと告げ、吾人は豊永排斥の目的を達するまで正義の戦ひをせねばならない、共に女性徒後藤某を出校させる様に骨を折つたり告訴を取下げさせ様とする運動があつた事も注目しなければならないと付け加へ午后三時閉会し、両氏排斥陳情書へ父兄の調印取纏めを行った。

決議文

父兄会に入会したる者は租税の如き法律に依りて強制徴収さるるもの丶外赤十字社、愛国婦人会邑、教育会を脱会する事。但し二月九日迄に豊永教頭の措置決定せざれば、之れを実行する事。

一　館林高等女学校父兄会を組織す。但し此の趣旨に賛成し入会するものは委員二名以上の紹介者あれば如何でも入会し得。

＊句読点引用者。以下同じ。

⑵一九二五（大正一四）年三月一四日

館林高女　不穏

日に悪化する

館林高等女学校同年生一同は、十一日八木校長より朝礼集合命ぜられたが応ぜず、教室内より出ないので校長より注意を受けて漸く出場したが、同日午前十一時放課後同学年生は田代教諭方へ集まり同盟休校の協議を為し不穏の形勢であつたが、要領を得ず散会した。十二日小峰氏出発を停車場迄見送りに来て誰れ云ふともなく、明日より同盟休校だと流布されたので、父兄中には盟休反対者も出で、特に前日迄盟休張本側と目されて居た金子ともの如きも絶対反対論を唱へ出して試験中ごったがへして居た。一方、父兄会側清水民治氏方には寄々何事か協議して居る。

（3）一九二五（大正一四）年三月二一日

父兄が尻押しで　無理に盟休を

遣る館林高女校四年生

県立館林高等女学校　では、四年生一同が盟休の連判状を作つたので一々取調を開始したが、父兄聯盟側では主謀者と見られてゐる佐部はる（ママ）が犠牲者として挙げられぬやう二三日来寄々協議する処があり、十九日午前九時清水民治氏方へ四年生父兄集合し、何事か協議の末午前十一時頃二十余名の父兄は学校へ押掛八木校長に会見、犠牲者を出さぬかと質問し、未だ調査中だとの返事に、その発表に就いて迫るところがあつたが取調終了の上からでなくてはとのことで一先づ引き揚げたが、寺島教諭が三人犠牲者を出すとの言葉に、委員の一人は居残り是を確めるべく詰問し、証人としては全生徒がすると判明を迫り暴力を出しかねまじき形勢になつたが、結局午後一時全生徒を伴ひ清水氏宅に引き揚げることとなつた。而して集合した二十四名の父兄は、卒業証書は貰はぬことにするから各自其の旨を帰宅し父兄に告げるやう、且二十四日は全部休校し清水氏方へ集まり父兄のみが学校側と腕に掛ての談判すべく決し記念撮影を行ひ午後一時散会したり。

参考文献・資（史）料

一　文書・史料

（一）原文書

①左部彦次郎関係文書（松木弥栄子所蔵）

左部彦次郎戸籍謄本

左部馨戸籍謄本

浄土宗「正行院」大施餓鬼会奉修案内　二〇一四年一一月二日

左部彦次郎宛群馬県立館林高等女学校交友会書簡　一九二四年

室田忠七宛左部彦次郎書簡（年不詳）一一月七日

大場美夜子（左部春江）「懐中日記」一九二三～一九二五年

大場美夜子「作文帳」一九二四年

②三島通庸関係文書（国立国会図書館憲政資料室所蔵）（五三七）「探聞書・報告書　四」2

③川俣事件裁判関係文書（NPO法人 足尾鉱毒事件田中正造記念館所蔵）

「鉱毒事件被害　予審調書（以活版代謄写）」第壹～第五（原本）

『足尾銅山鉱毒被害　請願人兇徒嘯聚公判始末書」（甲）～（丁）（原本）

（二）影印・翻刻史料　（除：田中正造全集・選集、自治体史・自治体編纂史料）

①影印

安在邦夫・堀口修・福井淳編（『国立公文書館所蔵・影印本　足尾銅山鉱毒事件関係資料』第十六巻・

第十七巻・第二十二巻、東京大学出版会、二〇〇九年

②翻刻

内水護編『資料足尾鉱毒事件』亜紀書房、一九七一年
長祐之編「足尾銅山鉱毒　渡良瀬（川）沿岸被害事情」
左部彦次郎「鉱毒ト人命」
「鉱毒被害民兇徒嘯聚被告事件大審院判決書」ほか。
神岡浪子編『資料・近代日本の公害』新人物往来社、一九七一年
「白仁文書」（田中正造大学ブックレット『救現』NO.7、一九九八年）
東海林吉郎・布川了編・解説　復刻『足尾鉱毒　亡国の惨状―被害農民と知識人の証言』伝統と現代社、一九七七年
庭田源八「鉱毒地鳥獣虫魚被害実記」
須永金三郎「鉱毒論稿第一編　渡良瀬川・全」
松本隆海編「足尾鉱毒惨状画報」
佐藤儀助編「亡国の縮図」
附　東海林吉郎「須永金三郎略伝」解説　布川了・東海林吉郎
布川了編『田中正造と雲龍寺に集う人々　その聲をきく―未発表書簡から―』NPO法人足尾鉱毒事件田中正造記念館、二〇一〇年
布川了編『田中正造と雲龍寺に集う人々　川俣事件をみる―予審調書・公判始末書・未発表書簡から―』前掲記念館、二〇一〇年
前沢敏（弘明）翻刻『校註　足尾鉱毒事件史料集―田中正造翁をめぐる人々の手控え―』財団法人田

中正造記念協会、一九七二年）
「鉱毒委員出勤日誌　明治二九年四月始ム　大字船津川」
「鉱毒事件之記事　明治二九年一二月ヨリ　関口幸八」
「鉱毒日誌　明治二九年第八月　山崎銈次郎手控」
「鉱毒被害取調出勤控　明治二五年　大字鐙塚委員（山崎啓三郎手控）」
「日記　明治二三年ヨリ同二五年一二月迄　山崎啓三郎」
「松本四郎三郎手控え帳　明治二五年五月二〇日起」ほか
由井正臣・小松裕編『亡国への抗論　田中正造未発表書簡集』岩波書店、二〇〇〇年
由井正臣・小松裕編『田中正造文集』１・2、岩波文庫、二〇〇四〜二〇〇五年

③その他
渡良瀬川鉱害シンポジウム実行委員会・渡良瀬川研究会編「シンポジウム」資料集
第39回「栃木の自由民権運動、足尾銅山鉱毒事件から3・11まで―田中正造に今、学ぶこと」（二〇一一年八月二八日）
第40回「谷中村を支援した街、古河で考える―田中正造、長塚節、谷中村・渡良瀬遊水池、原発―」（二〇一二年八月二六日）
第41回「田中正造の実像を知り、今何を受け継ぐか」（二〇一三年八月二五日）
第42回「学ぼう！　館林と田中正造―自由民権運動。田中正造をめぐる人たち、被害民運動」（二〇一四年八月二四日）
第43回「田中正造と野木の人々―谷中廃村と思川流域の鉱害反対運動―」（二〇一五年八月三〇日）
第44回「谷中村廃村一一〇年・谷中村廃村をゆかりの人たちと語り合う！」（二〇一六年八月二一

日）
第45回「谷中村強制破壊一一〇年─残留民の闘いと支援運動　渡良瀬遊水地ラムサール条約登録5年【日本遺産推進】」（二〇一七年八月二〇日）
第46回「田中正造の活動を支えた葛生の人びと─石灰産業・栃木新聞・自由民権運動─」（二〇一八年八月二六日）
第47回「利島・川辺の運動美事！」（二〇一九年八月二五日）
春のフィールドワーク実行委員会・渡良瀬川研究会編「春のフィールドワーク」学習資料集
第40回「〝蔵の町〟栃木市に近代を学ぶ：幕末・明治維新・自由民権運動─田中正造と同志たちが活躍した跡を訪ねて─」（二〇一一年四月二九日）
第41回「旧谷中村民と田中正造を支え続けた古河の人々」（二〇一二年四月二十九日）
第42回「田中正造と佐野市　ゆかりの人と史蹟を訪ねる」（二〇一三年四月二九日）
第43回「田中正造と館林市街　ゆかりの人々と史跡を訪ねる」（二〇一四年四月二九日）
第44回「田中正造・渡良瀬遊水地（旧谷中村）と野木町ゆかりの人々と史跡を訪ねる」（二〇一五年四月二九日）
第45回「谷中村廃村一一〇年　田中正造・渡良瀬遊水地ゆかりの人々、旧谷中村横堤集落跡を訪ねる」（二〇一六年四月二九日）
第46回「谷中村強制破壊一一〇年　田中正造・渡良瀬遊水地ゆかりの人々、旧谷中村集落跡を訪ねる」（二〇一七年四月二九日）
第47回「田中正造と葛生地区を歩く─安蘇馬車鉄道・石灰産業・栃木新聞」（二〇一八年四月二九日）

第48回「利島・川辺の運動美事！　加須市北川辺地域を歩く」（二〇一九年四月二九日）
NPO法人足尾鉱毒事件田中正造記念館「まなびや」講座資料集
赤上剛「左部彦次郎は谷中村事件のさなかになぜ離脱したのか」（「まなびや」二〇一〇講座・第16回　二〇一〇年六月一三日）
針ヶ谷照夫「渡良瀬下流域『水場』にいきて」（「まなびや」二〇一五講座　第31回　二〇一五年七月一二日）

二　左部彦次郎編著書（松木弥栄子氏提供）

『請願運動部面の多き被害人の奔命に疲れて将に倒んとするに付便宜を與へられ度為め参考書』編輯兼発行人左部彦次郎、印刷所濱田傳三郎、一八九八年
『歳費辞退　田中正造翁』編輯兼発行人群馬県平民左部彦次郎、印刷人　濱田傳三郎、一八九九年
『足尾銅山鉱毒被害地臨検分析鑑定書』編集兼印刷人左部彦次郎、発行所　鉱毒事務所、印刷所濱田傳三郎、一九〇一年
『明治三十四年九月　足尾銅山鉱毒被害地　検証調書』編集兼印刷人左部彦次郎、発行人龜井朋次、印刷所濱田傳三郎、一九〇一年
『鉱毒ト人命』（非売品）著者左部彦次郎、発行者　須藤幸次郎、一九〇三年

三　大場美夜子著書・エッセイ・作文関係（松木弥栄子氏提供）

『残照の中で』永田書房、一九六九年
『かく生きて』牧羊社、一九八〇年

「渡良瀬吟行」（編集：田村紀雄『季刊田中正造研究　一九七六・秋』（わらしべ書房、一九七六年）
「渡良瀬川墓詣」（『田中正造全集』第五巻、月報19、岩波書店、一九八〇年五月）
「（俳句）安房」（『告天子』第一一号、編集発行左部千馬、告天社（左部方）、一九七八年八月）
「震火災の惨地を後に故郷に落ち来るまで」（群馬県立館林高等女学校・交友会『会報』第四号、一九二四〈大正一三〉年）

四　全集・選集

栗原彦三郎編『義人全集』全5巻、中外新論社、一九二五～一九二七年
田中正造全集編纂会『田中正造全集』全20巻、岩波書店、一九七八年～一九八〇年
田中正造選集編集委員会『田中正造選集』全7巻、一九八九年

五　単行書（五十音順）

赤上剛『田中正造とその周辺』随想舎、二〇一四年
秋山圭『葦の堤　女たちの足尾鉱毒事件』作品社、二〇一七年
荒畑寒村『谷中村滅亡史』新泉社、一九七〇年
大鹿卓『谷中村事件　ある野人の記録　田中正造伝』新泉社、一九七二年（新版、二〇〇九年）
大鹿卓『渡良瀬川』新泉社　一九七二年（初版、一九四一年）
大澤明男『評伝　田中正造』幹書房、二〇一二年
岡田常三郎『空前絶後の大椿事』日本館、一九〇一年
鹿野政直編著『足尾鉱毒事件研究』三一書房、一九七四年

加藤兼吉『足尾銅山鉱毒問題實録』上編・中篇、足尾銅山鉱毒処分請願事務所、一八九八年
木下尚江『田中正造翁』新潮社、一九二一年再版　教文館、一九九二年
木下尚江編『田中正造の生涯』（復刻）宗高書房、一九六六年（初版『田中正造之生涯』国民図書、一九二八年）
ケネス・ストロング『田中正造伝　嵐に立ち向かう雄牛』昌文社、一九八七年
小松裕『田中正造の近代』現代企画室、二〇〇一年
小松裕・金泰昌編『公共する人間　4　田中正造─生涯を公共に献げた行動する思想人』東京大学出版会、二〇一〇年
小松裕『真の文明は人を殺さず』小学館、二〇一一年
小松裕『田中正造─未来を紡ぐ思想人』岩波現代文庫、岩波書店、二〇一三年
篠原信雄『田中正造とその時代』万籟の会、一九八七年
柴田三郎『義人田中正造翁』敬文館、一九一三年（復刻版、編集発行越川栄子、随想舎、二〇一七年）
島田宗三『田中正造翁余録』上・下、三一書房、一九七二年（再刊、二〇一三年）
下野新聞社編『田中正造物語』随想舎、二〇一〇年
下山二郎『鉱毒非命　田中正造の生涯』国書刊行会、一九九一年
下山二郎『足尾鉱毒と人間群像』国書刊行会、一九九四年
東海林吉郎『歴史よ人民のために歩め─田中正造の思想と行動1─』太平出版社、一九七四年
東海林吉郎『共同体原理と国家構想─田中正造の思想と行動2─』太平出版社、一九七七年
東海林吉郎・菅井益郎『新版　通史・足尾鉱毒事件　一八七七～一九八四』世織書房、二〇一四年
城山三郎『辛酸（足尾鉱毒事件）』中央公論社　一九六二年（中公文庫・角川文庫）

高橋鉄太郎『義人田中正造』有朋堂、一九一三年
田村紀雄『鉱毒農民物語』朝日選書47、朝日新聞社、一九七五年
田村紀雄『渡良瀬の思想史　農民運動の原型と転開』風媒社、一九七七年
田村紀雄『川俣事件　足尾鉱毒をめぐる渡良瀬沿岸誌』社会評論社、二〇〇〇年
永島与八『鉱毒事件の真相と田中正造翁』佐野組合基督教会、一九三八年（翻刻再刊・宗教法人田中霊祠奉賛会編、明治文献、一九七一年。再々刊、二〇〇〇年）
西野辰吉『小説田中正造』三一書房、一九七二年
萩原進『足尾鉱毒事件』上毛新聞社、一九七二年
花崎皋平『田中正造と民衆思想の継承』七ツ森書館、二〇一〇年
花村冨士男『愛の人田中正造の生涯』随想舎、二〇〇七年
林竹二『田中正造　その生と戦いの「根本義」』二月社、一九七四年（再刊・田畑書店、一九七七年、再々刊・筑摩書房、一九八五年）
林竹二『田中正造の生涯』講談社現代新書、講談社、一九七六年
布川清司『田中正造』清水書院、一九九七年
布川了『田中正造と天皇直訴事件』随想舎、二〇〇一年
布川了『改訂　田中正造と足尾鉱毒事件を歩く』随想舎、二〇〇九年（初版、一九九四年）
布川了『増補　田中正造たたかいの臨終』随想舎新書16、二〇一一年（初版、一九九六年）
布川了『要約　川俣事件　増補版』ＮＰＯ法人　足尾鉱毒事件田中正造記念館、二〇一一年
三浦顕一郎『田中正造と足尾鉱毒問題』有志社、二〇一七年
水樹涼子『岸辺に生う　人間・田中正造の生と死』随想舎、二〇一二年

森長英三郎『足尾鉱毒事件』上・下、日本評論社、一九八二年
山本悠三『足尾鉱毒事件と農学者の群像』随想舎、二〇一九年
由井正臣『田中正造』岩波新書、一九八四年
渡辺順子『小説　田中カツ　田中正造の妻と明治の女たち』随想舎、二〇一六年
渡良瀬川鉱毒シンポジウム刊行会編・発行『足尾銅山鉱毒事件　虚構と事実』一九七六年

六　論文・覚え書き

赤上剛「独断検証・田中正造関連雑記（その74）　直訴状の最初の起草者は？」（『田中正造に学ぶ会・東京　会報』NO.１３６、二〇一〇年六月一五日）
赤上剛「独断検証・田中正造関連雑事（その75）　左部彦次郎の離脱」（右同『会報』NO.１３７、二〇一〇年七月一五日））
赤上剛「独断検証・田中正造関連雑記（その76）　左部彦次郎雑件」（右同『会報』NO.１３８、二〇一〇年八月一五日）
五十嵐暁郎「足尾鉱毒運動と転向―左部彦次郎の生涯」（渡良瀬川研究会編『田中正造と足尾鉱毒事件研究』第3号、伝統と現代社、一九八〇年）
田村紀雄「足尾鉱毒事件とその組織者《左部彦次郎の復権を》」（『月刊　伝統と現代』伝統と現代社、一九七一年二月）
中嶋久人「足尾鉱毒事件と示談交渉―初期鉱毒問題へのポリテクスをめぐって」（館林市役所館林市史編さんセンター編『館林市史研究　おはらき』第四号、二〇一二年一一月）
中嶋久人「三・一一からの歴史学―産業革命期の足尾鉱毒問題を考える」（東京歴史科学研究会編『歴史

を学ぶ人々のために—現在をどう生きるか』岩波書店、二〇一七年)
永瀬純一「長塚節と足尾鉱毒事件」(編集田村紀雄『季刊　田中正造研究　一九七七・冬4』わらしべ書房、一九七七年二月)
西野辰吉「田中正造の義人伝説への疑問　知らざりき大衆運動の本質」(『日本及日本人』爽秋号、日本及日本人社、一九七九年九月)
林彰「マイノリティとしての地域と雑誌—民権から初期社会主義へ」(初期社会主義研究会編集発行『初期社会主義研究』第28号、二〇一九年)
布川了「左部彦次郎の『背反』」(渡良瀬川鉱毒シンポジウム刊行会編『足尾銅山鉱毒事件　虚構と事実』一九七六年)
布川了「川俣事件被告団」(渡良瀬川研究会編『田中正造と足尾鉱毒事件研究』第6号、論創社、一九八三年)
布川了「正造の眼(1)　救現堂の位牌と左部彦次郎」(『NPO法人足尾鉱毒事件　田中正造記念館ニュース』創刊号、二〇〇七年四月)
布川了「正造の眼(11)　鉱毒事件に対する正造と彦次郎の差異(1)〜左部が正造に〃離反〃した理由〜」(右同ニュース・第11号、二〇一二年四月)
布川了「正造の眼(12)　鉱毒事件に対する正造と左部の差異(2)〜左部が正造に〃離反〃した理由」(右同ニュース・第12号、二〇一二年一〇月)
布川了「正造の眼(13)　鉱毒事件に対する正造と左部の差異(3)〜離反、その後の彦次郎と娘〜」(右同ニュース・第13号、二〇一三年四月)
＊「正造の眼」(1)・(11)〜(13)は、後掲『追悼文集』に収録されている。

福井淳「木下尚江・松本英子─足尾鉱毒事件の解決を目指して」（土屋礼子・井川充雄編著『近代日本メディア人物誌　ジャーナリスト編』ミネルヴァ書房、二〇一八年）

松本美津枝「田中正造記念館企画展7・谷中村からの手紙（手控え）」（NPO法人足尾鉱毒事件田中正造記念館、二〇一九年三月）

山口徹「塩田節三郎先生収集の鉱毒念仏、和讃について」（渡良瀬川研究会編『田中正造と足尾鉱毒事件研究』10、論創社、一九九二年）

山口徹「連載　左部彦次郎を読む」（『田中正造に学ぶ会・東京　会報』NO.140、二〇一〇年一〇月一五日）

山口徹「連載　左部彦次郎を読む（補説）」（右同『会報』NO.141、二〇一〇年一一月一五日）

山口徹「左部彦次郎の足跡を追う」（右同『会報』NO.141、二〇一〇年一一月一五日）

山口徹「彦次郎・ゆわ・春江親子の墓に詣でる」（右同『会報』NO.183、二〇一四年五月一五日）

七　ブックレット、文集、研究会会誌・会報など

（一）ブックレット

①NPO法人足尾鉱毒事件田中正造記念館編・発行『ブックレット』

NO.1『増補　田中さんと庭田清四郎家　正造臨終の家─（語り・庭田隆次）』二〇〇九年八月（二〇一三年九月増補版）

NO.2『谷中村民の足跡をたどる（語り　針谷不二男）』二〇〇九年一二月

NO.3『田中正造の妹リンと子どもたち（語り　原田定子）』二〇一〇年一一月

NO.4『正造さんとわが家（語り　佐々木斐佐夫）』二〇一二年四月

NO.5『〈雲龍寺に集う人びとシリーズ　1〉大出喜平』（山口徹著）二〇一三年三月
NO.6『北海道から栃木へ　（語り・今泉洋子）』二〇一四年二月
NO.7『曾孫が語る　谷中村村長　茂呂近助（語り　津田正夫）』二〇一五年二月
NO.8『被害地からみた水源足尾の治山問題（語り　板橋明治）』二〇一五年八月
NO.9『文学作品の中の田中正造（語り　舘野サク子）』二〇一六年三月
NO.10『田中正造と雲龍寺　足尾銅山鉱業停止請願事務所設置　120年　開館10周年記念　特別号（語り　伊東方己）』二〇一七年三月
NO.11『利島・川辺を救った田中正造翁（語り　柿沼幸治）』二〇一八年三月
NO.12『田中正造は、なぜ谷中村へ移住したのか（語り・赤上剛）』二〇一九年三月

②田中正造大学ブックレット『救現』　田中正造大学出版部発行（発売随想舎）

第1号『田中正造研究とわたらせネットワーク』一九八六年
第2号『正造生家をめぐって』一九八九年
第3号『公害の原点をみつめて』一九九〇年
第4号『正造生誕150年記念号』一九九一年
第5号『遺跡保存を考える』一九九四年
第6号『開校10周年をむかえて』一九九六年
第7号『白仁家文書をめぐって』一九九八年
第8号『川俣事件・天皇直訴事件百年』二〇〇二年
第9号『足尾と渡良瀬遊水池』二〇〇五年
第10号『開校20周年を迎えて』二〇〇七年

第11号『田中正造の「根」を探る』二〇一〇年
第12号『田中正造没後１００年』二〇一三年
＊各表題は『救現』各号の特集（背文字）

（二）ＮＰＯ法人足尾鉱毒事件田中正造記念館・発行『文集』
文集１『広瀬武文集　祝　館林市制60周年特別表彰　記念』二〇一四年
文集２『追悼　布川了文集』二〇一四年
文集３　尾崎寿一郎『逸見猶吉の反権力の闘い―学び舎勉強会要旨―』（発行年月記載欠）
文集４　山口徹『カツと正造（１）～（３）、田中正造家関係系図・戸籍考（Ｉ）』（発行年月記載欠）
文集５　針ヶ谷照夫『渡良瀬川の下流域「水場」に生きて』二〇一七年五月
文集６　春山知之『移住地・北海道との交流を重ねて』二〇一八年七月
文集７　田中雪江（野口春蔵の縁者）『水無瀬作「女たちの押し出し」と出会うまで』二〇一八年七月
文集７付録資料　浅香恵『だまし舟　足尾鉱毒被害と戦ったすべての人々　野口春蔵をはじめとする無名の農民の方々に捧げる』二〇一八年一一月
文集８　市川博美『気ままなフィールドワーク・一人旅　北海道佐呂間から沖縄辺野古を歩く』二〇一九年六月

（三）研究会会誌・会報・ニュース
渡良瀬川研究会編・発行『田中正造と足尾鉱毒事件研究』第１号（一九七八年）～第17号（二〇一七年（出版社：伝統と現代社〈1～6号〉→論創社（7～11号）→随想舎〈12号～〉）
渡良瀬川研究会『わたらせ川通信』（二〇二〇年五月現在：第１２１号）
田中正造大学『田中正造大学ニュース』（二〇二〇年五月現在：第１０４号）

『NPO法人足尾鉱毒事件田中正造記念館ニュース』(二〇二〇年五月現在：第27号)

田中正造に学ぶ会・東京『田中正造に学ぶ会・東京　会報』二〇二〇年五月現在：NO.255)

(四) 研究会・学習会報告レジュメ

(研究会〈公開〉)

赤上剛『左部彦次郎をとおして鉱毒事件を探る』「左部彦次郎資料集」精読(第一回学び舎研究会、二〇一〇年一一月八日)

布川了「左部彦次郎論(続)」(第二回学び舎研究会、二〇一〇年一二月二〇日)

布川了『正造と彦次郎の〝鉱毒政談〟の差』(第五回学び舎勉強会〈「研究会」を「勉強会」と改称〉二〇一一年九月九日)

山口徹「左部彦次郎年譜　試論　第1稿」(第二回・学び舎研究会、二〇一〇年一二月二〇日)

(学習会〈非公開〉)

赤上剛「左部彦次郎再検討の骨格」

山口徹「左部彦次郎ノート(1)　それぞれの鉱毒運動・谷中村滅亡をめぐって・左部家家系図」

山口徹「左部彦次郎ノート(2)　左部彦次郎参考文献」

山口徹「左部彦次郎ノート(3)　左部家の人びと」

山口徹「左部彦次郎ノート(4)　松本英一談話を考える」

山口徹「左部彦次郎ノート(5)　左部論をめぐる諸論考と視座」

山口徹「左部彦次郎論の試み(1)」

八　自治体史

『近代　足利市史』別巻・史料編、足利市史編さん委員会編・足利市発行、一九七六年
『厚木市史料　厚木市史年表』厚木市、一九八二年
『池田村史』池田村史編纂委員会、一九六四年
『板倉町史』別巻1、資料編　足尾鉱毒事件。翻刻編集・板倉町史へんさん室、発行・板倉町、一九七八年（中扉「板倉町史基礎資料第六十二号　板倉町における足尾銅山鉱毒事件関係　資料」板倉町史編纂委員会。奥付同）
『板倉町における足尾鉱毒資料集』板倉町教育委員会編・発行、二〇〇〇年
「市澤音右衛門日記」・「松本四郎三郎日記」・「松本英一日記」ほか
『鹿沼市史』資料編・近現代Ⅰ、鹿沼市、二〇〇〇年
『群馬県史』通史編7・近代現代1、群馬県　一九九一年
資料編20・近代現代4　一九八〇年
『群馬県議会史』第2巻、群馬県議会、一九五三年
『佐野市史』資料編3、佐野市、一九七六年
『館林市史』通史編3　資料編6・近現代Ⅱ（鉱毒事件と戦争の記録）、館林市史編さん委員会、二〇一七年
『館林双書』館林市立図書館編集・発行、第2巻（一九七二年）・第4巻（一九七四年）・第7巻（一九七七年）・第8巻（一九七八年）
〈第2巻〉　河島伊三郎「足尾之鉱毒第一号」・市沢音右衛門「足尾銅山鉱毒加害之実況」・市沢音右衛門「鉱毒事件及諸務日記」・鉱毒悲歌

〈第4巻〉　大出喜平日記
〈第7巻〉　館林郷土史事典
〈第8巻〉　大出家蔵「大出喜平宛田中正造書簡」ほか
『栃木県史』史料編・近現代1・2・9、一九七六～一九八〇年
『羽村市史史料集1　自筆影印　うき草の花』羽村市教育委員会、一九九三年

九　研究誌

田村紀雄編・発行『季刊　田中正造研究』わらしべ書房、第1号（一九七六年）～第10号（一九七九年、わらしべ書房（発売：伝統と現代社）
田村紀雄編・発行『田中正造とその時代』青山館、第1号（一九八一年）～第4号（一九八三年）、青山館
志村章子編『田中正造の世界』谷中村出版社、一九八四年（1）（2）、一九八五年（1）（2）、一九八六年（1）（2）、一九八七年（7）、谷中村出版社

十　新聞

『朝野新聞』一八八五（明治一八）年八月一二日（東海林吉郎・菅井益郎『【新版】通史・足尾鉱毒事件一八七七～一九八四』収載、世織書房、二〇一四年。渡良瀬川異変関係記事）
『読売新聞』一八八七（明治二〇）年八月五日
『国民新聞』一九一〇（明治四三）年七月一二日（左部言動に言及した記事。佐野市郷土博物館、嶋田宗三家文書）

『上毛新聞』一九一五（大正一四）年一月一三日・三月一四日・三月二一日（「館林女高ストライキ」関係記事。松木弥栄子氏提供）
『毎日新聞』（現在の『毎日新聞』とは異なる）一九〇一（明治三五）年一月一四日、三月二三日（〝鉱毒悲歌〟関係記事）
『毎日新聞』一九六九年七月三〇日（大場美夜子随筆出版関係記事、松本美津枝氏提供）
『朝日新聞』二〇〇〇年二月一二日（夕刊）・二〇一五年一二月九日（「鉱毒悲歌」関係記事）

十一　東京専門学校（現早稲田大学）関係

早稲田大学大学史編集所編『早稲田大学百年史』全5巻、別巻2巻、総索引年表、早稲田大学出版部、一九七八年～一九九七年
早稲田大学大学史編集所編『早稲田大学史記要』第1号（一九六五年六月）～第50号（二〇一九年二月）
西村真次編『半世紀の早稲田』早稲田大学出版部、一九三二年
早稲田大学編集・発行『早稲田大学七十年誌』一九五二年
中西啓二郎執筆・定金右源二監修『早稲田大学八十年誌』早稲田大学出版部、一九六二年
『同攻会雑誌』（「校友左部氏感謝状を受く」）同攻会雑誌局、第11（一八九二年二月）
早稲田大学大学史編集所編『東京専門学校校則・学科配当資料』早稲田大学、一九七八年
佐藤能丸『近代日本と早稲田大学』早稲田大学出版部、一九九一年
真辺将之『東京専門学校の研究―「学問の独立」の具体相と「早稲田憲法草案」―』早稲田大学出版部、二〇一〇年
安在邦夫「自由民権百年と早稲田大学」（『早稲田フォーラム』第50号、一九八六年）

安在邦夫「安部磯雄の足尾銅山鉱毒事件認識―『六合雑誌』の所論を中心に―」（早稲田大学社会科学研究所編『研究シリーズ』第26号、一九九〇年九月）
斎藤英子「足尾鉱毒学生運動の学生たち―青年修養会、早稲田社会学会の青年」（初期社会主義研究会編『初期社会主義研究』第3号　一九八九年）
中嶋久人「足尾鉱毒事件と早稲田大学」（早稲田大学大学史資料センター編『早稲田大学史記要』第五十巻〈通巻54号〉、二〇一九年二月）
真辺将之「東京専門学校の講師と学生たち」（早稲田大学大学史資料センター編『早稲田大学史記要』第四十五巻〈通巻第49号〉、二〇一四年三月）

十二　辞典・図録など

『生誕150年記念企画展　田中正造国政への歩み』（特別企画展図録）佐野市郷土博物館、一九九一年
『田中正造とその時代～天皇直訴100周年～』（特別企画展図録）栃木県立図書館・佐野市郷土博物館、二〇〇一年
『田中正造と谷中村　谷中村廃村100年』（第45回企画展図録）佐野市郷土博物館二〇〇六年
『予は下野の百姓なり―田中正造と足尾鉱毒事件　新聞でみる公害の原点―』下野新聞社、二〇〇八年
『語り継ぐ田中正造　正造翁と利島・川辺の先人たち』田中正造翁北川辺顕彰会、二〇一三年
『「田中正造翁終焉の地」記念碑建立の記録』記念碑建立実行委員会、二〇一七年
松本昌悦編『原典　日本憲法資料集』創成社、一九八八年

『明治時代史大辞典』全4巻、吉川弘文館、二〇一一年〜二〇一三年
『近代日本社会運動史人物大辞典』第2巻、日外アソシエーツ株式会社、一九九七年
『館林郷土史事典　館林双書　第七巻』館林市立図書館、一九七七年
萩原進『郷土歴史人物大辞典 群馬』第一法規、一九七八年
岸大洞・五十嵐富夫・唐沢定一著『群馬人国記（利根・沼田・吾妻の巻）』（奥付は『群馬県人国記』）歴史図書社、一九七九年
青木源作編著『邑楽・館林人名事典』（発行所記載欠）、一九九五年
萩原進編『群馬の苗字』朝日新聞前橋支局、一九六六年
萩原進編『上州の苗字と家紋　上巻』上毛新聞社、一九七九年
『郡馬県人名大辞典』上毛新聞社、一九八二年
高山正『利根沼田の人物伝』上毛新聞社、二〇一八年
『蒼新好』池田小学校東分校統合学制百周年記念、一九七二年（赤上剛氏提供）
劇団東演「明治の柩」公演（二〇一五年一一月二七日〜一二月四日、於新宿東口紀伊国屋ホール）案内・パンフレット
「鉱毒悲歌」特別有料試写会（二〇一五年一二月一一日）チラシ
『明治惨事　足尾鉱毒唱歌』文昌堂、一九〇一年
法政平和大学編『田中正造と足尾鉱毒問題を考える』オリジン出版センター、一九九一年
NPO法人足尾鉱毒事件田中正造記念館開館10周年記念誌『わたらせ』二〇一六年

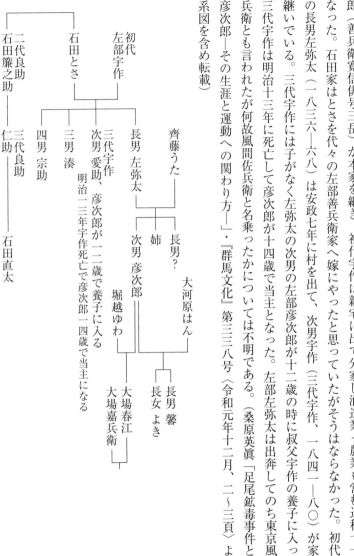

【付記】左部彦次郎にかかわる系図

左部宇作（初代）の父左部斧次郎は長男であるが二十七歳で病没して短命であったために、次男の豊三郎（善兵衛寛信俳号三岳）が本家を継ぎ、初代宇作は新宅に出て分家し酒造業＋農業も営む通称十一屋となった。石田家はとさを代々の左部善兵衛家へ嫁にやったと思っていたがそうはならなかった。初代宇作の長男左弥太（一八三六―六八）は安政七年に村を出て、次男宇作（三代宇作、一八四一―八〇）が家督を継いでいる。三代宇作には子がなく左弥太の次男の左部彦次郎が十二歳の時に叔父宇作の養子に入った。三代宇作は明治十三年に死亡して彦次郎が十四歳で当主となった。左部左弥太は出奔してのち東京風間佐兵衛とも言われたが何故風間佐兵衛と名乗ったかについては不明である。（桑原英眞「足尾鉱毒事件と左部彦次郎―その生涯と運動への関わり方―」・『群馬文化』第三三八号〈令和元年十二月、二～三頁〉より家系図を含め転載）

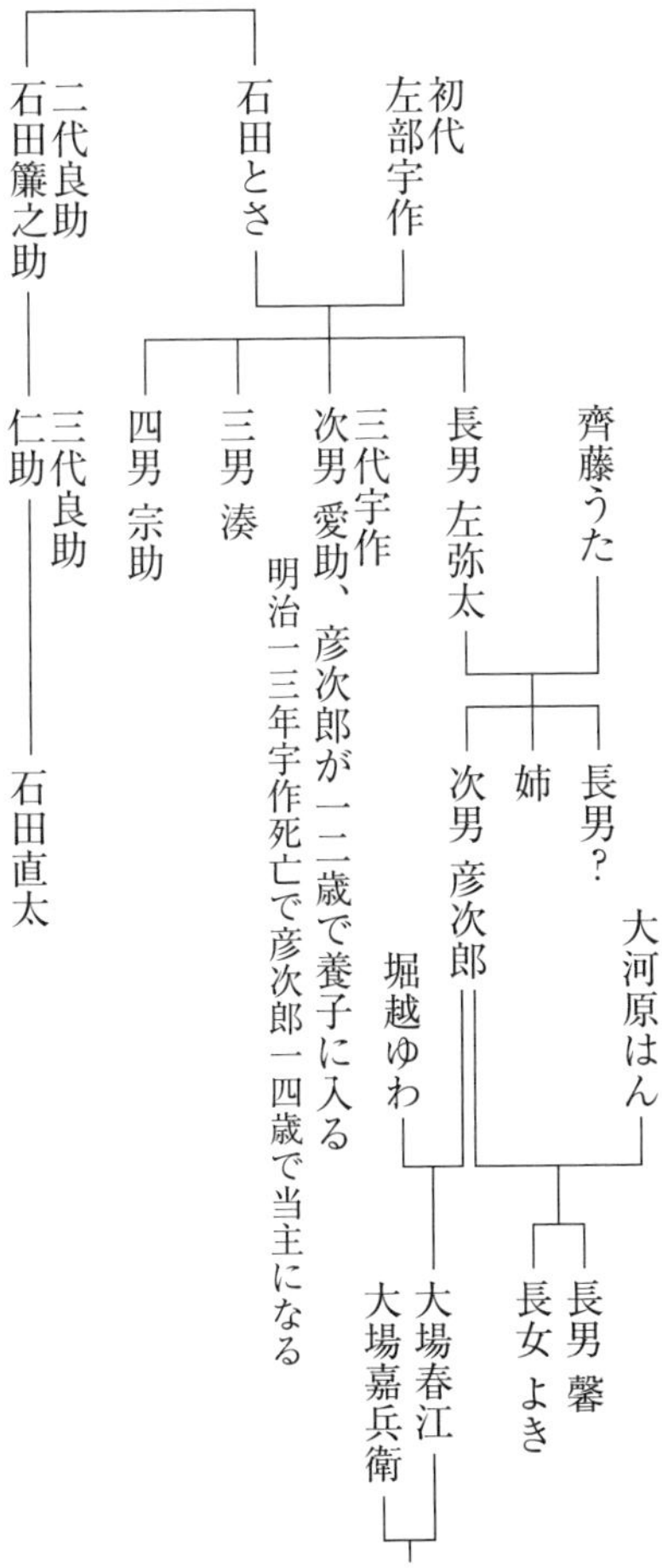

※転載させて頂いた論考では、愛助（愛作は誤記）を二代としている。これを三代宇作（二代宇作は左弥太）としたことについては、初代宇作死亡後左弥太が村を出るまで約六年間あること、春江の記憶で彦次郎義父は三代目と聞いていること等からで、前述の著者との話し合いで了解済みである。

ご挨拶

大場智満（元財務官）

この本を拝読し、知らないことが多いことに改めて驚いております。今になってみると当時の母の気持ちもよく分かるような気が致します。母が、学生時代から苦労していたことも知り、後年俳句の道へ進んで行った動機もその辺りにあったのかと思い至りました。左部彦次郎という人はあの時代から環境問題について関心を持っていたことが窺え、これが今のパリ協定、二〇五〇年までに炭素を減らす世界の方針に先駆けているという感じもしました。

左部彦次郎姉夫婦の住居（現在、大場智満氏在住。右は屋敷稲荷。松木弥栄子氏提供）

あとがき

終章で本書執筆の直接の動機について触れたが、執筆作業を進め得た背景には、次の方々のご指導、ご支援があったことを記しておかなければならない。

第一は、赤上剛・山口徹両氏のご示教である。周知のように、近年田中正造研究は〝周辺研究〟という新しい段階に入っている。筆者も、田中正造の研究はもちろんであるが、田中の周辺の研究の発展がなければ足尾銅山鉱毒事件の全体像は見えず、歴史的事実・真実を把握できないと認識している。〝周辺問題〟は実に多岐に亘っているが、なかでも筆者が関心を寄せていた一つが、記すまでもなく左部彦次郎の存在・言動であった。かくして左部に関する論考についてはできるだけ目を通すよう努めてきたが、とりわけ赤上剛・布川了・山口徹各氏の近年の研究には留意・注目していた。

布川氏は誰しもが認める足尾銅山鉱毒事件研究の先達であり、当初より多角的視座から研究を牽引して来られた。が、その布川氏でも、左部の問題となると〝歴史的評価〟をめぐり氏自身が葛藤しておられる様子が強く窺われ、そこに研究者としての誠実さと良心を見る思いも重なり、多くの示唆を得ていた。しかし、残念ながら、二〇一四(平成二六)年他界された。布川了氏亡き後、左部の研究をリードされているのが、赤上・山口の両氏である。赤上氏の研ぎ澄まされた問題意識と史料の解読力・洞察力、山口氏の緻密な問題の立て方と実証的研究は定評のあるところで、筆者も両氏より特別にお教えを頂く場を何回か持たせて頂いた。ご教示を頂戴した筆者が、結果として両氏より先に本書を公にするに至ったことに対し、内心忸怩たる思いをしている。本書の刊行を快くお認め下さり見守って下さった両氏に対し、心より感謝し御礼を申しあげたい。

本書への批判を含め、赤上氏には尖鋭な問題意識に富む左部論を、そして山口氏には緻密・実証的な左部像を、ぜひ一書としておまとめになられご提示頂きたいと心底願っている。有体にいえば、本書はかなり主観的に左部の生涯を大まかにスケッチしたに過ぎず、構造的・大局的な把握・認識や、いつ・どこで・だれと・なにを・なぜ・どのようになどなど、左部の周囲や家人との関係の詳細な検証、また心の襞に触れた分析、そして左部の著書の検討など、両氏の研究に託させて頂いた箇所が多々ある。両氏を先導者として一人でも多くの方が左部研究に加わり、本書への批判を含めそれぞれの研究成果を結実させた時、左部研究は一段と進展・深化し大成を見る状況となる。大方のご示教を切に願う次第である。

第二は、左部彦次郎のご子孫松木弥栄子氏との出会いである。鉱毒事件関係の研究集会で松木氏を存じあげて以降、いろいろご示教を頂く中、私が左部への関心を有していることを快く受け容れ、貴重な史・資料の借覧をご許可下さり、また左部の郷里・沼田のご案内や神奈川県に転居後の居所のご教示を受けた。沼田市は勿論、厚木・平塚の地の確認も私個人の調査では決して成し得なかったことであり、松木氏との出会いによって初めて言及・実地踏査できたことである。借覧させて頂いた史・資料に関して記せば、特に大場美夜子氏の日記、特に関東大震災の時の状況を伝える一連の記述には吸い込まれた。そして新しい知見を得たことに、正直歴史を学ぶ者としての嬉しさを感じ興奮を抑え切れなかった。本日記は厚木における震災被害について、被災体験をリアルタイムで綴っていることで価値を有し、また「朝鮮人暴動」という流言蜚語が当地にまで伝播し、もっともらしく語られていることを示す史料としても貴重である。

本書がその多大なご恩に報いるものになっているのか否か、まことに心もとなくご期待とはほど遠い書になっているのではと危惧している。お恥ずかしいことながら評伝の執筆は初めてで、本稿執筆の途次もその体を成しているのか自問することがたびたびあった。そしてその都度〝能力なし〟と自答し、時に執筆断念を真剣に考えたこともあった。が、ともかくも一応書き上げ刊行に漕ぎ着けることができた。ひとえに松木氏のお蔭である。

松木氏との出会いがなければ果たし得なかった。また、ご子孫大場智満氏より貴重なご一文を賜った。岸田寿子氏を含め、ご子孫各位に対し改めて不出来な内容・叙述のご寛恕を願いつつ、心より感謝申しあげる次第である。

　第三は、引用史料に関しご教示頂いた小島喜一・真辺将之・同美佐・荒船俊太郎各氏である。小島氏（元福島県立安達高等学校校長）には、〝鉱毒悲歌〟で綴られている左部の漢詩二点の訓読・解釈について全面的なご指導を受けた。「平島松尾顕彰会」（福島県二本松市）の代表など多くの代表・顧問を務めておられるご多忙ななか、漢詩・漢文に全く不案内で解読能力を欠く筆者のご指導依頼に快く応じて下さり、懇切丁寧なご教授を賜わった。真辺将之氏（早稲田大学教授）・同美佐氏（跡見学園女子大学准教授）・荒船氏（日本大学文理学部人文科学研究所研究員・早稲田大学非常勤講師）は、近代文書解読の第一人者で、左部の直筆の原文書の解読でご示教を頂いた。各氏のご指導によって、本書に新鮮さを加えることができた。心より感謝申しあげる。

　第四は関係文書・史料・写真の閲覧・利用や関係史跡のご案内などでご尽力を頂いた方々である。まず、NPO法人足尾鉱毒事件田中正造記念館の島野薫（同館理事）・松本美津枝（同館副理事長）の二氏である。島野氏には前掲記念館収蔵の「鉱毒事件被告予審調書（原本）」・「足尾銅山鉱毒被害 請願人兇徒嘯聚公判始末書（原本）」の閲覧や同館の種々の刊行物の整理などに関し、いろいろお力添えを頂いた。また雲龍寺・川俣事件跡・小山孝八郎邸跡・堀越ゆわ旧居跡など、左部に深く関わる史跡地のご案内と解説を頂いた。小山家屋敷跡については「ガイドブック」を頼りに訪ねる予定でいたが、実際一人で行ったのでは間違いなく探し得なかった。川俣事件に関しては事件現場から東武伊勢崎線川俣駅までの距離を、同乗の車で示されるメーターで測って頂くなどのお仕事までお願いした。加えて氏の懇切丁寧な解説に緊張感を伴う臨場感を得た。松本氏はご自分の所蔵する「左部関係史料」を、わざわざ前掲記念館まで持参し閲覧の機会を与えて下さった。大場美夜子氏の随筆集出版にかかわる『毎日新聞』記事（一九六九年七月三〇日）など、未見の史料の紹介も受けた。次に佐野市郷土博物館館長山口明良氏である。山口氏には同館所蔵の「嶋田宗三家文書」の閲覧・使用でお世話になった。また林彰氏（駒沢大学・東京国際大学非常勤講師）には〝鉱毒悲歌〟に関する史料を、室田一憲氏（室田忠七ご子孫）には左部宛書簡を、鳥羽義昭氏には写真を、それぞれご提供いただいた。心底御礼を申しあげる。

第五は、既出のエッセイなどの転載をお認め下さった田村紀雄先生および岩波書店さんである。大場美夜子氏のエッセイ二点「渡良瀬吟行」「渡良瀬川墓詣」は同氏個人の記録としても、また左部彦次郎を知る上でも貴重な作品で、前者は田村紀雄先生編集の『季刊　田中正造研究』（一九七六・秋）に、後者は岩波書店刊『田中正造全集』第五巻・月報19（一九八六年）に、それぞれ収められている。いずれも現在では入手困難なものであるので、今回「関係資料」としてぜひ収めたいと念じていた。筆者のこの希望を田村先生・岩波書店さんも快くご許可下さった。岩波書店さんには『田中正造全集』、同『選集』編纂では大変お世話になった。また田村先生には同『全集』・『選集』編纂に携わっていた時以来、いろいろご教示を頂いてきている。両者にあらためて厚く御礼を申しあげる。

第六は、本書の出版に関わって頂いた随想舎の石川栄介氏である。氏は赤上・山口・松木諸氏と持たせて頂いた学習の場に常にご参加下さり、本書刊行の企画の当初の段階からいろいろ、ご指示、アドバイスを頂戴した。誤字・誤植のみならず〝長い脱文〟のある文字通りの杜撰な原稿にも、最後まで温かい眼差しで丹念に目を通して下さった。その度量溢れるお人柄に恵まれなければ本書の上梓は成らなかった。厚く御礼を申しあげる。

かくして本書は成ったが、執筆に当たっては先に掲げた方々のほかにも直接、間接に多くの方や、図書館・機関にお世話になった。主な方々・機関を例示すれば、針ヶ谷照夫（ＮＰＯ法人足尾鉱毒事件田中正造記念館理事長）、菅井益郎（渡良瀬川研究会代表）、板橋文夫（同研究会事務局長）、坂原辰男（田中正造大学事務局長）、高際澄雄（旧谷中村を保存する会会長）、柿沼幸治（北川辺「田中正造翁」を学ぶ会）、関口民男（新井奥邃先生記念会）、廣木雅子（安蘇史談会）、堀内洋助（『東京新聞』）、稲田雅洋（東京外語大学名誉教授）、春山知之・加藤誠・市川博美（田中正造に学ぶ会・東京）、庭田隆次（佐野市下羽田町、二〇一九年一月三一日ご逝去）、柳邦夫（沼田市・左部家墓所管理）、水樹涼子（作家）諸氏、および早稲田大学図書館、国立国会図書館憲政資料室、東京大学大学院法学政治学研究科附属明治新聞雑誌文庫、栃木県立図書館・群馬県立図書館、足利市立図書館・佐野市立図書館・館林市立図書館、栃木市藤岡図書館、同歴史民俗資料館・同大平図書館などである。末尾になったが衷心よりお礼を申しあげる。

最後に私事で心苦しいが、次のことを記すことをお許し願う次第である。私の仕事は、作業環境の整備と健康管理に日頃努めてくれている妻奈美の力に負い、成されている。また、孫を含む長男浩直一家・次男史樹には、精神的支えだけでなく情報機器の取り扱いなどで常に助けてもらっている。本年、私は齢八〇を数える。自分で言うのも恥ずかしいが、〝傘寿の記念〟として感謝の気持ちを込め、わが家族に本書を贈る。併せて、現在では幽明境を異にする者が多くなったが、物心さまざまな面でこれまで私を育み、励まし、見守り、支援してくれてきた両親、兄・姉妹とその家族の方々、そして亡き義父母および義兄姉に、わが家族へと同じ思いを込めて贈呈する。〝研究者〟などとはおこがましくてとても言える身ではないが、曲りなりにもその道を歩ませて来て頂いた者として、ささやかではあるが今の私が果たし得るせめてもの恩返しである。

安在邦夫

［追記］
「二刷」に際し、桑原英眞氏のご理解・ご許可により、貴重な「左部彦次郎にかかわる系図」と関係文章の一部を収めさせて頂いた。心底感謝申し上げる。また、誤記・誤植の訂正などに関しては、赤上剛・今井修・関口民男・松木弥栄子・山口徹各氏にお世話になった。諸氏に対し厚くお礼を申しあげる。

［著者紹介］

安在 邦夫（あんざい　くにお）

1939年、三重県生まれ。

早稲田大学教育学部社会科地理歴史専修を卒業し、同大学大学院文学研究科史学（日本史）専攻博士課程を修了。専攻は日本近代史。早稲田大学教授（文学部、現文学学術院）。早稲田大学第二文学部長・同大学史資料センター長・同大学人権教育委員会委員長・神奈川大学特任教授・東京歴史科学研究会代表委員等を歴任。田中正造全集編纂委員会メンバーとして同全集第2〜5巻の編集を担当。

早稲田大学名誉教授。

主な著書に『立憲改進党の活動と思想』（校倉書房）、『自由民権の再発見』（共著、日本経済評論社）、『自由民権運動史への招待』（吉田書店）、『それでも花は咲く―福島（浪江町）と熊本（合志市）をつなぐ心』（随想舎）などがある。

左部彦次郎の生涯（さとりひこじろう　しょうがい）　足尾銅山鉱毒被害民に寄り添って

2020年7月9日　第1刷発行
2021年1月20日　第2刷発行

著　者●安在 邦夫

発　行●有限会社 随 想 舎

〒320-0033　栃木県宇都宮市本町10−3 TSビル
TEL 028-616-6605　FAX 028-616-6607
振替 00360－0－36984
URL http://www.zuisousha.co.jp/

印　刷●モリモト印刷株式会社

装丁●栄舞工房

定価はカバーに表示してあります／乱丁・落丁はお取りかえいたします
 ISBN978-4-88748-373-6